U0607850

名师工程

创新课堂系列

新课程·新理念·新教学

丛书编委会主任：马　立　宋乃庆

改变

——小学语文高效课堂新探

张兴堂　编著

国家一级出版社　全国百佳图书出版单位

西南师范大学出版社

图书在版编目（CIP）数据

改变，从素养开始：小学语文高效课堂新探/张兴
堂编著．—重庆：西南师范大学出版社，2013.7

（名师工程）

ISBN 978-7-5621-6325-1

Ⅰ.①改… Ⅱ.①张… Ⅲ.①小学语文课—课堂教学
—教学研究 Ⅳ.①G623.202

中国版本图书馆 CIP 数据核字（2013）第 162573 号

名师工程系列丛书

编委会主任：马　立　宋乃庆
总策划：周安平
策　划：李远毅　卢　旭　郑持军　郭德军

改变，从素养开始——小学语文高效课堂新探
GAIBIAN　CONG　SUYANG　KAISHI
张兴堂　**编著**

责任编辑：张浩宇
封面设计：戴永曦
出版发行：西南师范大学出版社
　　　　　地址：重庆市北碚区天生路 1 号
　　　　　邮编：400715　市场营销部电话：023-68868624
　　　　　http://www.xscbs.com
经　　销：新华书店
印　　刷：重庆紫石东南印务有限公司
开　　本：787mm×1092mm　1/16
印　　张：19
字　　数：350 千字
版　　次：2013 年 8 月　第 1 版
印　　次：2013 年 8 月　第 1 次印刷
书　　号：ISBN 978-7-5621-6325-1

定　　价：30.00 元

若有印装质量问题，请联系出版社调换
版权所有　翻印必究

《名师工程》
系列丛书

学术指导委员会

主 任	顾明远				
委 员	陶西平	李吉林	钱梦龙	朱永新	顾泠沅	马 立
	朱小蔓	张兰春	宋乃庆	陈时见	魏书生	田正平
	张斌贤	靳玉乐	石中英	钱理群		

编撰委员会

主 任	马 立	宋乃庆			
编 委 （按姓氏拼音排序）	卞金祥	曹子建	陈 文	邓 涛	窦桂梅	冯增俊
	高万祥	郭元祥	贺 斌	侯一波	胡 涛	黄爱华
	蓝耿忠	李韦遴	李淑华	李远毅	李镇西	李力加
	李国汉	刘良华	刘海涛	刘世斌	刘扬云	刘正生
	林高明	鲁忠义	马艳文	缪水娟	闵乐夫	齐 欣
	沈 旎	施建平	石国兴	孙建锋	孙志毅	陶继新
	田福安	王斌兴	魏 群	魏永田	吴 勇	肖 川
	谢定兰	熊川武	徐 斌	徐 莉	徐 勇	徐学福
	徐永新	严永金	杨连山	杨志军	余文森	袁卫星
	张爱华	张化万	张瑾琳	张明礼	张文质	张晓明
	张晓沛	赵 凯	赵青文	郑忠耀	周安平	周维强
	周亚光	朱德全	朱乐平			

征 稿 启 事

　　《名师工程》系列丛书是西南师范大学出版社策划、组织出版的大型系列教育丛书。丛书以新课程下的新教学为背景，以促进施教者的教育能力为落脚点，以提高教育质量、提升教师水平为宗旨。

　　丛书首批推出的"名师讲述""教学提升""教学新突破""高中新课程""教师成长""大师讲坛""教育细节""创新语文教学""教育管理力""教师修炼""创新数学教学""教育通识""教育心理""创新课堂""思想者""名师名课""幼师提升""优化教学""教研提升""名校长核心思想系列""名校工程""高效课堂""创新班主任"等系列，共140多个品种，其余系列也将陆续出版。为了让广大教师有一个交流、借鉴的机会，同时也为了给广大教师提供更多、更好的图书，《名师工程》系列丛书编辑出版委员会特向全国教育工作者征集稿件。

稿件要求：

1.主题鲜明、新颖，有独创性。

2.主题以提升教育能力为主，也可适当外延。

3.主题要有一定规模、有典型案例支撑。

4.案例要贴近教育实际，操作性强。

5.文章、书稿结构清晰，语言精彩。

　　书稿作者在选题确定之后，请及时与我们做好沟通，具体事宜确定好之后再进行创作；也欢迎用已经完稿的稿件投稿。一线教师如希望参与图书案例的创作，可联系我社策划机构，由策划机构备案，在适合的图书中参与创作。

　　真诚欢迎各位教师踊跃投稿。

联系方式：

西南师范大学出版社高教分社

电话：023-68254356　　　E-mail：zcj@swu.cn

西南师范大学出版社高教分社北京策划部

电话：010-68403096

E-mail：guodejun1973@163.com

前　言

　　提升教师专业素养,促进教师专业成长,锻造高素质的教师队伍是当下深化课程改革提高课堂教学效益的紧迫任务。一定意义上说,教学效益源自于教师的课堂教学艺术,课堂教学的成败主要取决于教师的专业素养水平。

　　课改以来,对教师的培训,普遍关注的是教育理论提升与教育理念的转变。但是,当教师的教育理念转变之后,教师们更加迫切需要提升学科专业素养。没有比较高的学科专业水平,教育理念就成为空中楼阁,这就是目前理想课程无法在现实中实现的根本原因。那么,小学语文教师到底需要具备哪些具体的专业素养呢? 这些素养如何与教学实际结合,进而转化成教学的实际能力呢? 带着这些问题,为了给一线教师奉献一本可读性强的语文学科素养提升专业读本,帮助一线小学语文教师有效构建高效语文课堂,我带领课题组成员进行了为期一年的调研及收集材料、查阅文献的准备工作,然后开始了本书的研究与编撰。从编写提纲到草拟书稿,历时三年,几易其稿,终于付梓。书中的教学案例来自青岛市小学语文教学一线,教学策略与方法是我们历经10余年课题研究的经验汇总。

　　本书分13章,比较科学、系统地论述了小学语文教师应必备的各类专业知识及素养,特别结合教学实际,比较全面、深入地论述了各类素养在教学中的应用策略与方法。本书是关于小学语文教师素养提升的理论专著,又是关于小学语文教师如何将素养转换为高水平教学能力的应用工具书,更是关于小学语文课堂教学改革的指导读本,可作为小学语文教师专业发展的培训教材。本书务求理论联系实际,通俗易懂,针对性强,力求破解课改中出现的难点问题。

　　尽管这样,由于水平有限,疏漏与瑕疵肯定存在,敬请广大读者批评与匡正。

　　感谢西南师范大学出版社的领导、编辑,他们为本书的出版给予了莫大的支持与指导。

　　课题组实验研究核心成员:陈文正,郑志华,张静,孙慧,刘叔贞,李根,纪海燕,苏婷,毛贞宽,王春蕊,张秀华,刘佳佳,王文妮,王华,孙彩娟,左蕾,曲红吉。

张兴堂

目录 *MuLu*

第一章　教育理论素养

教师的教育理论素养作为教师专业素养不可或缺的要素，是教师专业发展的基石，也是评判教师专业发展水平的一个重要指标。良好的教育理论素养能够促进教师对教育世界的认识与自觉追求，促进教师教育信念的形成，促进教师对教育实践的有效反思，增强科研能力，并使教师更好地理解并参与教育改革，从而促进自身专业的持续发展。小学语文教师必须奠定现代教育理论素养基础。

第一节　现代教育观

什么是现代教育理念？

现代教育理念是指人们受现代主体价值追求的引导，在教育实践、思维活动和文化交流过程中形成的与时俱进的教育认识和教育理想。具体地说，就是人们对教育者、教育对象、教育内容、教育方法等教育要素及其属性和相互关系的认识，还有人们对教育与其他事物相互关系的看法，以及由此派生出的对教育的作用、功能、目的等各方面的看法，它是教师立教的根基，是决定教育成败的关键。

一、现代教育理念

（一）素质教育理念

1. 全民教育理念

内涵：教育民主化和教育普及化。
民主化主要指：教育机会均等、教育过程民主和教育结果的平等。
普及化指：每个公民及其子女都有受教育的权力和机会。

2. 合作教育理念

（1）以塑造新型的师生人际关系为重点。

其基本主张为：

一是师生间的合作是教与学的合作；

二是师生间的交往要尊重、信任、支持与协作，这是建立师生和谐关系的基础；

三是教师要创造民主、平等、和谐与合作的氛围，让学生在合作的氛围中成长。

（2）教学过程中的四种师生沟通模式：单向传递、双向交流、相邻间互动到全方位互动。

3. 创新教育理念

（1）如何理解创新教育

"创新教育"旨在培养创新性人才、创造性人才的教育。培养学生的创新意识和能力，是现代教育的出发点和归宿。

主要特征有：一是启迪学生心智；二是发展学生个性品质；三是体现学生主体精神；四是面向全体学生；五是全方位全过程教育；六是终身教育。

（2）营造创新教育的环境

一是利用一切机会激发学生的求知欲和好奇心；二是学生不是被动的接受者，而是积极的参与者；三是要注重过程与方法；四是尊重学生的差异；五是评价方法的多样性；六是创设安全的、自由的心理氛围。

4. 双主教育观

经典教学论认为，在学校教育教学中，教师是主导，学生是主体，教师要恰当发挥主导作用，最大限度地调动学生的学习积极性、主动性、创造性，使教师的主导作用和学生的主体作用真正有机地统一起来。现在，又有学者提出教师是教的活动的主体，学生是学的活动的主体，只有在教与学双边活动融合、发生并且相互找到最佳的结合点，建立"教依据于学、学受教于导"的师生良好的高度协调一致的教学氛围时，才能取得良好的教学效果，学生才能真正得到主体发展。

5. 四大支柱教育观

教育要适应未来社会的发展，必须围绕四种基本学习来重新设计、重新组织。即学会认知（学会如何学习，掌握认知工具和方法）、学会做事（建立合理的能力结构）、学会做人（高尚的道德和健全的人格，与他人友好相处，团结协作）、学会生存（生存能力，不断自我完善）。这是国际21世纪教育委员会向联合国教科文组织提供的报告中所论及的四大支柱教育观。

（二）教与学的理念

1. 认知学习理论

（1）基本观点

基于对人为情境中的人类个体的研究，认知学习理论认为学习是一种信息加工，遵从不平衡原则和迁移原则。

（2）现代认知学习理论的两种学派

一是布鲁纳的认知发现说，他认为学习的实质在于主动地形成认知结构，要重视知识结构并主动去发现；二是奥苏贝尔的认知同化说，他认为学习者学习新知识，必须以学习者原有的认知结构为基础。他把学习分为机械学习和有意义的学习，有意义的学习要具有两个条件，一是要具备有意义学习的倾向，二是学习材料要有意义。

2. 建构主义学习理论

（1）建构主义的学习观

四个注重：一是注重学习者先前的经验；二是注重以学习者为中心；三是注重个人的意见；四是注重互动的学习方式。

（2）建构主义环境下教师的角色转变

从知识的灌输者转变为教学环境的设计者，学生学习的组织者和指导者，课程的开发者，意义建构的合作者和促进者，是学生学习的顾问。

3. 最近发展区理论

维果茨基特别提出"教学应当走在发展的前面"。他认为儿童的发展存在两种水平，一是已经达到的水平，表现为能够独立解决问题的智力水平；二是可能达到的水平，但要借助成人的帮助。上述两种水平之间存在的差距称为最近发展区。

三、现代教育观代表人物

（一）杜威"教育即生长""教育即生活""教育即经验的不断改造"

杜威（John Dewey，1859—1952）美国哲学家、社会学家和教育家。1814年在约翰·霍普金斯大学获哲学博士学位。先后任明尼苏达大学、芝加哥大学和哥伦比亚大学教授。1896 年创设芝加哥大学实验学校（简称"杜威学校"），是实用主义教育理论的主要代表人物。

杜威的幼儿教育思想可以归于三句话："教育即生长""教育即生活""教育即经验的不断改造"。

1. 教育即生长

杜威发展了卢梭的天赋"自然生长"理论，扩充了"生长"概念的内涵。他说："生长，或者生长着即发展着，不仅指体格方面，也指智力方面和道德方面。"

2. 教育即生活

生活即发展。杜威在《我的教育信条》中指出："教育是生活的过程，而不是未来生活的准备。"他认为，儿童与成人都在发展，所以他们之间的区别不在于生长与不生长，而是由于儿童与成人的情况不同，决定了他们的生长方式不同，他们的生长方式各有其优越性。关于专门应付特殊的科学和经济问题的能力，儿童应向成人方面发展；对于同情的好奇心、不偏不倚的敏感性以及坦率的胸怀，成人应向儿童学习。

3. 教育即改造

杜威在他的教育专著《我的教育信条》中指出："教育应该被认为是经验的继续改造，教育的过程和目的是完全相同的东西。"[1] 也就是说，教育过程在它自身之外无目的，它就是它自己的目的，教育过程是一个不断改组、改造和转化的过程。

（二）加德纳多元智力理论

传统的智商（IQ）理论和皮亚杰的认知发展理论都认为，智力是以语言能力和数理－逻辑能力为核心、以整合方式存在的一种能力。

加德纳的多元智力框架中相对独立地存在着七种智力：言语—语言智力、音乐—节奏智力、逻辑—数理智力、视觉—空间智力、身体—动觉智力、自知—自省智力和交往—交流智力。[2]

---

[1] 杜威. 现代西方资产阶级教育思想流派论著选. 华东师范大学教育系，杭州大学教育系编译. 人民教育出版社，1996 年 3 月第 7 次印刷

[2] 霍华德·加德纳（Howard Gardner），沈致隆. 多元智能新视野. 中国人民大学出版社，2012－05 出版

1. 言语——语言智力

这种智力主要是指听、说、读、写的能力，表现为个人能够顺利而高效地利用语言描述事件、表达思想并与人交流的能力。这种智力在记者、编辑、作家、演讲家和政治领袖等人身上有比较突出的表现。

2. 音乐——节奏智力

这种智力主要是指感受、辨别、记忆、改变和表达音乐的能力，表现为个人对音乐包括节奏、音调、音色和旋律的敏感以及通过作曲、演奏和歌唱等表达音乐的能力。这种智力在作曲家、指挥家、歌唱家、演奏家、乐器制造者和乐器调音师身上有比较突出的表现。

3. 逻辑——数理智力

这种智力主要是指运算和推理的能力，表现为对事物间各种关系如类比、对比、因果和逻辑等关系的敏感以及通过数理运算和逻辑推理等进行思维的能力。这种智力在侦探、律师、工程师、科学家和数学家身上有比较突出的表现。

4. 视觉——空间智力

这种智力主要是指感受、辨别、记忆、改变物体的空间关系并藉此表达思想和情感的能力，表现为对线条、形状、结构、色彩和空间关系的敏感以及通过平面图形和立体造型将它们表现出来的能力。这种智力在画家、雕刻家、建筑师、航海家、博物学家和军事战略家的身上有比较突出的表现。

5. 身体——动觉智力

这种智力主要是指运用四肢和躯干的能力，表现为能够较好地控制自己的身体、对事件能够做出恰当的身体反应以及善于利用身体语言来表达自己的思想和情感的能力。这种智力在运动员、舞蹈家、外科医生、赛车手和发明家身上有比较突出的表现。

6. 自知——自省智力

这种智力主要是指认识、洞察和反省自身的能力，表现为能够正确地意识和评价自身的情绪、动机、欲望、个性、意志，并在正确的自我意识和自我评价的基础上形成自尊、自律和自制的能力。这种智力在哲学家、小说家、律师等人身上有比较突出的表现。

7. 交往——交流智力

这种智力主要是指与人相处和交往的能力,表现为觉察、体验他人情绪、情感和意图并据此作出适宜反应的能力。这种智力在教师、律师、推销员、公关人员、谈话节目主持人、管理者和政治家等人身上有比较突出的表现。

(三) 雷夫 56 号教室的奇迹

雷夫·艾斯奎斯是一位美国的传奇教师,他三省其身,教学更育人,结合理论创立了简单而有效的教育方法。他设立的"终身阅读""生活中的数学""以运动为本"等课程不仅可以在课堂上立刻实践,而且在家庭教育中也同样实用。

1. 注重孩子品德教育

他在教育中始终把孩子作为真正的人进行教育,在教育中始终把"真实""诚实""善良"作为最终的培养目标。

2. 注重课外阅读

雷夫老师说:"要认真地为孩子选择好每一本书。阅读不是一门科目,而是生活的基石。在阅读的过程中,孩子会得到别人的观点,通过思考,也获得自己的观点,在交流中形成思想。"[1]

3. 班级管理艺术

关爱尊重每一个学生,让中等生去影响差生,让差生主动进入课堂。孩子分为三类,第一类天才学生,非常聪明,谁都喜欢,第二类是中等生,第三类是问题学生,雷夫老师总是重视最容易被忽视的第二类的学生教育,让他们来带动第三类学生,把第三类学生先晾在一边,让他主动提出参与到活动中来。

(四) 陶行知生活教育论

陶行知是我国现代著名的教育家,他把自己的一生奉献于中国乡村教育事业的发展,创立了许多精辟的教育新理论、新观点和新方法,他是中国现代史上一名伟大的人民教育家。生活教育是陶行知教育思想的精髓,创造教育是核

---

[1] 艾斯奎斯(美). 第56号教室的奇迹. 卞娜娜译. 中国城市出版社, 2009. 8. 1

心,民主教育是目标。其主线是:万年大计,教育为本,师德为本,育人为本。即以人为本,教育为根,德育为先。

1. "生活即教育"——是生活教育论的核心

陶行知说:"生活教育是生活所原有、生活所自营、生活所必须的教育。"①教育的根本意义是生活之变化。生活无时不变,即生活无时不含有教育的意义。生活决定教育,教育与实际生活相联系。生活教育最初多侧重日常生活,遇到什么事,就受什么教育,但"生活"范围很大,处处有生活,处处要进行教育,便降低了教育的特殊职能,所以以后他把生活的范围概括为健康的、劳动的、科学的、艺术的、改造社会的五种。生活教育是一种终身教育。

2. "社会即学校"——是"生活教育"论的另一个重要主张

陶行知指出:"自有人类以来,社会即是学校,生活即是教育。"他认为,学校里的东西太少了,"一切都减少,校外有经验的农夫,就没人愿意去领教;校内有价值的活动,外人也不能受益",从而批评"学校即社会"是鸟笼,就好像把一只活泼的小鸟关在鸟笼里一样。而"社会即学校"则不然,是要把鸟笼里的小鸟放到天空中任意翱翔,"是要把学校的一切伸展到大自然里去",把整个社会作为教育的范围。

3. "教学做合一"——是陶行知的"生活即教育"论的教学方法论

他认为,在生活里,对事说是做,对己之长进说是学,对人之影响说是教。教学做只是一种生活之三个方面,而不是三个各不相谋的过程。教学做合一是生活法也就是教育法。它的含义是:教的方法要根据学的方法;学的方法要根据做的方法。事怎样做就怎样学,怎样学就怎样教,教与学都以做为中心。他说,"教学做是一件事,不是三件事",而"做"是一切教育活动的中心,即"做(既)是学的中心,也是教的中心"。

第二节 现代课程观

一、课程的含义

在教育领域中,课程是含义最复杂、人们对其认识存在最多歧义的概念之一。但要研究课程理论、理解课程实践,必须对课程概念的含义有基本认识。

---

① 陶行知教育名著.上海教育出版社

（一）课程的四种含义

课程著作汗牛充栋，课程定义众说纷纭。但经过梳理，可把多种多样的课程定义大致归为如下四类：

1. 课程作为学科

这是最普遍使用的、也是最常识化的课程定义。如《中国大百科全书·教育》中的课程定义是这样的：课程是指所有学科（教学科目）的总和，或学生在教师指导下各种活动的总和，这通常被称为广义的课程；狭义的课程则是指一门学科或一类活动。再比如美国著名教育哲学家、课程论专家费尼克斯曾说："一切的课程内容应当从学术（学问）中引申出来。或者换言之，唯有学术（学问）中所包含的知识才是课程的适当内容"。

这种课程定义把课程内容与课程过程割裂开来并片面强调内容，而且也把课程内容仅限于源自文化遗产的学科知识，其最大缺陷是把课程视为外在于学习者的静态的东西，对学习者的经验重视不够。

2. 课程作为目标或计划

这种课程定义把课程视为教学过程要达到的目标、教学的预期结果或教学的预先计划。如课程论专家塔巴（H. Taba）认为课程是"学习的计划"，奥利沃（P. O. Liva）则认为课程是"一组行为目标"，约翰逊（M. Ohnson）认为课程是"一系列有组织的、有意识的学习结果"等等。这种课程定义把课程视为教学过程之前或教育情境之外的东西，把课程目标、计划与课程过程、手段割裂开来并片面强调前者，其缺陷也是忽略了学习者的现实经验。

3. 课程作为学习者的经验或体验

这种课程定义把课程视为学生在教师指导下所获得的经验或体验，以及学生自发获得的经验或体验。杜威实际上是把课程视为学生在教师指导下所获得的经验。受杜威影响，许多人持同样的观点。如美国著名课程论专家卡斯威尔（H. L. Caswell）和坎贝尔（D. S. Campbell）认为"课程是儿童在教师指导下所获得的一切经验"；另一著名课程论专家福谢依（A. W. Foshay）认为"课程是学习者在学校指导下的一切经验"。晚近的课程理论则非常强调学生在学校和社会情境中自发获得的经验或体验的重要性。

这种课程定义的突出特点是把学生的直接经验置于课程的中心位置，从而消除了课程中"见物不见人"的倾向，消解了内容与过程、目标与手段的二元对立。应当指出，有些持这种课程定义的学者有忽略系统知识在儿童发展中的意义的倾向。

4. 课程作为复杂的会话

在"制度课程"（institutional curriculum）的视野中，课程是分门别类的"学校材料"，课程研究即是寻找开发这些"学校材料"的有效的程序的过程，这种研究必然具有"反理论""反历史"的性格。当走出了"制度课程"的视野，把课程理解为每一个人、不同阶层、不同种族活生生体验到的存在的时候，课程具有了全新的含义，它不再只是一堆材料，而嬗变为一种"符号表征"，一种可以基于多元主义价值观解读的"文本"（text），通过这种"解读"可以获得多元课程"话语"（discourse），多元课程"话语"可以展开复杂的"会话"（conversation），在复杂"会话"中寻找课程理解的共同基础。

在开放的、个性化的"复杂会话"中，课程那被久久遗忘的意义得以澄明：学校课程的宗旨不在于促使教师成为学术科目的专家，学校课程的宗旨不在于培养能在测验中取得高分的人。学校课程的宗旨在于促使我们关切自己与他人，帮助我们在公共领域成为致力于建设民主社会的公民，在私人领域成为对他人负责的个体，运用智力、敏感与勇气思考与行动……课程不再是一个事物，也不仅是一个过程。它成为一个动词，一种行动，一种社会实践，一种私人的意义，一种公共的希望。

"复杂的会话"既是过程，又是结果；既是手段，又是目的。认同"课程作为复杂的会话"是理解课程的前提。

（二）课程内涵的发展趋势

进入 20 世纪 70 年代以来，课程的内涵发生了重要变化，呈现出如下 6 个趋势。

1. 从强调学科内容到强调学习者的经验和体验

当人们强调学科而且只强调学科的时候，课程的内涵也就与学科内容等同起来。这样，课程就越来越排斥儿童的直接经验，由此导致的结果是，课程越来越成为社会对儿童施加控制的工具，儿童的权利、儿童的发展在课程中得不到保障。为了切实保障儿童的发展、把儿童的发展置于课程的核心，人们开始越来越关注学习者现实的活生生的经验和体验。这并不意味着排斥源于文化遗产的学科知识，而是在儿童的现实经验的基础上整合学科知识，使学科知识成为学习者的发展资源而非控制工具。

2. 从强调目标、计划到强调过程本身的价值

把课程只是作为教学过程之前和教学情境之外设定的目标、计划或预期结果，必然会导致把教育教学过程本身的非预期性因素排斥于课程之外。人之所以为人的根本规定之一是人乃创造主体。当特定教学情境中教师和学生的主体性充分发挥的时候，这种教学情境的进行过程必然是富有创造性的，必然存在许多非预期性的因素。正是这些创造性的、非预期性的因素拥有无穷的教育价值。因此，人们开始走出预期目标、计划的限制，关注教学情境进行过程本身的教育价值，强调"过程课程"（currere）。这并不是不要目标、计划，而是把目标、计划整合于教学情境之中，使之促进而不是抑制人的创造性的发挥。

3. 从强调教材的单因素到强调教师、学生、教材、环境四因素的整合

当片面强调课程作为学科内容、片面强调课程作为目标和计划的时候，必然导致教材等同于课程、教材控制课程的现象。当强调课程作为学生的经验、强调教育教学过程本身的价值的时候，必然会把课程视为教师、学生、教材、环境四因素间持续交互作用的动态的情境。课程由此变成一种动态的、生长性的"生态系统"和完整文化，这意味着课程观念的重大变革。

4. 从只强调显性课程到强调显性课程与隐性课程并重

在课程论中，显性课程与隐性课程是两个相对应的范畴。所谓"显性课程"（manifest curriculum），是指学校教育中有计划、有组织实施的课程，这类课程是根据国家或地方教育行政部门所颁布的教育计划、教学大纲而制定的。这类课程是"正式课程"（formal curriculum）或"官方课程"（official curriculum）。

所谓"隐性课程"（hidden curriculum），是指学生在学习环境（包括物质环境、社会环境和文化体系）中所学习到的非预期性或非计划性的知识、价值观念、规范和态度。这类课程当然是非正式的、非官方的，具有潜在性和隐蔽性。早在20世纪初，杜威及其学生克伯屈（W. H. Kilpatrick）就深刻阐述了伴随显性课程而生的隐性教育影响（主要是价值、态度）对人的发展的重要意义。

5. 从强调实际课程到强调实际课程和"空无课程"并重

"空无课程"（the null curriculum）是美国著名美学教育家、课程论专家艾斯纳（E. W. Eisner）提出的概念，是思考课程问题的一个独特视角。在思考课

程问题的时候，经常碰到的一个问题是：为什么学校和社会在课程变革中选择了现有的课程并将之制度化，而排除了其他的课程？那些被学校和社会在课程变革过程中有意或无意排除于学校课程体系之外的课程，艾斯纳称为"空无课程"。有些"空无课程"是学校和社会出于某种需要而有意识排除的，也有些"空无课程"是由于习惯势力的影响未意识到其价值而导致的。艾斯纳从心智过程和内容领域两方面深刻论述了"空无课程"的重要性。从人的心智过程的角度看，在现有的课程目标中，认知目标受到重视，而情感和动作技能目标被弱化，相应的许多课程成为"空无课程"。

6. 从只强调学校课程到强调学校课程与校外课程的整合

课程概念的内涵主要包括四个方面，即课程作为学科，课程作为目标或计划，课程作为经验或体验，课程作为复杂的会话。晚近的课程理论与实践之发展中，课程概念的内涵发生了重要变化，出现了新的趋势，主要包括：从强调学科内容到强调学习者的经验和体验、进而强调课程的会话本质，从强调目标、计划到强调过程本身的价值，从强调教材的单因素到强调教师、学生、教材、环境四因素的整合，从只强调显性课程到强调显性课程与隐性课程并重，从强调实际课程到强调实际课程和"空无课程"并重，从只强调学校课程到强调学校课程与校外课程的整合。

第三节 现代学生观

学生观即人们对学生的基本认识和根本态度，是直接影响教育活动的目的、方式和效果的重要因素。

一、学生是发展的人

学生时代是人一生中最富生命活力，生命色彩最为丰富斑斓，生命成长最为迅速、最为重要的一段时间。从这个角度看，我们说学校应该是一个直面生命、焕发学生生命活力的神圣殿堂，学校教育是努力为学生的生命健康成长服务，提高学生生命价值的有意义的活动。作为学生生命成长中的重要支柱、学校教育的主导者——老师，不仅要传播给学生以知识和能力，更重要的是要传递给学生以人的情感和生命的脉动。把自己的生命与心血融入学生学校生活的每一个阶段和每一个角落，使之富于生机，充满希望。

生理学、心理学、哲学和教育学的有关研究表明：人的身心发展，既是自然的客观过程，又是社会历史文化过程，是自然性与社会性的统一。人的身心发展，是一个连续的过程，同时又有阶段性。不同的年龄阶段有不同的年龄特征，一定阶段的年龄特征具有相对稳定性，也有一定的可变性。这些研究成果集中地反映了人身心发展的一般规律性。学生（尤其是接受基础教育的学生）的身心发展，不仅服从这些规律，而且最典型地体现出人身心发展的特征与规律。认识到学生身心发展具有规律性是非常必要的，这是客观地理解学生的基础。学生身心发展的规律客观上要求人们应努力学习、领会有关人身心发展的理论，熟悉不同年龄阶段学生身心发展的特点，并依据学生身心发展的规律和特点开展教育活动，从而有效促进学生身心健康发展。

作为发展的人，也就意味着学生还是一个不成熟的人，是一个正在成长的人。发展作为一个进步的过程，总是与克服原有的不足和解决原有的矛盾联系在一起的，把学生作为一个发展的人来对待，就要理解学生身上存在的不足，就要允许学生犯错误。当然，更重要的是，要帮助学生解决问题，改正错误，从而不断促进学生的进步和发展，这也是坚持用发展观点认识学生的重要要求。

学生的发展，从人性的角度来看，它主要包括人的自然属性、社会属性和精神属性的发展；从个体身心方面来看，既包括个体活动的生理调节机制方面的变化，也包括个体心理调节机制的变化；从个体和社会的关系来看，还应该包括社会认知、社会技能、社会适应性等方面的发展；从发展的目的来看，除了为社会服务，为个人谋生之外，同时还要特别关注自身的不断完善。因而就学生的发展，强调的是人的基本素质要素的每一个方面都获得一定的发展（全面发展），强调的是以个人特点为基础的独创性的发展，更关注的是个性的全面发展和全面发展的个性，以及这两者的高度统一。

二、学生是独特的人

学生有着自己独特的内心世界、精神生活和内在感受，有着不同于成人的观察、思考和解决问题的方式。也就是说，学生有着独特的个性。因此，在对学生的认识上，应确立学生是独特的人这一基本命题。

学生并不是单纯的抽象的学习者，而是有着丰富个性的完整的人。正如合作教育学所指出的："儿童每天来到学校，并不是以纯粹的学生（致力于学习的人）的面貌出现的，他们是以形形色色的个性展现在我们面前的。每一个儿童来到学校的时候，除了怀有获得知识的愿望外，还带来了他自己的情感和感受的世界"。在教育活动中，作为完整的人而存在的学生，不仅具备全部的智慧力量和人格力量，而且体验着全部的教育生活。也就是说，学习过程并不是单纯的知识接受或技能训练，而是伴随着交往、创造、追求、选择、意志努力、喜怒哀乐等的综合过程，是学生整个内心世界的全面参与。

越来越多的事实表明，学生和成人之间是存在很大差别的，学生的观察、思考、选择和体验，都和成人有明显不同、由于受影视信息广泛传播的影响，现在的学生视野开阔，思想开放，讲究情趣，重视表现，对外界事物反应迅速而敏感，追求新意和时髦。在某种意义上说，现在的学生已走在时代的前列，比许多成人更具时代气息，再用上一代的观念和行为来约束学生，很难取得预期的效果。只有摈弃传统的小大人观念，承认并正视现代学生的群体特征，认真研究现代学生的特点，采取积极引导措施，教育者才能有效地和学生沟通，得到他们的认同和配合，从而达到教育和影响他们的目的。

三、学生是教育活动的主体

对学生的学习活动，应广义地认识和理解。它包括各学科知识和技能的学习，学科能力和运用学科知识解决问题的能力的学习，各学科知识之外的人文和科学等综合知识的学习，做人和做事方面知识的学习，对知识、思想、观念等方面的学习和态度、品质、行为等方面的学习。它既包括习得和强化的一面，又包括矫正和消除的一面；既包括观察学习和模仿学习，也包括解决问题式的学习和创造性学习；既包括上述各个方面和各种形式的学习，也包括这些学习过程和学习机制的学习。学生作为这样一些学习活动的主体，他要加工学习对象，改造学习对象，占有学习对象，以建构自我、发展自我，完善自我，从而实现主体客体化。

学生作为各种学习活动的发起者、行动者、作用者，其前提是他首先要有一定的主体性，这是他作为主体的基本条件。事实上，随着青少年学生自我意识的形成和不断增强，他自身就有一种自尊自信和追求真理的自觉性，在许多活动中表现出渴望独立，渴望自主选择，渴望自裁判断。在教育活动中，学生发挥自身主体性的形式是多种多样的，既表现为学习意向上的自觉性和主动性，又表现为学习过程中的接受、探索、训练、创新等具体行为。在不同的任务中，在不同的条件下，主体性表现的形式也各有差异。落实学生的主体地位，关键是根据具体的教育要求，调动学生的主动性，为学生构建广阔的活动空间。

四、学生是责权主体

从法律、伦理角度看，在现代社会，学生在教育系统中既享有一定的法律权利并承担着一定的法律责任，是一个法律上的责权主体。同时，也承担一定的伦理责任和享受特定的伦理权利，也是伦理上的责权主体。把学生作为责权主体来对待，是现代教育区别于古代教育的重要特征，是教育民主的重要标志。

过分自由和过分限制都不利于学生的成长，也不利于学校工作的有效进行。因此，应在自由和限制之间寻求一种基本平衡。为此，需注意两点：首先要区分学生的个人行为和教育行为；第二要区分不同年龄阶段学生的权利享受与责任承担问题。

视学生为责权主体的观念，是建立民主、道德、合法的教育关系的基本前提。强化这一观念是时代的要求，也具有重要的理论意义。

第二章 汉语拼音素养与教学指导

学好汉语拼音是学生学好汉字、说好普通话的拐棍。通常汉语拼音的教学只有两至三个月的教学时间，小学生要在这么短的时间内学好汉语拼音是很不容易的。这就需要我们教育者花大力气悉心研究汉语拼音教学，了解一定的汉语拼音知识，明确汉语拼音的教学要求，掌握科学的汉语拼音教学方法。这样，枯燥的拼音才会在小学生的学习生活中变得生动立体，使他们乐于接受并学以致用。

第一节 汉语拼音知识和教学要求

一、新课标要求小学生掌握的汉语拼音知识

汉语拼音是小学生语文学习中的重要部分，也是帮助学生更好更快地识字、更有效地阅读、更标准地学习普通话的有效工具。

新课标要求小学生掌握以下汉语拼音知识：

（一）字母表

1. 声母表（21个）

b p m f d t n l g k h j q x zh ch sh r z c s

2. 韵母（39个）

（1）单韵母（10个）：a o e i -i（前） -i（后） u ü ê er
（2）复韵母（13个）：ai ei ao ou ie üe ia ua uo iao iou uai uei
（3）鼻韵母（16个）：
前鼻韵母 an en in ün ian uan uen üan
后鼻韵母 ang eng ing ong uang ueng iong iang

3. 整体认读音节（16个）

zhi chi shi ri zi ci si yi wu yu ye yue yuan yin
yun ying

（二）声调和标调

1. 声调

声调，读起来容易，写起来难，四声的读法和写法为：一声阴平"ˉ"，二声阳平"ˊ"，三声上声"ˇ"，四声去声"ˋ"。

2. 标调

标调要注意的几点规则：

声调符号要标在音节中的韵母上。如遇到复韵母，要按 ɑ、o、e、i、u、ü 的顺序，谁排在前面，就标在谁头上；i、u 同时出现的复韵母，调号要标在最后一个字母上；给 i 标调应先去 i 上的点，再标调号。

（三）音节的拼写规则

1. y、w 的使用

y、w 的作用在于隔音，只要音节开头是 i、u、ü、in、ing 的字母就必须使 y、w 表示音节的开头。

2. ü 的用法

（1）声母 j、q、x、y 与 ü、üe、ün 相拼时，ü 上的两点省略。
（2）ü 和声母 n、l 相拼时，ü 上的两点不用省略。

（四）拼读

把声母和带调的韵母快速地连读成一个音节，就是拼读。常见的拼读方法有如下的三种：

1. 两拼法：当声母和韵母直接相拼时，拼读出音节。应注意的要领是：前音轻短后音重，两音相连猛一碰。如：b－ɑ̀→bà（爸）。

2. 三拼法：对于有声母、介母和韵母的音节，常采用三拼法。要领是：声短介快韵母响，三音连读要顺畅。如：h－u－ɑ̄→huā（花）、j－i－ɑ̀ng→

jiàng（降）。

3. 直呼法：就是对一个音节不再进行拼读，直接读出字音的方法。

（五）《汉语拼音字母表》（26 个）

Aa	Bb	Cc	Dd	Ee	Ff	Gg
Hh	Ii	Jj	Kk	Ll	Mm	Nn
Oo	Pp	Qq	Rr	Ss	Tt	
Uu	Vv	Ww	Xx	Yy	Zz	

（六）汉语拼音字母的书写

书写拼音字母时，要把字形书写端正，还必须找准每一个字母在四线格中的位置，知道四线三格的名称和作用。

字母在四线三格占上中格：i、ü、b、f、d、t、k、h、l、zh、ch、sh。

字母在四线三格占中格：a、o、e、u、x、n、z、c、s、r、w、m。

字母在四线三格占中下格：y、p、q、g。

字母在四线三格占上中下格：j。

二、教材以外应了解的汉语拼音知识

（一）大写字母的使用

1. 大写字母包括：

A、B、C、D、E、F、G、H、I、J、K、L、M、N、O、P、Q、R、S、T、U、V、W、X、Y、Z。

2. 使用要求

（1）学会大写字母，能按音序查字典，注意发音不要和英文字母相混淆。

（2）人的姓名中，姓和名的第一个字母要大写。如：Lǐ Níng（李宁）。

（3）专有名词和专用词组中的每一个词开头字母要大写，如 Běi jīng（北京）。

（4）一句话开头的第一个字母要大写。如 Wǒ ài láo dòng（我爱劳动）。

（5）有的书名、文章标题、商品商标上的汉语拼音用大写字母。如：YU WEN SHU DIAN（育文书店）。

（二）隔音符号

a、o、e 开头的音节连在其他音节后面的时候，如果音节的界限不清，就要用隔音符号（'）隔开，以免读音混淆。如：ku'ai（酷爱）如果不加隔音符号，就会读成 kuai（块）。

三、教学中易错的问题

（一）轻声

轻声是四声之外的一种特别声调。在词语或句子里，有的音节常常失去原有的声调而读成又轻又短的调子，这种又轻又短的调子就是轻声。轻声一般存在于词语和句子中，因此，轻声不能独立存在。轻声对某些词有区别词义的作用。如兄弟 xiōng di（指弟弟）——兄弟 xiōng dì（指哥哥和弟弟）。另外，还有一部分双音节词第二个音节习惯上都读轻声，并没有区别词义或词性的作用。如：神气、商量、丈夫。

一个词语是否读轻声，大体上有如下规律可循：

1. 语气词"吧、吗、呢、啊"等读轻声。如：是啊、好吧、行吗。
2. 助词"的、地、得、了、过、们"读轻声。如：吃过、好了、写得快。
3. 名词后缀"子、儿、头"等读轻声。如：瓶子、石头、雨点儿。
4. 方位词读轻声，如：天上、家里。
5. 重叠式动词的末一个音节读轻声。如：过来、回去、动起来。
6. 叠字名词读轻声，如：妈妈、乖乖、星星。

课文中经常会有一些读轻声的音节，像"我们"，学生就总爱读成"我门"，像这样的错误，我们语文教师可得及时纠正啊！

（二）变调的规律

"不要""不肯"，同一个字在两个词中的读音怎么不一样？普通话中每个音节都不是孤立的，音节和音节连续读出，声调相互影响，或多或少要发生变化，不能保持原来的调值，这种现象叫变调，变调是一种自然音变现象，对语言的表达没有影响。

变调有没有规律呢？下面就给大家介绍一下变调的几个小提示，希望对大家有所帮助。

1. 上声的变调

上声在阴平、阳平、上声、去声前都会产生变调，读完全的上声原调的机会很少，只有在单念或处在词语、句子的末尾才有可能读原调。上声的变调有三种情况：

（1）上声在非上声（阴平、阳平、去声、轻声）前面变成半上，即只读上声的前一半，后一半消失。如：首先、祖国、广大、耳朵。

（2）上声在上声前面，前一个上声的调值变得跟阳平的调值一样。如：手表、古典、美好、理想。

（3）三个上声相连时有 2 种情况：有的是第二个上声变得近似于阳平，如：铁水桶。有的是前两个上声都变得近似于阳平，如：展览馆。

2. "一、不"的变调

"一"在单念或在词句末时念原调阴平声。

"一"在去声音节前面，变为阳平。如：一道 一定 一律 一晃 一刻 一路

"一"在阴平、阳平、上声前面时变为去声。

如：一般 一端 一边 一时 一群 一团 一举 一手 一体

"一"夹在重叠式的动词之间轻读。如：看一看 想一想 问一问 学一学

"不"在单念或在句末时念原调去声。

"不"在去声音节前面，变为阳平。如：不会 不但 不论 不必 不变 不是 不信 不料 不愧 不错

"不"夹在动词或形容词之间，夹在动词补语之间轻读。如：好不好 行不行 看不清 打不开

3. 语气助词"啊"的变调

"啊"是表达语气、感情的基本声音，用于句首或单念时，读音是 a；用于句尾时，作为助词，由于受前一个音节末尾音素的影响，读音常常发生变化。变化的规律如下：

（1）前面音节末尾的音素是 a、o、e、i、ü、ê 时，读音变为 ya，写作"呀"。如：是他呀！要注意节约呀！真多呀！要好好学习呀！多新的车呀！好大的雨呀！

（2）前面音节末尾的音素是 u（含 ao、iao）时，读音变为 wa，写作"哇"。例如：在哪儿住哇？最好不要哇！大家跳哇！

（3）前面音节末尾的音素是 n 时，读音变为 na，写作"哪"。例如：怎么办啊？加油干啊！要小心啊！

（4）前面音节末尾的音素是 ng 时，读音变为 nga，写作"啊"。例如：大家唱啊！认真听啊！往上冲啊！

（5）前面一个音节韵母是舌尖后元音 –i 和 er 时，读 ra，写作"啊"。例如：这是一件大事啊！快吃啊！

（6）前面一个音节的韵母是舌尖前元音 –i 时，读 za，写作"啊"。例如：去过几次啊！他才十四啊！

（三）儿化

小学课文中经常会出现儿化词语，像《梅兰芳学艺》中的"鱼儿"、《雨后》中的"唇儿"和"裙儿"，都需要老师准确地示范和反复地检查，学生才能读准确，可不能忽视哦！

普通话以北京话为基础方言，儿化现象是北方话的特点之一，主要是由词尾"儿"变化而来。词尾"儿"本是一个独立的音节，由于在口语中处于轻读的地位，长期与前面的音节流利地连读而产生音变，"儿"（er）失去了独立性，只保持一个卷舌动作。

1. 什么叫儿化？

er 加在其他韵母的后面，使这个韵母成为卷舌韵母，这种情况叫做儿化韵。

2. 儿化音节一般用两个汉字表示，其写法是在原韵母的后边加上一个 r。如："跟儿"写成"genr"。

3. 儿化对一些词有确定词性的作用。如：跟（动词）、跟儿（名词），托（动词）、托儿（名词）。

4. 儿化对一些词有区别词义的作用。如信（指信件），信儿（指信息）。

5. 儿化有表示细小、轻微的意思。如：小刀儿、药丸儿、一点儿。

普通话的韵母除了 e、er 不能儿化外（ueng 一般也不儿化），其他韵母都可以儿化。

6. 儿化的主要作用：

（1）表示温和、喜爱的感情色彩。例如：蝴蝶儿、小花儿。

（2）形容细小、轻微的状态和性质。例如：雨点儿、小粒儿。

（3）确定词性。兼作动词、名词或兼作形容词、名词的词，儿化后确定为名词词性。例如：盖—盖儿，尖—尖儿。

（4）区别词义。例如：头（脑袋）—头儿（带头的、领导人），白面（面粉）—白面儿（白色的粉末或指毒品海洛因）。

四、汉语拼音的教学要求

（一）第一阶段：新生入学——开学后两个月内的集中学习

要求小学生学会以下内容：

1. 学会21个声母。

分别是：b p m f d t n l g k h j q x zh ch sh r z c s。要求认清声母的形、读准声母的音，并能按准确的顺序认读、背诵声母表，正确默写21个声母。

2. 学会10个单韵母，它们分别是 a o e i -i（前）-i（后）ê er u ü；13个复韵母 ai ei ao ou ia ua uo iao iou uai uei ie üe；16个鼻韵母 an en in ün ang eng ing ong ian uan uen üan uang ueng iong iang。

3. 学习声母和韵母相拼的音节，能直呼，掌握各种拼写规则。学会三拼音节和16个整体认读音节 zhi chi shi ri zi ci si yi wu yu ye yue yuan yin yun ying。

（二）第二阶段：小学一年级上学期——一年级下学期

准确熟练地默写字母和拼读音节，学会用学过的汉语拼音识字、阅读、给汉字注音，并熟练运用音节拼写身边的事物，初步进行语言表达。

（三）第三阶段：小学二年级上学期——二年级下学期

认识大写字母，熟记《汉语拼音字母表》。能运用音序查字法查字典，学习独立识字。能借助工具，独立阅读，养成自主识字的好习惯。

第二节 汉语拼音教学的基本方法

《标准》指出："汉语拼音教学要尽可能充满趣味性，宜多采用活动和游戏的形式，应该与学说普通话、识字教学相结合，注意汉语拼音在现实语言生活中的运用。"[①] 按教学进度来看，刚入学的一年级新生要在一个月的时间掌握汉语拼音。这对孩子们和老师们无疑是一个挑战。如何巧妙利用课堂上的每一分钟，营造一个灵活多变、妙趣横生、充满吸引力的课堂？如何让新生们在玩中学、学中体验快乐呢？如何能让课堂不再生硬呆板，活泼之余又扎实有效呢？下面就给面临一年级拼音教学的老师们支几招。

一、汉语拼音的基本教学步骤

汉语拼音的教学内容，一课一般分两个课时。第一课时主要是学习字母的认读和书写，第二课时大多指导拼读音节和书写音节的练习。

---

① 中华人民共和国教育部. 义务教育语文课程标准（2011年版）. 北京：北京师范大学出版社，2012：6

（一）第一课时的基本步骤：

1. 借助"情境图"初步认识字母。
2. 通过练读，了解字母的发音特点。
3. 自编小儿歌，记住字母的字形。
4. 结合语境儿歌，巩固所学字母。
5. 指导学生通过观察，分析字母的书写规律，并书空描红。

（二）第二课时的基本步骤：

1. 通过小游戏复习巩固所学知识。
2. 巧妙运用课本插图学习新音节。
3. 练习拼读，读语境儿歌，运用各种小游戏练习巩固。
4. 学写音节。

二、汉语拼音教学基本策略

（一）乐于认

来自一线老师的困惑：

汉语拼音字母字形抽象，一年级的学生年纪又小，很多学生认字母时总是混淆，有时候教学生认字母也觉得枯燥乏味，连老师都打不起精神来，学生更没有学习兴趣了。语文课上，老师正在教大家认识声母"d"和"q"，为了不和前几天刚学的"b"和"p"混淆，老师很有心地将这四个字母拿出来进行比较，让学生说一说它们的不同，学生们七嘴八舌，说的答案全都不靠谱。老师只好拿出卡片让孩子们轮流开火车读，开始还挺热闹，可火车开到第三行的时候，就有几个孩子打哈欠了，有的竟然开始回头说起话来。老师就大声提醒了一下，但是，纪律是安定下来了，学生的兴趣也静止了，没有一个孩子的脸上有笑容，小脸都板板的，课堂上开始变得严肃而紧张，孩子们渐渐把老师推得离自己越来越远。下课后，老师将课堂作业收上来一看，还是有很多孩子分不清这些字母。

教学应对策略：

"让学生在愉悦的氛围中寻找学拼音的乐趣，在轻松活泼的环境中有效、熟练地认识拼音字母，是我们教师共同追求的目标。"① 怎样才能让学生满怀

---

① 《义务教育课程标准案例式解读小学语文》（2011 年版）．北京：教育科学出版社，2012.3

兴致地投入到拼音学习中，又能收到很好的效果呢？相信下面几种方法会给老师们带来启发。

1. 会比较

（1）摆一摆

在所有的拼音字母中，有很多字形相近的字母，能够分清、不混淆是个难点。b、p、d、q 几个声母的字形相近，一些学生容易弄混。教师让学生准备一个半圆环和一根小棒，在课堂上"变魔术"：把小圆环摆放在小棒的右下方、右上方、左下方、左上方，分别变成这四个声母，让他们在"变变认认，读读记记"中分清四个声母的共同点和不同点。

（2）做手势

学生的小手一握，做真棒的手势。向左转，向右转，或者将大拇指朝地，左转右转，恰好可以模仿 b、p、d、q 的形状，用这种做手势的方法，既可以形象地区分四个形近字母，又可以增添学生学习汉语拼音的浓厚兴趣。

2. 编儿歌

根据儿童语言发展的特点，学龄儿童特别喜欢一些顺口的儿歌。若把它与记拼音字形联系起来，可起到事半功倍的效果。教学时，教师可以先示范编个儿歌，如记住声母"b"："小姐姐听广播，右下半圆 bbb"。然后启发学生："你准备怎么记住 p 的样子啊？"学生在老师的启发下学着编了句儿歌"小弟弟爬山坡，右上半圆 ppp"。后面的汉语拼音学习，就可以放手让学生自己编儿歌记字母，而教师只是稍加指点。这样不仅让学生对学习汉语拼音产生了浓厚的兴趣，同时也使学生的语言得到了发展。

下面给大家提供一些朗朗上口的小儿歌，供大家参考：

听广播 bbb，爬山坡 ppp，两个门洞 mmm，一根拐棍 fff，左下半圆 ddd，伞把朝下 ttt，一个门洞 nnn，一根小棍 lll，小鸽子 ggg，小蝌蚪 kkk，一把椅子 hhh，一只母鸡 jjj，7 个气球 qqq，切西瓜 xxx，像个 2 字 zzz，小刺猬 ccc，小蚕吐丝 sss，织毛衣 zhzhzh，吃东西 chchch，石狮子 shshsh，一轮红日 rrr，一个树杈 yyy，一只乌鸦 www。椰子树上椰子多，左 i 右 e，ie ie ie，我爱北京天安门，左 a 右 n an an an。

3. 用好图

"教材插图是重要的课程资源，插图的服务对象主要是儿童，学生借助插图可以深化对课文内容的理解,形成丰富的情感体验。"① 教材中每个拼音字母都配有彩色插图,这些插图直观形象,贴近学生生活,富有童趣。教学时应引导学生仔细看图,让学生自觉从图中明白字母的音和形。字母的形体从图中表象出来,图又为字母发音提供服务,这样可以增强小学生对字母的第一印象。

教学中要充分利用课本中那些精致而传神的插图,教学生记忆每个字母的字形,学习发音。在看图说话时,引导学生采用比较的方法,寻找图形与字形,图意与读音的相同点。如教学单韵母 ü:图上画着条翘着尾巴的大红鲤鱼在吐泡泡。出示投影图片让学生仔细观察,图上画着什么?它在干什么?它跟单韵母 ü 什么相似点?学生仔细观察后得出答案:单韵母 ü 的发音和鲤鱼的"鱼"第一声相同。翘着尾巴的大红鲤鱼的身子就像单韵母 ü,红鲤鱼吹泡泡就像是 ü 上的两个小点。学会比较,为后面的读音记形奠定的基础。

4. 会分析

先从词语里分析出音节,再从音节里分析出声母、韵母,然后教分析出的声母、韵母。如教声母 m 时,可首先出示插图,让学生观察,问:"这个小孩被蒙住了眼睛,他伸出双手想干什么?"学生答:"想摸住他的小伙伴"。老师说:"我们把'摸'读得轻一点短一些,就是我们今天要学的 m"。引出声母"m"后,便进行声母"m"的教学,这样会使课堂的衔接很自然很和谐。

5. 结合生活

教学声母 t 时,读准音后让学生记住形,先观察图画,随即取出准备好的弯柄伞撑开,学生们眼前一亮,纷纷举手:"我知道怎样记住 t 的形状了!我家也有这种伞,以后看到 t,就想到弯伞柄了。"接着教师及时点拨:"伞柄弯钩朝哪边?"让学生更准确地记住字形。听着学生的回答,学生已经掌握了"t"的形状,再不需要更多的解释。

6. 画插图

拼音课堂上,教师可以随着学生的想象即兴板画,给汉语拼音来个字母配画。这既充分尊重了学生在语文课堂的主体地位,也保护了孩子们学习拼音的浓厚兴趣。如学到声母"K",有学生说道:"k 像小蝌蚪咬水草。"教师就可以即兴在黑板上画出弯弯曲曲的水草上,两只小蝌蚪正在顽皮地咬着,样子像

---

① 《义务教育课程标准案例式解读小学语文》(2011 年版). 北京:教育科学出版社,2012.3

极了字母 k。如学到声母"h"，学生说道："h 像一把小椅子。"教师就可以直接在字母旁边画一把小椅子。这样直观的方法，相信学生一下子就记住字母的形状了。

汉语拼音就是些形态各异的符号，只凭小学生死记硬背、重复抄写是没有效果的。要想认清每一个字母的形态，最好的办法就是紧密联系生活实际。一年级的小孩子想象力特别丰富，教师引导他们通过观察、比较、联想、创新，必定会将汉语拼音认得准，记得牢。

（二）乐于读

来自一线老师的困惑：

语文课上，老师正在示范单韵母"o"的发音，可是由于学前不正确的引导，很多孩子都发成了口型变化的"喔"，有的干脆读成了"欧"，还有的孩子学着老师聚拢的口型，却发出了"奥"的音。老师心急火燎地来回纠正着："把嘴巴聚拢！""哎，不对不对，不是奥。""你们在干什么，快坐好了！"几个回合下来，老师筋疲力尽，孩子们的兴致也渐渐淡下来，有的扭着身子看看这儿看看那儿，还有的因为听到不正确的发音甚至学起了鸡叫，教室里爆发出一片笑声，老师很无奈……

教学应对策略：

低年级的小孩子初到小学课堂，对什么都是好奇的，但他们刚刚从游戏为主的幼儿园课堂中走出来，让他们长时间集中注意力是不可能的。因此，教师要了解他们的生理特点，一要注意上课 20 分钟后的游戏与休息，二要注意教学机智。小孩子仿佛就是大人的镜子，你急他也急，你缓他就缓。教师教学不顺利切不可急躁，遇到难点就慢慢来，哪怕用一节课把这个难点攻克，也会为后面的学习奠定良好的基础。我想，"顺木之天性"就是这个道理吧！

1. 做手势

（1）读好"o"

所有字母中 o 是最受争议的一个，有的发成"欧"，有的发成了口型有变化的"喔"。单韵母发音时是不可以改变口型的。教师可以引导学生借助自己的小手来帮助发音。用右手做 ok 的手势，然后将大拇指和食指圈成的圆拢在嘴唇上，用来固定总想变来变去颤巍巍的嘴型。然后再发 o 的音，发出的声音介于"喔"和"欧"之间。多加练习，就可以撤下小手，熟练正确地发音了。

（2）形象的示范

学习前鼻韵母时，规范的发音应该在发音最后将舌面自然贴于硬腭上。但这是在口腔闭合时做出的动作，不管教师如何示范，有的学生就是不会，而且也看不见，做手势就可以帮大忙了。教师可以将左手手心朝下，微微弯曲代表硬腭，右手在左手下方代表舌头，但教师发音时，右手同时往代表硬腭的左手上贴，示范舌面贴硬腭的动作。这样的示范学生看明白了，发音的难点自然就轻松解决了。

（3）四声调号操

有些学生受方言的影响，二声和三声总是读不准。特别是山东的孩子舌根发硬，二声扬不上去，三声拐不下来。这时，就可以请"四声调号操"来帮忙，用手势代表四种调号的读音。教师可以指导学生模仿"小警察"，做"四声调号操"——"一声平（单手掐腰，另一只手臂平挥），二声扬（手臂向斜上方挥动），三声拐弯（手臂画一个对号），四声降（手臂向斜下方挥动）"。随着朗朗上口的小儿歌，学生挥舞着手臂，干脆利索地读着四声，边做边玩中，不知不觉读音也跟着规范起来了。

2. 做示范

刚入学的小孩子模仿能力是最强的，而且一旦形成习惯，便是很难更改的。因此，一定要借助老师的示范让正确的读法先入为主。纵观现在的一年级新生，大部分是到上小学后才接触到拼音，也有一小部分学生在幼儿园大班的时候接触过汉语拼音，但口形普遍不到位，发音不够准确。所以，一年级的课堂上一定要重视教师的示范功能，教师首先要在课前独自照着镜子练习发音，注意口形的标准规范。上课时教师要示范每个音节的读音读法，要讲解拼音规则、方法，让学生按照规则方法去拼读。在传授拼读方法中，要从口形变化、声调、气息等细节去抓，还要注意应用插图、录音等教具使学生拼准每个音，在示范之后，还要像前面字母教学一样带读，对于难于拼读准确的音，与地方方言有明显差异的音要重点加以指导，使学生真正掌握拼音方法，再请学生反复试读，最后运用开火车等形式逐个纠正指导。

3. 做实验

在汉语拼音中，许多字母的发音非常相似，其中的微小差别要靠学生亲自体验才能悟出。如教声母 b 和 p 时，可用纸片演示，用一张薄纸片放在嘴前，发音时，让学生仔细观察，学生便会很快比较出："b"发音时，纸条动得很微弱；发"p"时，纸条颤动得很厉害。从而可以总结出：读"b"时，气流弱；读"p"时，气流强。这样两个字母读法的不同就从这个有趣的小实验中轻松解决了。

4. 创情境

汉语拼音的第一课学习的是单韵母 a、o、e，许多儿童对 a 的发音总是不到位，教师则在发音规则与方法上浪费时间，效果却不明显。如果教师把握了知识与儿童生活经验相结合的规律，教学时避免繁琐的发音方法的分析，利用生活经验为学生创设情境，则会取得明显的效果。如：今天咱们去医院看病，来张大嘴巴，让医生看看你的喉咙。在学生不自觉张大嘴发"a"的音时，教师可以顺势引导，这就是 a 的读音。学生凭借已有的生活经验，很快克服了发音不到位的困难。

复韵母读起来有些难度，如果古板地跟学生讲动程一类的知识，孩子们不会买账，因为他们根本听不懂这些专业名词。这时，引入生动的情境，效果就会好很多。如 ei，小哥哥砍木柴，一起使劲，e——i! 学生自然读出了从 e 滑到 i 的动程。激励看谁砍的木柴多，多练习多巩固，自然读准了。读 ao 可以模仿大老虎下山，双手架在嘴边，学着大老虎的样子。会读了，再让学生清楚汉语拼音中复韵母分别由哪些字母组成。如："ai"是由字母 a 和 i 组成，这样读音和记忆字形就一举两得了。

5. 读儿歌

儿歌是一种将所学内容转化为音乐智慧的最便捷、最直观的形式，这种形式对于爱说爱唱的小孩子来说，非常喜欢。在拼音教学中，无论是教字母的发音，还是规范字母的形式，都可以运用大量儿歌，便于学生记住它们的音和形。儿歌内容简单，一般都是押韵的，读起来琅琅上口，可以让学生一边拍手，一边说唱，学生不仅可以记住拼音字母的音、形，还可以创设一种充满韵律的课堂节奏，使学生在流动的节奏感中享受美的熏陶，更可以适时地进行思想教育，真可谓是一举三得。如在学习韵母 ei 时，配上儿歌"小妹妹，不怕累，学洗衣，会叠被。先给爸爸捶捶背，再帮妈妈揉揉腿"。这不但巩固了 ei 的读音，而且教育学生要学会劳动，关心他人。

（三）乐于拼

来自一线老师的困惑：

今天是学习拼读的起始课，老师范读："小朋友们注意，现在我摆 b 的口型，发 a 的音，请跟我读。b——a——ba。"小孩们都很认真地盯着老师："b——a——ba。"老师很满意，就随机请了几位同学起来读读看："谁想来自己读读试试？"小孩子们都把小手举得高高的："老师，我来我来! b——a——

a。"老师："呵呵，别急，再跟我读一遍：b——a——ba。"学生很认真地盯着老师的嘴："b——a——a。"老师："……"有些孩子从没学过拼音，拼读就是教不会。要他们跟读都没有问题，一到自己读，就五花八门地出错，有没有什么又快又有效的办法呀？

教学应对策略：

汉语拼音只是一种语言交流的工具，但凡是工具，总得给人适应的时间，才会得心应手。因此，老师们切不可心太急，给孩子们一点缓冲，耐心培养起他们学习的兴趣，交给他们切实有效的好方法才是我们应该不断努力的。

1. 关于拼读

（1）重直呼

实际教学中要多以直呼音节训练为基础。学生掌握了汉语拼音的基本构件以及直呼音节方式后，教师还应采取多种形式，对学生进行全方位的训练。通过反复进行直呼音节的训练，从而实现对学生所学知识的巩固。在实际课堂练习中，除了教授每课的拼音、注重直呼音节训练外，教师还可将学习过的音节、音节词语以卡片或是投影的方式记录下来，利用教授新课前的几分钟，对学生的直呼音节进行巩固训练。在新课教授结束后，还应指导学生使用小卡片将学习过的音节写下来。同时根据学生学习的实际状况，适量补充部分音节和常用的音节词语，不仅能形成直呼技能，同时也扩展了知识。教师教学过程中可适当补充一部分拼音句子，训练学生的词语连读技能，借助他们的口语经验，从言语实践中来，再回到言语实践中去。

（2）两拼法

借助小儿歌"前音轻短后音重，两音相连猛一碰"。先由教师领读，再由儿童自读。如此举一反三，触类旁通，儿童很快就能掌握这种拼读的技能。练习中要注意及时纠正学生学前的错误拼读，如声母带调、无调拼读等。

（3）三拼法

如果遇到声母、韵母中间有介音的情况，则要用"三拼法"，要领是"声轻、介快、韵母重，三音相连猛一碰"。教儿童拼读，要防止养成"呼必有三"的定势。儿童拼得比较熟练时，就要训练他们看到音节直接读出音节，不要再给声母、韵母一一"点名"。事实上，用拼读法也能达到直呼，只要儿童拼得熟了，一口呼出，应该是水到渠成的事。

如果我们拼读的音节是有调号的，在拼读时就要带上调号。一般有三种教法：

一是音节数调法。先用声母和基本声调（第一声）的韵母相拼，拼成音节，再看上面是哪个声调，就用这个音节按照第一声、第二声、第三声、第四声的顺序数下去，数到这个音节的声调为止。刚开始接触声调学习拼读时，可以用这个方法。

二是音节定调法。先在心里用声母和不带声调的韵母相拼，眼里看着声调符号，嘴里直接读出的是带调的音节。如 hǔ，拼音时念 hu—hǔ。

三是韵母定调法。用声母和带调音节的韵母相拼，直接拼出带调的音节。如 hǔ（虎），拼音时念 h—ǔ—hǔ。这个方法直截了当，学生拼读比较熟练了，可以采用。

2. 关于标调和去点规则

（1）讲故事

儿童天生就喜欢听故事、讲故事，教师通过讲故事的方式能极大地激发儿童的语言智慧和学习兴趣。

如学习单韵母"i"标调去点规则时，教师可给学生讲故事：小"i"是拼音王国里最小最瘦的一个字母，如果给他的小点上再戴一顶调号帽子，他瘦小的身体就承受不了啦！所以给小"i"戴帽子时，要把小点去掉，他可不能带太多帽子啊！这样一来，学生在一片笑声中牢牢记住了"i"的标调规则。

再如：教学 j、q、x 跟 ü 相拼，去掉 ü 上两点这一拼写规则时，也可以讲个有趣的故事：小"ü"没有人玩，伤心地哭了，大滴大滴的眼泪流了下来，这时好心的 j、q、x 来了，帮小"ü"擦掉了眼泪（即去掉 ü 上两点），从此，小"ü"就和"j、q、x"成为了好朋友，只要和他们在一起的，小"ü"就再也不掉眼泪了。丰富多彩故事情景会把抽象的教学内容形象化，儿童学起来很有趣，就不会感到枯燥乏味了。

学习声母 y、w 的整体认读音节时，可以讲个找妈妈的故事：

"小 i 的妈妈是大 y，他们生活在一起，整体认读音节 yi yi yi"。

"小 u 的爸爸是大 w，他们住在屋子里，整体认读音节 wu wu wu"。

"小 ü 没有爸爸和妈妈，去掉两点和大 y 在一起，整体认读音节 yu yu yu"。

学生对这类故事特别感兴趣，新知识掌握得既快又牢固。

（2）记口诀

学习 i 和 ü 的标调时，可记口诀：

"小 i 小 ü，有礼貌，见了大 y 就脱帽。"

学习复韵母标调时，为了让学生牢记标调的次序，可以记口诀：

"小调号，要找家，有 a 先找 a，没 a 找 o e。

没有 o e 找 i u，i u 并排怎么办? i u 并排标后面。"

（3）做表演

表演活动形象直观、生动有趣，能够帮助学生在看看玩玩中获得知识，形成记忆，如学习 j、q、x 和 ü 相拼的规则时，老师可以让四个学生戴着标有 j、q、x、ü 的饰品表演，ü 看到 j、q、x 就主动走过去，去掉眼镜，然后大家一起念顺口溜："小 ü 见到 j、q、x，摘掉墨镜行个礼。"这样，学生就很容易记住 j、q、x 与 ü 的相拼规则。

（4）纠错误

在汉语拼音的发音中，对于北方孩子来讲，经常会发生"z c s"咬舌尖的现象，有时也有学生发"j q x"的音时，喜欢舌面舔牙齿，造成舌面擦音。另外也有学生受学前不正确学习的影响，背诵声母表总爱使劲点着头把 r 读成四声，像这些细小的错误，老师们都要及时发现，及时纠错。

3. 多融合

（1）与平日教学相融合

低年级的课后练习题都是注音的，教师在指导学生做练习时，应充分利用这一时机，让学生利用拼音独立读通题目，使学生得到训练，养成独立思考的习惯，不要因学生费劲而全权代理。学生在学习新课时，教师最好不先范读或领读，而应让学生利用拼音独立读准字音，遇到难点时再示范；学生读错字音时，也不要立刻示范，而应耐心鼓励学生自己看拼音改正。

老师在拼音教学中，还可以引导学生借助图文并茂的拼音读物，提高拼读能力。拼读能力是一种技能，而技能的形成又有赖于大量的拼读实践。儿童刚刚从幼儿园进入小学，具有强烈的求知欲，对阅读图文并茂的读物有浓厚的兴趣。学生学会了拼读，就能够在教师的指导下，借助拼音认识生字，迈上初步阅读的台阶，逐步形成拼读音节的技能。

（2）与丰富的实践活动相融合

①在班上开辟"每日一拼"专栏，内容短小丰富，课表、通知、作业等都用拼音写在黑板上，让学生独立读懂，让学生和拼音天天见、天天用。

②画一种水果，加上读音。

③回家搜集一种动物图片，写上它的拼音名称。

④搜集一处青岛风景名胜，写名称。

⑤用拼音写同学的名字。

⑥将最容易混淆的字母或整体认读音节放大贴在教室里。

⑦将教室里一切可以注明的都贴上拼音音节卡片，自己的评比栏也写上拼音的姓名，并有时间就互相交流、介绍。同时将家里的物品也贴上拼音卡片，

与家人和小伙伴共同沉浸在拼音的王国里。

⑧提前读写，巩固拼音，初试写话。

组织学生每天阅读一定的课外读物，使他们在大量阅读纯拼音或注音儿童读物的同时，既增强对汉语拼音的拼读能力，又达到尽快积累汉字的教学目的，使学生养成爱读书的好习惯。在拼音全部教授完之后，可以试着用课件出示内容活泼贴近生活的图片，让学生用拼音来练习写句子。一开始可先用拼音来试着写词语，待熟练之后，让学生用口头说一句完整的话，再用拼音写下来。还可以模仿写词串、模仿写诗歌，训练学生的语言表达能力。

（3）温故与知新相融合

因为汉语拼音是一种工具，需要经常复习，复习可从以下几个方面来进行。

①不做掰玉米的熊

每节新课之前都要认真复习前面学过的声母、韵母，可以运用各种轻松愉快的小游戏来体现。特别是与新课有关的字母要重点复习，绝不做掰玉米的熊，学一个丢一个。

②拼读天天见

拼读是学习拼音的难中之难，每节课都要安排大量的拼读练习，拼读时字母标调或去点的规则要运用小儿歌反复重现。拼读的音节可以是学过的旧字母，也可以是新学的字母，可以充分结合学生多彩的生活素材，既进行了训练，又丰富了实践。

（四）乐于写

来自一线老师的困惑：

老师教孩子们写声母"j"，老师很认真地在板书的四线格里写着："注意啦！先把竖弯写在中格和下格的一半位置，最后在上格点上小点儿。好，现在请同学们照着老师写的在本子上写一个。"只见孩子们很听话地都低着头写字，教室里安静极了。过了一会儿，作业本收上来，有几个孩子把"j"全都挤在中格里，老师皱着眉头又在下一行顶头位置范写了一个。又过了一会儿，改错的孩子上来了，可老师惊讶地发现，照着写还是写错，那孩子的本子上，"j"还是写得小小的，都挤在中格里，哎……真是愁死了。每次写拼音的时候，总有孩子占错格，老师给范写了一个，让他照着写，他竟然连看也不看，还照着原来错误的写，本子擦得又黑又脏。真不知道该怎么办才好。

教学应对策略：

"认真写好汉字是义务教育阶段语文教学的基本要求，练字的过程也是学生性情、态度、审美趣味养成的过程。"① 有时候，书写也并不枯燥乏味，老师可以给每一个字母赋予生命，将它们变成一个个可爱的娃娃。边讲着好玩的故事，边写着拼音，那该是多么有趣的事情呀！

1. 养成良好的书写习惯

写一手好字会令人羡慕，可养成良好的书写习惯却是受益终生的。拼音字母要想写好，每天都要勤练，但每次的时间不要太久。教学写字首先要指导学生摆正坐姿，正确握笔，如果有孩子总喜欢用大拇指包住食指的指尖，老师们可以帮孩子在两根手指的指甲上贴上好看的小粘贴，让他们小心爱护，别蹭掉了。时间久了，正确的握笔姿势就习惯成自然了。摆好姿势才能动笔，才能写出漂亮的字，养成良好的习惯。书写时要求正确、整洁、美观、迅速，先要求正确，再要求速度。教师要注意示范和巡视指导，遇到孩子出现错误要及时纠正，等孩子写了一整行再改就不好改了。对学生的要求要严格，指导要细致，大小长短，笔画笔顺都要规范、准确才行。

2. 认识四线格和基本笔画

经常有学生在书写拼音时，这里出了头，那里忘了拐弯。其实还是对基本笔画掌握得不扎实。要写好汉语拼音，先要写好组成字母的各种笔画。很多老师在执教字母的时候，总是欲言又止，对字母的基本笔画拿不准。

这些基本笔画主要有：竖，如"p"的第一笔；右弯竖，如"f"的像小拐棍的第一笔；竖左弯，如"j"的第一笔；竖右弯，如"t"的第一笔；大竖弯、小竖弯，如"u"的第一笔和第二笔；左斜、右斜，如"x"的第一笔和第二笔；横折横，如"z"的笔画；左半圆，如"a"的第一笔；右半圆，如"b"的第二笔。

在练好基本笔画的基础上，可以着手让学生领会书写字母的步骤或规则。每教一个字母，要讲清先写什么，再写什么，最后写什么。可以告诉学生四线格中字母的书写规律："字母住在中格，要占满格，住在上下格的都不满格，要留一点口。"书写规则一定要与教师书写的示范结合起来使用，如教写"b"，教师可以一边板书一边说："四线格是三层楼，b 家住在二、三楼，从三楼往下到二楼，先写竖，注意别让 b 碰着头，瞧，老师没有顶到头哦。靠着竖，右半圆住二楼（右半圆自上而下），多像一个胖胖的大肚皮呀！"接着由教师指着范写让学生书写笔顺，然后再动笔写，写一个要对一个。

---

① 《义务教育课程标准案例式解读小学语文》（2011 年版）．北京：教育科学出版社，2012.3

3. 定点法

有些孩子没有在学前受过拼音教学的训练，是一片空白的学生，也许他们连半圆都画不好。第一节课写"a"，他们就非常吃力了。这时，定点法就可以显示它的威力了。可以教给学生写"a"前，先在四线格的中格点上三个点，分别是右上角偏下、左上角偏下、中格下方边缘的中间。定好了三个点，就可以像幼儿园里学习连点成画那样画一个半圆了。再如写"k"时，一条竖并不难，可两条斜线就不简单了，但如果在中格位置的竖中间定上一点，再写斜线就不会一长一短东倒西歪，孩子们能写出很端正的"k"了。

4. 会比较

在动笔之前，应结合插图和日常生活中常见的物品来记住字母的形状。如教学"t"可让学生联系伞把来记。也可编一些顺口溜来记住字母的形状，在分析形状时还要注意应用对比的方法来记。如"b"和"d"、"p"与"q"都可进行比较。让学生发现它们的相似之处和不同之处，从而深刻地记住字母形状，不容易写错。

5. 多示范

汉语拼音的书写是有格式的，一定要按照四线格的要求来书写，不要让学生想怎么写就怎么写，并且教师要亲自在四线格上示范。班里总有那么几个能力强的，有时甚至可以请他们上台来当小老师，台下的学生会更有新鲜感，听得更认真呢！让学生模仿着写，竞争着写，在你比我赛的氛围中，学生的竞争意识一下子被激发出来，自然写得又好又快。

6. 勤练写

学生将字母的形记在脑中，明确了格式之后，一定会手痒痒想马上写，要让学生亲自动手书写，书写的遍数要适当，要一个比一个好，多鼓励多督促，尽量在课堂上完成。

7. 多评价

一年级的小学生很在乎别人对他一言一行的评价，如果教师在学生初次体验书写乐趣时，大大加以鼓励的话，将会培养他们浓厚的书写兴趣。评价可以是生生之间、师生之间的多元评价，可以在学生练习后，将书写规范美观的作品利用电子白板进行展示，对于进步较大的孩子也要给予重视，适当给予鼓励，保护好他们的进取心。

（五）好玩儿的拼音游戏

1. 邮递员送信：改编自幼儿园的识字游戏，孩子们都会玩儿。

2. 猜猜我是谁：学生自编谜题，"他有一个大肚子，还有一根高旗杆，吃饱了总爱把肚子甩在左边"。学生说不出，老师可率先示范，跟学生互动猜谜，猜中有奖，鼓励学生编谜猜谜。

3. 红叶挡半边：可在复习时用，一片红叶适当地遮住字母的一部分，让学生猜，很好玩儿。

4. 对对碰：拼读游戏，两个学生各手执声母和韵母，像打扑克一样出牌，谁先拼出音节可将两张卡片全部赢走，卡片多者胜。

5. 小兔子回家：画一个弯弯曲曲的迷宫，然后将六个韵母打乱次序写在图中，让学生按单韵母次序画出小兔子回家的路线。

6. 读拼音卡片比赛：开火车读卡片，看哪组火车读得又快又准。

7. 快乐大转盘：先剪一张长方形的纸板，在上面并列挖出两个窗口。在纸板的反面钉两个大小不同的圆形纸板，在圆形的边缘分别写上 21 个声母和 39 个韵母。练习直呼时，教师转动两个纸盘，声韵随机组合，学生快速直呼，是根据转盘识字的教具改编的。

8. 找朋友：复韵母是最容易混淆的，常常有孩子上二年级了还分不清哪个是 ei，哪个是 ie。可以编儿歌，也可做找朋友的传统游戏，或者向有经验的老教师学习，用六个单韵母卡片，看老师摆复韵母的口型，从卡片中选两个单韵母组成复韵母。

汉语拼音毕竟只是学习语言的一种工具，必定有它的枯燥和乏味。只要我们语文教师本着培养学生学习兴趣，教给学生学习拼音的方法，让他们将学到的本领应用到学习中、生活中这一理念，汉语拼音的教学就一定会充满乐趣，我们的拼音课堂也必定会深深地吸引着孩子们。让我们共同发挥各自的优势，让我们的拼音课堂"活"起来吧！

第三章　语言文字素养与教学指导

小学语文教师必须掌握与小学语文教学密切相关的现代汉语语法与修辞知识，具有扎实的现代汉语语法基础，才能够在研读教材、理解文本时得心应手，才能在指导学生学习时选准训练点，夯实语言文字运用基础。教师的语言文字修养直接决定着教学效果和教育质量，直接影响到课堂教学的成败。本章就语文教师应该掌握的语法与修辞知识以及字词句教学的基本方法进行论述，希望能给您的教学带来帮助。

第一节　语法与修辞

一、语法

语法是语言单位的组合规律。每种语言都有自己的语法。汉语的语言单位可由小到大分为五个层级，即语素、词、短语、句子和句群。

（一）词类

汉语的词首先根据是否能作句子成分，分为实词和虚词两大类。另外还有两类无法归入实词和虚词的特殊词类：拟声词和叹词。

1. 实词

实词能够单独充当句子成分，意义比较实在，表示事物、动作、行为、变化、性质、状态、时间、处所等。
实词包括名词、动词、形容词、数词、量词、副词、代词等。

2. 虚词

虚词只表示语法意义，不能单独充当句子成分。虚词包括介词、连词、助词、语气词等四类。

（二）短语

短语，也称词组，是由两个或两个以上的词按照一定的结构方式组合起来的没有语调但有造句功能的较大的语法单位。短语按语法功能可分为名词性短语、动词性短语、形容词性短语三种。

1. 名词性短语：

以名词为主体或作用相当于名词的短语叫名词性短语。名词性短语的构成方式主要有以下几类：

（1）并列关系的：即名词性联合短语。由两个或两个以上的名词、代词并列组合而成，可直接组合，也可借助虚词来组合。例如：风俗习惯　东南西北

（2）偏正关系的：即名词性偏正短语。由修饰限制和被修饰限制两部分组成，基本结构方式为"定语＋中心语"。

（3）"的"字短语：由结构助词"的"附着在实词或短语的后面组成的短语。例如：你的　参观的

2. 动词性短语

以动词为主体或作用相当于动词的短语叫动词性短语。动词性短语的构成方式主要有以下几种：

（1）并列关系的：即动词性联合短语。由两个或两个以上的动词或动词短语并列组合而成。例如：听说读写　继承发扬

（2）述宾关系的：即述宾短语，其基本结构方式是"述语＋宾语"，例如：学科学　感谢你们

（3）述补关系的：即动词性补充短语。其基本结构方式为"中心语＋补语"。例如：听明白　看几遍

（4）偏正关系的：即动词性偏正短语。其基本的结构方式为"状语＋中心语"。例如：快跑　马上出发

（5）连动短语：由两个或两个以上动词或动词性短语连用，形成并列、述宾、述补、偏正等关系，中间没有语音停顿和关联词语，这种短语就是连动短语。例如：外出参观　抓住不放

（6）兼语短语：由一个述宾短语和一个主谓短语套在一起形成的短语叫兼语短语。例如：请他吃饭　通知我开会

3. 形容词性短语

以形容词为主体或作用相当于形容词的短语叫形容词性短语。形容词性短语的构成方式主要有以下几类：

（1）并列关系的：即形容词性联合短语。由两个或两个以上的形容词并列组合而成，可直接组合，也可借助虚词来组合。例如：雄伟壮观　纯洁高尚

（2）偏正关系的：即形容词性偏正短语。其基本结构方式为"状语＋中心语"。中心语由形容词充当，其状语多由副词、代词、数量短语、介宾短语等充当。例如：十分灵活　非常高兴

（3）形补关系的：即形容词性补充短语，其基本结构方式是"中心语＋补语"，中心语由形容词充当，补语可以由动词、形容词、代词、副词等词类及短语充当。例如：冷得发抖　高兴极了

4．主谓短语

由陈述与被陈述、说明与被说明两部分构成的短语叫主谓短语，其中表陈述、说明的部分叫谓语，被陈述、被说明的对象叫主语。主谓短语两部分之间有语法上的主谓关系。

主谓短语的主语一般是由名词、代词、或名词性短语充当的，谓语一般是由动词、形容词或动词性、形容词性短语充当的。例如：考试结束　心情愉快

主谓短语的谓语也有是由名词、量词短语等充当的。例如：明天清明节

主谓短语的主语也有是由动词或形容词及其短语充当的。例如：吸烟有害　稳定第一

5．介宾短语

由介词和它所带的宾语组成的短语叫介宾短语。介宾短语中的宾语主要由名词、代词或名词性短语充当。例如：在北京　于一九九三年

6．复指短语

由两个或两个以上表示同一个人或同一个事物、充当同一个句子成分的词或短语组成的短语叫复指短语。

复指短语的组成成分，一般由名词、代词、量词短语或名词性短语等充当。例如：首都北京　我们大家

7．固定短语

固定短语是指组合成分与组合形式都比较定型的短语。固定短语的内部成分及成分的排列次序都不能随意更改，中间也不宜插入其他成分。造句时，固定短语相当于一个词，应把它看作一个整体，充当句子的一个成分。

固定短语的构成方式有以下几种：

(1) 结构对称的习惯语。例如：你一言我一语　光打雷不下雨

(2) 专用名词。例如：山东大学　教师节

(3) 行业术语。例如：现代汉语　历史唯物主义

(4) 其他熟语。例如：欢天喜地　瑞雪兆丰年

(三) 单句

句子是由词或短语按照一定的结构规则组成的，是语言的基本使用单位。每个句子都具有一定的语气和语调。在具体的语言环境中，句子具有表达一个相对完整的意思、完成一次简单的交际任务的功能。

1. 句子的分类

句子按结构类型一般分为单句和复句两大类。单句是由一个词或一个短语构成的句子。单句的语法标志是只有一层句子成分。

两个或两个以上的单句，由于表达的需要，按一定的逻辑次序组合在一起，构成更大的句子，这就是复句。复句的语法标志是有两层或两层以上的句子成分。

单句根据结构特点分为主谓句和非主谓句。

主谓句是由主谓短语形成的句子。根据谓语的构成特点，又可分为名词谓语句、动词谓语句、形容词谓语句、主谓谓语句。

非主谓句是由单个词或非主谓短语形成的句子。根据其构成特点，又可分为名词非主谓句、动词非主谓句、形容词非主谓句、叹词（含拟声词）非主谓句等四类。

复句根据分句间的事理关系可分为并列复句、承接复句、递进复句、选择复句、转折复句、因果复句、假设复句、条件复句等类型。

句子还可按表达功能来分类，一般可分为陈述句、疑问句、祈使句、感叹句四类。

2. 句子的成分

句子成分可分为基本成分和特殊成分两大类。汉语句子的基本成分有主语、谓语、述语、宾语、定语、状语、补语、中心语等八种。

句子成分的符号：主语用"＝"标示，谓语用"—"标示，宾语用"﹏"标示，定语用"（ ）"标示，状语用"〔 〕"标示，补语用"＜ ＞"标示。主语部分和谓语部分可以用"‖"划开。

句子的特殊成分是指独立于句子主体结构之外，不跟基本成分发生结构关系，只表示某种附加意义的成分。句子的特殊成分，在结构上具有较强的独立性，被称为独立语。主要有：感叹性独立语，呼唤性独立语，应答性独立语，示意性独立语几种类型。

3. 单句的类型

（1）主谓句：由主谓短语带上一定的语气语调构成的句子。主谓句必须在最大层次上能够分析出主语和谓语两部分来的句子。按照谓语的性质，主谓句又可以分为：动词谓语句、名词谓语句、形容词谓语句、主谓谓语句四种类型。

（2）非主谓句：由单个词或主谓短语以外的短语构成的句子是非主谓句。可分为：名词非主谓句、动词非主谓句、形容词非主谓句、叹词非主谓句四类。

4. 单句的特殊句式

（1）把字句

把字句是主谓句的一种。句中谓语一般都是及物动词，而且不能是单个的动词，应当是单个短语和动词的连用形式。

（2）被字句

被字句是被动句，是主语接受动作的句子。被动句中的主语是受事者，由介词"被"引出主动者与"被"字构成的介宾短语在句中作状语。

把字句和被字句的典型结构都是："主语 + 状语 + 动词 + 补语"。

口语中常用"叫""让""给"来代替"被"。

（3）连动句

谓语是由连动短语充当的动词谓语句叫连动句。连动句的几个相连的动词或动词短语之间在意念上有先后、目的、方式、因果等关系。因此短语的位置顺序不能相互颠倒，中间也没有语音停顿。例如：

他搜集着一片片干苔藓烧水喝。（目的）

综上所述，判断一个句子是不是连动句主要有三点：一是必须有两个动词连用陈述一个主语；二是两个动词短语互不作成分，而在意义上有目的、方式、原因、结果、先后的关系，位置不能互换；三是两个动词短语中间不能有语音停顿。

（4）兼语句

兼语句是用兼语短语充当谓语的句子。它有下列特点：

第一，兼语句的谓语是由动宾的宾语，兼做主谓短语的主语。

第二，兼语句多有命令的意思，所以句中前一个谓语多由使令动词充当。常见的使令动词有"使、让、叫、派、命令、吩咐、禁止、请求、选举、教、劝、号召"等。前一个谓语也可以是"有"。例如：我有个弟弟今年考大学。

第三，兼语句中兼语的谓语（第二个动词）是前边动作所要表达的目的或产生的结果。即兼语前后两个动词的语义上有一定联系。

（5）省略句

在一定的语言环境中，省去一个或几个句子成分的句子叫省略句。省略句的特点是语言简洁，表达明快，但对具体语言环境的依赖性较强。例如：

"炉子怎么样了？"

"被海水淹了。"

"火呢？"

"灭了。"

"机器怎样？"

"停了。"

（6）存现句

表示人、事物存在或出现、消失的句子是存现句。存现句有三个特点：

第一，主语常是处所词或时间词。例如：远处有一座山。

第二，存现句的谓语多是表示存在、产生、消失的动词，即不表示动作，只表示动作产生或状态的持续。例如：到处是欢乐的人群。（表示存在）

第三，存现句的宾语往往是动作的发出者。因此有的存现句可以转换为一般主谓句。

（7）变式句

单句的成分有相对稳定的次序，如主语在前，谓语在后等。有时为了强调或表现某种意思，而改变了句子一般语序，如把谓语提到主语前面或把定语、状语移到中心语的后面等，这样形式的句子叫变式句。例如：起来，（不愿做奴隶的）人们！（谓语在前，主语在后）

5. 句子的功能类型

（1）陈述句

对一个事实进行判断、叙述或描写的句子叫陈述句。陈述句的语调一般表现为平调或略降调，书面上句末常用句号表示，一般不用语气词。陈述句可以是主谓句，也可以是非主谓句。陈述句有两种基本类型：肯定的陈述、否定的陈述。

（2）疑问句

提出问题，表示疑问语气的句子叫疑问句。疑问句句尾一般是上扬的升调，书面上用问号表示，语气词常用"呢、吗、吧"等。

疑问句可分为四类：特指问、是非问、选择问、正反问。

（3）祈使句

表示要求或制止对方做某件事的句子叫祈使句。祈使句的句末多用句号，语气较强的可用感叹号，语调一般呈降调。祈使句常由单个动词或动词短语构成；可以是主谓句，也可以是非主谓句；可以是肯定式，也可以是否定式，有时可连用两个否定词。

（4）感叹句

表示喜悦、赞叹、愤怒、惊讶或悲痛等感情的句子叫感叹句。感叹句的语调常呈降调，书面上用感叹号表示，句末多用语气词"啊"及其语音变体"呀、哇、哪"等。

（四）复句

1. 复句

由两个或两个以上意义紧密联系，结构相互独立的单句即分句组成的句子称为复句。组成复句的分句可以是主谓句，也可以是非主谓句。分句之间有短暂的语音停顿，书面上用逗号或分号表示。分句之间的关系常用连词、副词以及一部分起关联作用的短语来表示。

2. 复句的类型

复句中的分句之间有着一定的逻辑关系，根据分句之间不同的逻辑事理关系，可以把复句分为并列、承接、递进、选择、转折、因果、假设、条件、解说、目的等类型。

（1）并列复句：两个或两个以上的分句分别陈述几种事物，或者几种事情，或一种事情的几个方面，分句之间是平行相对的并列关系。主要关联词语有"既……又……，还，也，同样，不是……而是……，是……不是……，同时，一方面……一方面……，有时……有时……，有的……有的……"等。

（2）承接复句：两个或两个以上的分句，一个接着一个的叙述连续发生的动作，或者接连发生的几件事情。分句之间有先后顺序，常用关联词语有"就，便，才，又，于是，然后，接着，首先（起初）……然后……，从而"等。

（3）递进复句：后面分句的意思比前面分句的意思进了一层，分句之间是递进关系。常用的关联词有"不但（不仅、不只、不光）……而且（还、也、又）……，尚且……何况（更不用说、还）……，况且"等。

（4）选择复句：两个或两个以上的分句，分别说出两件或几件事，并且表示从中选择一件或几件，分句之间就构成选择关系。常用的关联词有"与其……不如……，宁可……也不……，或者……或者……，不是……就是……，要么……要么……，或许……或许……，可能……可能……，也许……也许……"等。

（5）转折复句：后一分句的意思不是顺着前一个分句的意思说下去，而是作了一个转折，说出同前一分句相反、相对或部分相反的意思来。分句之间构成转折关系。常用的关联词有"虽然（虽、尽管）……但是（但、可是、却、而、还是）……，但是、但、然而、只是、不过、倒、竟然"等。

（6）假设复句：前一个分句假设存在或出现了某种情况，后一个分句说出假设情况一旦实现产生的结果。两个分句之间是一种假定的条件与结果的关系。常见的关联词语有"如果（假如、倘若、若、要是、要、若要、假若、如若）……就（那么、那、便、那就）……，即使（就是、就算、纵然、哪怕、即便、纵使）……也（还、还是）……，再……也……"等。

（7）因果复句：前面分句说明原因，后面分句说出结果，可分为说明因果和推论因果。说明因果是一个分句说明原因，另一分句说明由这个原因产生的结果，因和果是客观事实。常用关联词有"因为（因）……所以（便）……，由于……因而……，因此、故此、故而、之所以……是因为……"等。推论因果是一个分句提出一个依据或前提，后一分句由此推出结论，结论是主观判定的，不一定是事实。常用关联词有"既然（既是）……就（那就、便、又何必）……"等。

（8）条件复句：前一个分句提出一个条件，后一个分句说明这个条件一旦实现所要产生的结果，分为充分、必要、完全等三种类型。常见关联词语有"只要……就……，只有……才……，除非……才（不）……，无论（不管、不论）……都……"等。

（9）解说复句：一个分句说明一种情况，其他分句对这种情况进行解释、说明或总括。一般不常用关联词语。

（10）目的复句：一个分句表示实现或避免某种目的，一个分句表示为此而采取的行为。常用关联词语有"为了、以便、以、用以、好、为的是、以免、免得、省得"等。

（五）句子结构的常见错误及修改

1. 成分残缺或多余

这种错误是指句子的主干成分主语、谓语、宾语等残缺或多余。例如：

从他的变化中，说明他是一个知错就改的学生。（缺主语，"从……中"是一个介宾短语，不能做主语。）

一般地说，运用比较复杂的句子，如果不注意各部分的组合，说了前边忘了后边，有时就会造成某个成分缺少或多余。检查这类句子结构是否完整或通顺，可以采用压缩法，即层层压缩句子的枝叶，找出句子的主干，就会发现错误在什么地方。

2. 成分搭配不当

这种错误是指句子中相关的成分违反了语法规律和语言习惯，在意义上不能配合。主要表现为主语与谓语、述语与宾语、定语、状语、补语与中心语的搭配不当。例如：

内容正确是衡量文章好坏的重要标准。（主谓搭配不当。主语"内容正确"是从一个方面说的，谓语则是从两个方面说的，语义不合。）

3. 语序紊乱

这种错误是指由于词或短语的位置放得不对，从而影响句子意思的表达。主要表现为定语、状语与中心语的语序不当，或多层状语、多层定语的语序不当等。例如：

经过学习，群众普遍地觉悟提高了。（状语"普遍"与中心语"提高"被名词"觉悟"分开了，应把"普遍"放到"提高"之前，或将"提高了"提到"觉悟"之前。）

4. 结构混乱

这种错误是指在一个句子中，两种句式混用杂糅，导致句子不通。这主要是由于对两种同义表达形式的选择举棋不定，最后兼而有之造成的。例如：

作为一名师范生，一方面要学好知识，一方面要培养口语表达能力也是很重要的。（此句应在"培养口语表达能力"后点断，后面可另成一分句"这也是很重要的"，也可删去"也是很重要的"。）

5. 虚词使用不当

这种错误是在句子中误用，或少用、滥用了虚词，从而使句子逻辑不通或语意不明。例如：

这个消息是我哥哥单位听到的。（少用虚词。应在我哥哥单位前加介词"从"，组成介宾短语。）

二、修辞

修辞是运用语言的艺术，是在一定的语言环境中展现出来的表意手段，是客观存在的表达规律。修辞活动是一个选择、调整、修饰、加工语言的过程，其目的是用最恰当的语言形式来充分表达思想内容、提高表达效果。

（一）语音修辞

语音修辞就是利用语言的声音条件进行修辞。好的话语或文章，说着上口，听着悦耳，就会给人以美的享受。因此我们应该积极运用语音的条件进行修辞，以达到预期的效果。汉语语音修辞主要有音节的配合、声调的协调和押韵的和谐等几个方面。

1. 音节的配合

汉语的词有单音节、双音节、多音节几种形式，短语也有双音节和多音节几种形式。根据表达的需要，恰当选用不同音节的词或短语，进行合理搭配，就会使音节匀称整齐，收到良好的效果。例如，在一句话中连着说"钢、铁、煤"就比连着说"钢、铁、煤炭"好，这是因为一句话并列连说的几个词语只有音节相同才能给人以整齐、悦耳的感觉。

句子与句子之间也需要音节对应。一般是奇数音节与奇数音节相对，偶数音节与偶数音节相对；或奇数音节与偶数音节交替使用，两两相对。例如：

如今哪，青狮山绿如翡翠，青狮水清似琼浆。（《漓江深情》）

2. 声调的协调

汉语是有声调的语言，声调本身的高低曲直变化就有一种节奏分明、抑扬有致的声调美。在汉语的表达中，如果再按声调的平仄有规律地交替、对应，就可以构成汉语特有的音律美。平仄抑扬是汉语修辞常用的手法。旧体诗是很讲究平仄的，现代的韵文不取旧体诗那样严格的平仄的形式，但也注意平仄相配，特别是句末音节的平仄。例如：

毕竟西湖六月中，风光不与四时同。接天莲叶无穷碧，映日荷花别样红。（《晓出净慈寺送林子方》）

3. 押韵的和谐

押韵就是在上下语句或隔句的句尾，有规律地使用韵母相同或相近的字，给人以音韵回环、和谐悦耳的音韵美。古代诗词特别讲究押韵。散文、小说等文学作品，注意句与句的押韵，也可以形成音韵和谐的音乐美。例如：

桂林山水清奇俊秀，杭州西湖浓妆淡抹。

上述语音修辞的几个方面是相互联系的，运用语言时，应该从内容表达的需要出发，互相配合，灵活运用，以达到使语言产生整齐匀称、变化有致、和谐悦耳的音乐美的修辞目的。但是，切忌脱离语义表达的需要而一味追求语言形式的"华丽"，那样势必会影响语言的表达效果。

（二）词语修辞

在汉语的多种修辞手段中，词语修辞是使用频率最高且表达效果最直接、明显的一种，可以说是一种最重要的修辞方法。

词语修辞主要指同义词语的选择。所谓同义词语，是指表示的意思大致相同，但语音或文字形式很不相同，在表义的轻重、大小，适用的对象，感情与语体色彩等方面又有细微差别的一组词语。因此，在语言运用中，要从表达的需要和特定的语境出发，选择那些最准确、鲜明、生动的同义词语，以提高语言的表达效果。这就是词语的修辞。词语修辞主要是对词语的选择。

1. 着眼于语义的词语选择

确切地了解词语的意义，是选用词语的基础。从修辞的角度来说，词语的意义有两种：一种是语汇意义，一种是在特定的情境中产生的意义，叫修辞意义。语汇意义是词语固有的意义，一般能见之于词典的；修辞意义是表达中临时赋予的意义，不见于词典。比如"药"这个词，鲁迅用作一篇小说的标题，结合小说的内容看，这个"药"是指"人血馒头"，这个意义不是词汇意义，而是修辞意义。

词语选择的一般要求是：准确、鲜明、生动、简练。

2. 着眼于色彩的词语选择

色彩的选择是指选用词语时着眼于它的色彩是否鲜明、协调，它包括感情色彩和语体色彩两个方面。

①感情色彩的选择

词语的感情色彩，即词语的褒贬色彩，反映说话人对所陈述事物的立场和态度。在褒贬词语的选择上一定要用心推敲。例如：

早有防备的中国守军同仇敌忾，奋起还击，打得日本鬼子人仰马翻。（《卢沟桥烽火》）

②语体色彩的选择

语体有口语和书面语之分。书面语又有文艺语体、科技语体、政论语体和公文语体之分。语体色彩的选择就是要求所选用的词语要和所使用的语体相适应、相协调。例如：

卢沟桥事变的第二天，中国共产党就通电全国，大声疾呼："平津危急！华北危急！中华民族危急！"号召全国军民团结一致，把日本侵略者赶出中国。（苏教版小学语文六年级下《卢沟桥事变》）

词语修辞必须以积累和掌握丰富的语汇为前提，有了丰富的语汇，选择起来才能左右逢源，表情达意才能准确贴切。

（三）句子修辞

句子修辞是在准确选用词语的基础上，通过对句子的精心组织和调配，以达到提高语言表达效果的目的。句子修辞主要包括句子的组织和句式的选用两个方面。

1. 句子的组织

一个句子，可以组织得长一些、意思表达得完备一些，也可以组织得短一些、意思表达得简单一些；可以组织得结构整齐一些，以显示整齐美，也可以组织得松散一些，以形成错落美；还可以变通正常语序，造成一种变化美。因此，句子的组织格式有多种多样，不同的组织形式会产生不同的修辞效果。句子的组织主要包括：长句和短句的组织，整句和散句的组织，常式句和变式句的组织等几类。

（1）长句和短句

长句不仅能够表达较为复杂的意思，而且容易产生精确、严密、细致的修辞效果。长句多用于政论文体，因为这种文体要求说理精确、严密，具有说服的力量。例如：

中国人民决不以日本士兵及人民为敌，我八路军本着国际主义精神，至仁至义，有始有终，必当为中华民族之生存与人类之永久和平而奋斗到底。（苏教版小学语文六年级下册《聂将军与日本小姑娘》）

短句简明干脆，生动活泼，有利于抒发感情。短句多用于口语，书面语中的文艺语体，尤其是对话中也常常使用。例如：

"大家快跑！什么也不要拿！快……"

长句和短句各有所宜，能产生不同的修辞效果。因此，说话或写作时，长句和短句应配合使用，应当从内容表达的需要出发，该长则长，该短则短。

（2）整句和散句

把结构相同或相似的一组句子整齐地排列在一起，就形成了整句；把结构不一致的各种各样的句子交错在一起，就形成了散句。

整句的修辞效果是形式整齐，声音和谐，气势贯通，意义鲜明。它适合于表达丰富的感情，给人以深刻、鲜明的印象。例如：

哪里有困难就在哪里工作，哪里有艰苦就在哪里战斗。

散句由于是由许多格式不同、结构不同的句子错综地排列在一起，所以它不像整句那样能够表现集中的内容。但也不能说散句是杂乱无章的，它是散而不乱，比较灵活，容易避免单调，可以取得明快、生动的效果。例如：

为了装点这凄清的除夕，友人从市集上买来一对红烛。划一根火柴，便点燃了，它的光亮立刻就劈开了黑暗，还抓破了沉在角落上阴暗的网。（靳以《红烛》）

一般情况下，整句和散句交错运用，有时候比单纯用整句或散句能够收到更好的艺术效果。但要以表达需要为依据，切不可生搬硬套，一味地追求形式。

（3）常式句和变式句

有时为了突出某一方面的内容，表达某种效果，可以改变句子成分的位置，如主谓结构将谓语提前，偏正结构将定语或状语置后等，这种改变正常语序的句子就是变式句。变式句包括以下几种情况：

①主语和谓语倒装

为了突出谓语表达的内容，强调动作行为或性质状态，改变主语和谓语的次序，把谓语提前，主语放后。例如：

唱啊，跳哇，敬爱的老师，亲爱的同学们！

常式句的主谓句重在陈述，语气平缓；改为变式句后，大多表示疑问、祈使、感叹等，语气急迫，有很强的感情色彩，句式简短，主谓之间要出现语音停顿。

②动词和宾语倒装

为了强调宾语表达的内容，把宾语提前，支配宾语的动词放后。例如：

发生在 20 年前的事，我还记得。

③修饰语和中心语倒装

为强调修饰语表达的内容，可以把修饰语置后或提前，而把中心语放在前边或改变原来的位置。

2. 句式的选择

句式的选择，就是从语言的众多同义句式中选择一种最恰当的句式，以提高语言的表达效果。同义句式是指表达的意思基本相同，但因句子形式不同而使表达效果不完全相同的几种句式。同义句式主要有：肯定句和否定句，主动句和被动句，陈述句、疑问句、祈使句和感叹句等几组。

（1）肯定句和否定句

对事物做出肯定判断的句子叫肯定句，对事物做出否定判断的句子叫否定句。有时，同一个意思，既可以用肯定句来表达，也可以用否定句来表达，但因句式不同，语气不同，取得的修辞效果也不相同。例如：

你这种看法是错误的。

你这种看法是不对的。

第一句是肯定句，肯定"看法"是错误的。第二句是否定句，虽然也表达了第一句的意思，但语气委婉、缓和得多。

文学作品中，如果肯定句和否定句并用，肯定和否定相衬托，那么作者所要表达的肯定的意思就会表现得十分鲜明。例如：

桂花树不像梅花那么有姿态，笨笨拙拙的。不开花时，只是满树茂密的叶子；开花季节，也得仔细地从绿叶丛里找细花。（苏教版小学语文四年级上册《桂花雨》）

否定句包括有单重否定和双重否定两种形式。单重否定往往比肯定语意弱些，比如：

"蜜蜂是画家的爱物，我却总不大喜欢。"

"不大喜欢"是否定形式，如果换成肯定的"有些讨厌"，表达的意思基本相同，但前者语意轻些，委婉一些，后者语意重些，直接一些。双重否定则比肯定语意更强一些。

值得注意的是，有些双重否定句语气却又比单纯肯定句要委婉一些。例如：

人家都说你是个厚道人，你不会不帮忙的。

跟"你会帮忙的"相比较，"你不会不帮忙的"显得委婉，能避免给人口气过直、过硬的感觉。

（2）主动句和被动句

这两种句式是就句子中的主语和谓语动词的关系说的。如果主语是动作、行为的施事者，就是主动句；如果主语是动作、行为的受事者，就是被动句。同样一个意思，有时既可以用主动句来表达，又可以用被动句来表达，只是各自所起的作用不同。例如：

我们打败了敌人。

敌人被我们打败了。

前一句是主动句，突出了动作的发出者"我们"；后一句是被动句，突出了动作的承受者"敌人"。

在语言运用中，主动句用得比较多，被动句用得比较少，这主要是因为主动句比被动句更明确有力一些。

（3）陈述句、疑问句、祈使句和感叹句

陈述句、疑问句、祈使句和感叹句是按句子的表意功能划分出来的四种类型，它们各有一定的结构和语气，表述上各有特点。有时候，两种句型表示的意思很相近，但因语气不同，表达的效果就大不相同。先用哪种句型更富有表现力，这便是个修辞问题。

感叹句是表示某种感情的句子，其中包含着对某件事的肯定和否定。因此陈述某件事情，不仅可以用陈述句来表达，有时也可以用感叹句来表达，这就需要针对语境恰当选择。

祈使句是表示请求或禁止的句子。有时，表示请求的意思不仅可以使用祈使句，也可以采用疑问句的形式。

以上四种句型，尽管有时可以用不同的句型表达大致相同的意思，但采用的句型不同，表示的语气不同，表达的效果也有所不同。因此，在运用语言时，要从表达的需要出发，从具体的语境出发，以提高语言的表达效果。

（四）修辞格

修辞格又叫辞格，是为了使语言生动、形象、富于表现力而使用的一些特殊的修辞方式。一种成熟的修辞格一般是由特定的修辞手段（方法）、特定的结构格式和特定的修辞效果形成的统一体。现代汉语中有许多修辞格，我们这里介绍十二种最常见的：比喻、比拟、借代、夸张、对偶、排比、设问、反问、摹状、双关、反复、对比。

1. 比喻

比喻就是打比方。是用具体的、浅显的、熟知的事物去说明或描写同它有相似点的抽象的、深奥的、生疏的事物的一种修辞方式。例如：

那里的天空总是那么湛蓝、透亮，好像用清水洗过的蓝宝石一样。（苏教版小学语文三年级上册《拉萨的天空》）

构成比喻必须具备两个条件：一是本体和喻体必须是两个本质不同的事物，二是本体和喻体之间必须有相似点。

运用比喻修辞的主要作用是对事物的特征进行描绘和渲染，使事物生动、具体，给人以鲜明深刻的印象；或者是用浅显常见的事物对抽象的事物、深奥的道理加以说明，深入浅出。

比喻一般由三个要素构成：本体（被比喻的事物）、喻体（作比喻的事物）和比喻词（比喻关系的标志性词语）。根据比喻三要素的隐现情况，比喻可分为明喻、暗喻、借喻三种基本格式。

（1）明喻

明喻即指本体、喻体、比喻词都同时出现的比喻，中间的比喻词往往是"像、如、仿佛、好似、犹如"等。其基本格式是：甲像乙。例如：

树像一朵绿色的云，从大地上升起来。（苏教版小学语文三年级上册《做一片美的叶子》）

（2）暗喻

暗喻就是指本体和喻体都出现，但比喻词一般是"是、成为"等。其基本格式是：甲是乙。例如：

西湖，就是镶嵌在这天堂里的一颗明珠。（苏教版小学语文三年级上册《西湖》）

（3）借喻

借喻是只有喻体，不出现本体和比喻词的比喻。例如：

没有几分钟，"大部队"便排空而至，老远就听到它们的叫声。（苏教版小学语文五年级下册《灰椋鸟》）

2. 比拟

比拟是借助想象和联想，把物当作人来写，或者把人当作物来写，或者把甲事物当作乙事物来写的修辞方法。比拟包括拟人和拟物两种。

（1）拟人

拟人就是把物当做人来写。例如：

成片的大豆摇动着豆荚，发出哗啦啦的笑声。（苏教版小学语文三年级上册《北大荒的秋天》）

（2）拟物

拟物是把人当做物来写或把此物当作他物来写。例如：

她的生命艰辛而又壮丽，像一朵傲放于风沙中的仙人掌花。（苏教版小学语文六年级上册《小草和树》）

比喻与比拟的区别：一是比喻是用喻体比方本体，重在"喻"；比拟是仿照"拟体"（被模仿事物）的特征写本体，重在"拟"。二是比喻中的本体和喻体一主一从，本体或现或不现，喻体必须出现；比拟中本体和拟体彼此交融、浑然一体，本体必须出现，拟体一般不出现。三是比喻常出现在主语和宾语的位置上，比拟常出现在谓语的位置上。

3．借代

借代是用相关事物来代替所要表达的事物的修辞方法。运用借代的修辞方法一般不直接说出要说的人或事物。例如：

滔滔洪水中的群众，看到了红五星，看到了迷彩服，就像看到了他们的大救星。（苏教版小学语文五年级下册《大江保卫战》）

运用借代要抓住事物最典型的特征，并且对于所代指的事物要在一定的语言环境中有所交代。另外，运用借代，只能出现"借体"而不能使本体与之一同出现。

借代与借喻的区别：一是借代的作用是称代，只代不喻；借喻的作用是比喻，是代中有喻。二是借代的借体和本体之间侧重于相关性；借喻的喻体和本体之间侧重于相似性。三是借喻可改为明喻或暗喻，借代则不能。

4．夸张

夸张是为达到某种表达需要，对事物的形象、特征、作用、程度等方面着意扩大或缩小的修辞方法。夸张主要可分为以下两类：

一是扩大夸张。即是故意把一般事物往大（多、快、高、长、强……）的方面说。例如：

飞流直下三千尺，疑是银河落九天。（李白《望庐山瀑布》）

二是缩小夸张。即是故意把一般事物往小（少、慢、矮、弱……）的方面说。例如：

五岭逶迤腾细浪，乌蒙磅礴走泥丸。（毛泽东《七律·长征》）

使用夸张的作用主要表现在三个方面：表明态度，引起共鸣；揭示本质，给人启示；创造气氛，引人联想。

使用夸张需要注意以下几点：一是要以客观现实为基础，不能浮夸；二是要与写实区别开，不能距事实过近；三是要注意文体特征。

5. 对偶

对偶是用字数相等，结构形式相同，意义相关的一对短语或句子表达两个相对或相近的意思的修辞方法。例如：

风声雨声涛声，声声震耳；雨水汗水血水，水水相融。（苏教版小学语文五年级下册《大江保卫战》）

使用对偶的主要作用是：使句式整齐匀称、语言节奏鲜明；音调铿锵和谐、富有音乐之美；表意凝练，抒情酣畅。

6. 排比

排比是由三个或三个以上结构相同或相似、内容相关、语气一致的短语或句子排列在一起，用来加强语势，强调内容，加重感情的修辞方法。例如：

壁画上的飞天，有的臂挎花篮，采摘鲜花；有的怀抱琵琶，轻拨银弦；有的倒悬身子，自天而降；有的彩带飘拂，漫天遨游；有的舒展双臂，翩翩起舞……（苏教版小学语文五年级上册《莫高窟》）

运用排比要注意以下几点：一是构成排比的可以是短语、分句、单句、复句；二是构成排比的语句必须有三项或三项以上，且有明显的语言标志；三是构成排比的语句之间句义有相关性。

使用排比的修辞方法的主要作用是：使句式整齐，结构匀称；增强气势，贯通文意；说理严密透彻，抒情酣畅淋漓。

7. 设问

设问即是明知故问，自问自答，以引起读者的注意和思考的修辞方法。例如：

是谁创造了人类世界？是我们劳动群众。

设问的主要作用是：提醒注意，引导思考；突出某些内容，使文章有起伏变化；有时在篇首、句首，起承上启下作用。

8. 反问

反问就是只问不答，把要表达的意思包含在问句里的修辞方法。它常用肯定形式表示否定，用否定形式表示肯定。例如：

如果我们也能像水滴那样，还有什么事情做不成呢？（苏教版小学语文五年级上册《滴水穿石的启示》）

使用反问的主要作用是：语气强烈，具有无可辩驳的力量；能激发读者感情，给读者造成深刻的印象。

设问与反问的区别：一是设问是自问自答，表示肯定什么或否定什么；反问是只问不答，所表达的肯定或否定的意思包含在问句本身里。二是设问的作用主要是提出问题，引起注意，启发思考；反问的作用主要是加强语气。

9. 摹状

对客观事物的形态、声音、色彩如实地加以准确的、生动的描绘，这种修辞方式就叫摹状。运用摹状，可以把事物说得形象生动，给人一种亲眼所见、亲耳所闻的真实感觉。

摹状可以分为摹形、摹色、摹声三种情况。

摹写形状的方法叫摹形。例如：

蜂子则嗡嗡地飞着，满身绒毛，落到一朵花上，胖圆圆的就跟一个小毛球似的不动了。（苏教版小学语文五年级下册《我和祖父的园子》）

摹写色彩的写法叫摹色。例如：

黄澄澄的是梨，红彤彤的是枣。（苏教版小学语文二年级上册《秋天到》）

摹写声音的方法叫摹声。例如：

春天，布谷鸟飞来了。它们那"布谷，布谷"的亲切啼叫，分明是催促人们快快出工呢！（苏教版小学语文四年级上册《鸟语》）

10. 双关

双关是借助语音或语义的联系，使语句同时关涉到两种事物的一种修辞方式。它在表面上说的是这件事，实际上是另一件事，即言在此而意在彼。例如：

时令不好风雪来得骤，妈要把冷暖时刻记心头。小铁梅出门卖货看气候，来往账目要记熟。困倦时留神门户防野狗，烦闷时等候喜鹊唱枝头。（苏教版小学语文五年级上册《红灯记》）

"双关"要特别注意不能产生歧义，意思要明朗，不能过于冷僻、晦涩，必须使读者或听者能够根据生活经验、上下文的交代自然地体会到它的含义，否则就容易造成误解。

11. 反复

反复是为了强调某个意思，突出某种感情，加深读者印象，有意重复某些词语或句子的一种修辞方式。

反复的类型主要有连续反复和间隔反复。

相同的词语或句子紧连在一起，中间没有词语间隔，这种反复就是连续反复。例如：

近了！近了！火星已经接近炸药了！（苏教版小学语文五年级上册《诺贝尔》）

相同的词语隔开来反复出现，中间插上了其他词语或句子，这种反复就是间隔反复。例如：

汹涌的激流中，战士们的冲锋舟劈波斩浪，飞向漂动的树梢，飞向灭顶的房屋，飞向摇摇欲坠的电杆。（苏教版小学语文五年级下册《大江保卫战》）

反复的作用一是突出思想，渲染感情。这方面的作用，连续反复尤为明显。二是富有音乐性，加强节奏感。这种作用在诗歌中尤为显著。

反复与排比的区别：一是反复着眼于词语或句子的相同，排比着眼于结构的相同或相似。二是反复可以是几项连续的，也可以是几项间隔的；排比构成的几项必须是连续的。三是构成反复的语言单位可以是两个或两个以上，一般由词、短语、句子等构成连续的或间隔的反复；构成排比的语言单位必须是三个或三个以上，一般由几个短语或分句构成排比。四是运用反复是为了强调突出，运用排比是为了增强气势。五是间隔反复和排比有时综合运用，但连续反复不能和排比综合运用。

12. 对比

把两种相反相对的事物或同一事物相反相对的两个方面并举出来，相互比较，这种修辞方式叫对比。例如：

人总是要死的，有的重于泰山，有的轻于鸿毛。（苏教版小学语文五年级下册《司马迁发愤写史记》）

对比这种修辞格，在日常生活中应用得非常广泛，它的作用也是非常明显的。它既能把好与坏、善与恶、美与丑这样的对立揭示出来，鲜明地显示出两种矛盾对立事物的差别，让人们在比较中得到鉴别；又能对一个事物或问题同时从正反两方面说，或者同时从肯定和否定两个角度说，反映事物内部既矛盾又统一的辩证关系，把事物说得更透彻，更全面，更鲜明。

对偶与对比的区别：一是对偶的基本特点是"对称"，对比的基本特点是"对立"。二是对偶主要是从结构形式上说的，它要求结构相称，字数相等；对比是从意义上说的，它要求意义相反或相近，而不管结构形式如何。三是对偶里的"反对"就是形式是对偶，意义是对比。例如：

横眉冷对千夫指，俯首甘为孺子牛。（对偶与对比兼用的形式）

在实际运用中，往往是几种修辞格同时综合在一起使用以获得不同的修辞效果，这就是修辞格的综合运用。要做好辞格综合运用的分析工作，必须注意以下两个问题：

（1）分析范围大小要适中，最好以句群为范围。因为句群是语言的最大单位，结构较句子复杂，可能包容的辞格相对多一些，又有一定的层次，更便于综合比较。

（2）注意辞格的主次与层次。综合运用的几种辞格在地位上有主次之分，在结构上有层次之分，只有认清了多种辞格之间的主次与层次，才能透彻地理解它们是怎样为表达内容服务的，它们分别起到了什么样的修辞作用。

第二节　字、词、句教学的基本要求和方法

一、字、词、句教学的基本要求

（一）识字教学的具体目标

识字、写字是阅读和写作的基础，是第一学段的教学重点，也是贯穿整个义务教育阶段的重要教学内容。识字教学直接影响语文教学的整体质量和效率。有研究表明："小学生识字量与语文学业成绩在总体上存在较高程度的相关"，"识字量可以简明地表示学生的语文水平，是反映学生水平的重要指标。"

识字教学要本着"识写分开、多认少写"的原则，注意儿童心理特点，引导他们利用各种机会主动识字，力求识用结合。要运用多种识字教学方法和形象直观的教学手段，创设丰富多彩的教学情境，提高识字教学效率。

各年级段的识字教学目标如下：

1. 第一学段（1~2年级）

（1）喜欢学习汉字，有主动识字的愿望。
（2）认识常用汉字1600个左右。
（3）掌握汉字的基本笔画和常用的偏旁部首。
（4）能结合课文和生活实际给生字扩词。
（5）学会汉语拼音。能读准声母、韵母、声调和整体认读音节。能准确地拼读音节。认识大写字母，熟记《汉语拼音字母表》。汉语拼音教学要尽可能有趣味性，多采用活动和游戏的形式，应与学说普通话、识字教学相结合，注意汉语拼音在现实生活中的运用。

（6）初步学会"看图识字""归类识字""熟字加偏旁""熟字换偏旁""加一加""减一减"等识字的方法。

（7）学习独立识字。能借助汉语拼音认读汉字，学会用音序检字法和部首检字法查字典。

2. 第二学段（3~4年级）

（1）对学习汉字有浓厚的兴趣，养成主动识字的习惯。

（2）累计认识常用汉字2500个左右。

（3）有初步的独立识字能力，掌握常用的独立识字的方法。会运用音序检字法和部首检字法查字典、词典。

3. 第三学段（5~6年级）

（1）能熟练地使用工具书学习生字，有较强的独立识字能力，能在阅读环境中主动识字。

（2）累计认识常用汉字3000个左右。

识字教学要使学生能够认清字形、读准字音、掌握汉字的基本意义，并形成在具体语言环境中运用汉字的能力，借助字典、词典等工具书查检字词的能力。第一、二学段应多关注学生主动识字的兴趣，第三学段要重视学生独立识字能力的培养。

（二）词语教学的具体目标

词语是一篇文章最基本的语言单位，词语教学是小学语文教学的重要组成部分，同时也是阅读教学的主要内容。词语教学的要求是使学生深刻理解词义，达到自觉地运用，并且还要丰富学生的词语数量，达到运用自如。

各年级段的词语教学目标如下：

1. 第一学段（1~2年级）

（1）结合上下文和生活实际了解课文中词语的意思。

（2）在阅读中积累词语。

（3）积累自己喜欢的成语。

（4）在写话中乐于运用阅读和生活中学到的词语。

2. 第二学段（3~4年级）

（1）能联系上下文，理解词语的意思，体会课文中关键词语表达情意的作用。

（2）能借助字典、词典和生活积累，理解生词的意义。

（3）积累课文中的优美词语。

（4）尝试在习作中运用自己平时积累的语言材料，特别是有新鲜感的词语。

（5）学习修改习作中有明显错误的词语。

3. 第三学段（5~6年级）

（1）能联系上下文和自己的积累，推想课文中有关词语的意思。
（2）学习辨别词语的感情色彩，体会其表达效果。

（三）句子教学的具体目标

"字→词→句→段→篇"是语言文字训练的基本流程。在这个流程中，句子训练处于字词和段篇训练之间。它既是字词教学的"升华"，又是段篇教学的"起点"，起着"承上启下"的作用。因此，认真进行句子教学，对于提高学生的阅读能力，发展思维，增长知识，提高思想认识，乃至学习运用语言进行表达，都有着不可忽视的重要意义。

各年级段句子教学的具体目标如下：

1. 第一学段（1~2年级）

（1）结合上下文和生活实际了解课文中句子的意思。
（2）认识课文中出现的常用标点符号。在阅读中体会句号、问号、感叹号所表达的不同语气。
（3）积累自己喜欢的格言警句。
（4）对写话有兴趣，留心周围事物，写自己想说的话，写想象中的事物。
（5）根据表达的需要，学习使用逗号、句号、问号、感叹号。

2. 第二学段（3~4年级）

（1）能联系上下文，理解句子的意思，体会课文中关键句子表达情意的作用。
（2）在理解语句的过程中，体会句号与逗号的不同用法，了解冒号、引号的一般用法。
（3）积累课文中的精彩句段。
（4）尝试在习作中运用自己平时的语言材料，特别是有新鲜感的句子。

（5）学习修改习作中有明显错误的句子。根据表达的需要，正确使用冒号、引号等标点符号。

3. 第三学段（5~6 年级）

（1）能联系上下文和自己的积累，推想课文中有关句子的意思。

（2）在理解课文的过程中，体会顿号与逗号、分号与句号的不同用法。

（3）修改自己的习作，做到语句通顺。根据表达的需要，正确使用常用的标点符号。

二、识字教学的方法

（一）识字教学的一般流程

识字教学始终是小学语文教师关注与研究较多的课题。本节就"集中识字""随课文分散识字"教学的一般流程进行介绍。

集中识字的一般流程

1. 创设情境，激趣导入

俗话说"良好的开端是成功的一半"，一个好的导入对一堂课有着至关重要的作用，它可以吸引学生的注意力，激发学生的学习兴趣和求知欲望，渲染良好的课堂气氛，为后面的教学奠定感情基础。如《识字八》一课，上课伊始，教师以谈话进行导入："我给大家带来了一位新朋友（出示小鸟图），请大家跟它打声招呼吧！"教师遵循儿童的好奇心理，激发了学生学习的兴趣。

2. 图文并茂，观察识字

识字课文都配有丰富多彩的课文插图，这些课文插图能够抓住学生的眼睛，激发学生的学习热情，因此教师在进行识字课教学时应该充分运用插图的作用。如《识字八》一课的教学中，教师通过让学生观察鸟字演变图，让学生感受了鸟字的演变过程，形象生动，学生乐学易记。同时，老师在教学几种鸟的名称时，也是先让学生观察图画，说出鸟的名字后，相机出示相关生字，再让学生进行多种形式的认读，使学生将图文有机结合起来进行识记，印象更为深刻，也更容易理解。

3. 诵读韵文，培养语感

每一篇识字课文都是一篇读来朗朗上口的小韵文，由一个个词串串联而成，有很强的节奏感，非常适合儿童朗读。在学生认会生字的基础上，将韵文反复诵读，在诵读的过程中，无形中培养了学生的语感。如《识字八》一课的教学中，教师不仅仅是让学生读会读通顺而已，还引导学生读出对鸟儿的喜爱之情，激发学生热爱大自然的情感。最后，教师又进行了说话训练，将一个个词语运用到句子中去，让学生活学活用。

4. 点拨识记，积累方法

教师在引导学生分析字形时，要充分利用学生已有的知识，将新旧字形联系起来，用"加一加""减一减""换一换"的办法，简化儿童识字的心理过程，帮助学生突破字形难点。利用学生已掌握的知识，由熟字带入生字的方法，不仅使学生的心理过程趋于简化，而且复习了熟字，增强了识字能力，提高了识字效率。如《识字八》一课的识字教学中，教师先让学生自己交流记字方法，然后相机点拨。在识记"鸦"和"杜"时，运用了"加一加"的方法；在识记"雕"时，运用了孩子们很喜欢的猜字谜的方式；而在记忆"雁"的字形时，结合大雁排队的特点进行识记。教师运用了多种方式进行点拨指导，学生记忆深刻，学起来也兴趣盎然。

教学案例

《识字八》教学设计

一、创设情境，激趣导入

今天，我给大家带来了一位新朋友（出示小鸟图），请大家跟它打声招呼。

二、学习鸟字旁

1. 出示鸟字演变图

生观察，你发现了什么？（指名交流）

师小结：古时候人很聪明，看到鸟就照它的样子写下来，这就是古时候人写的"鸟"。我们现在为了方便写，就演变成现在这个"鸟"字。

2. 古时候很多字都是模仿实物写成的，像这种字我们叫它"象形字"。

"鸟"它既是一个字，又是一个偏旁，读作"鸟字旁"。

三、看图认读词语

1. 有三只鸟飞来，它们想和你们做朋友，你们愿意吗？

（出示乌鸦、海鸥、杜鹃图）

2. 谁能叫出它们的名字？（指名交流）

师领读、生领读、齐读。（贴卡片）

3. 鸟朋友听到你们读得这么认真，非常喜欢你们。鸟朋友说光知道它的名字还不算真正的朋友，还要了解它们，你对它们了解吗？（指名说，相机指导朗读）

(1) 乌鸦：名字中有个字代表黑。喜欢吃害虫，而且爱吃腐肉，是益鸟，要保护它。

(2) 海鸥：生活在大海上，它有一对长长的强有力的翅膀，能在波涛汹涌的大海上自由地飞翔。

(3) 杜鹃：又叫布谷鸟（学鸟叫）。当听到杜鹃那"布谷、布谷"的歌声，就知道春天到了，提醒农民伯伯播种了。

4. 练习说话：

(谁) 在 (干什么)。

(谁) 在 (哪儿) (干什么)。

(什么样) 的 (谁) 在 (哪儿) (干什么)。

5. 听到同学们说得这么棒，鸟儿们可开心了，让我们再来美美地读一读吧！

齐读3个词串。

小结：从刚才我们学的这三个词中，你发现了什么？

鸦、鸥、鹃都带鸟字旁，带"鸟"的字一般都与鸟有关。你还知道哪些带鸟字旁的字？（鸡、鸭……）

四、认识"隹"字旁

1. 鸟朋友看到大家这么热情，想带你们到它们家做客呢！还要介绍一位客人给你们认识。

瞧，它来了！出示"隹"。

2. 出示"隹"的演变过程。

"隹"也属于鸟家庭的一员呢！大家看，古时候的人看到这种短尾巴的鸟，就这样写下来，现在就演变成了"隹"。（领读隹字旁）

3. 隹字家族的鸟听说小朋友们来了，也飞来欢迎大家呢！（出示鸟图）

它们看到乌鸦、海鸥、杜鹃和你们成为了朋友，可羡慕了，也想和你们做朋友，欢迎吗？

4. 让我们一起喊出它们的名字吧！（生说师贴名字）

生领读、师正音"雕"、生齐读。

5. 这些鸟儿你了解吗？给大家介绍介绍。

生说师随机点评。

五、诵读韵文，培养语感

1. 多么可爱的一群鸟儿啊！让我们连起来喊出它们的名字吧！注意要读出对它们的喜爱之情。

自由读、指读、男女生赛读、齐读。

2. 句式练习

大自然中生活着各种各样的鸟儿，有（   ）、（   ）、（   ）……我最喜欢（   ），因为（   ）。

六、点拨识记，积累方法

1. 出示本课四个生字：鸦、杜、雕、雁，你是用什么方法记住它们的？

2. 交流积累识字方法，教师适时点拨。

3. 指名学生组词领读。

随课文分散识字的一般流程

1. 创设情境，激趣导入

导入是语文教学的第一个环节，虽然在整个教学过程中所占时间不多，但其重要性却不容忽视。一个好的导入是打开求知大门的钥匙。导入时恰当运用语言渲染法，采用讲故事、猜谜语和朗诵等方式特别容易吸引学生的注意力，尤其是低年级的孩子，更会使他们对将要学习的内容产生浓厚的兴趣。

2. 初读整体感知

自主合作识字。此环节中可设计自读自悟、小组合作交流、全班交流展示这几个过程，把学习的主动权充分交给学生，让学生合作识字，交流启发思维，教师适时点拨，揣摩课文中的生字，让学生在自我感知、讨论中自主学习。学生自主识字，最大限度地调动了学生探求新知的主动性，充分地体现了学生的主导地位，营造了一种师生民主、和谐、平等的课堂氛围，大大提高了识字的积极性与效率。

3. 细读文本，随文识字，深入感知课文内容

识字教学应该在一定的"语言环境"中进行，与语言学习同步。教师应当明确低年级重在识字教学，随着阅读过程在一定的语言环境中进行教学。这样，课文内容掌握了，字的音形义也和"语言环境"融合在一起了。

4. 复习巩固，积累方法

拿出几分钟的时间留给学生，学生可根据自身情况进行反复总结，及时巩

固所学生字，积累科学有效的识字方法。此环节可设计一些有趣的环节对所学生字进行巩固，大大提高学生识字的积极性，同时由于生字重复出现，大大增强了学生识记生字的牢固性。

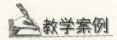
教学案例

《画家和牧童》教学设计

一、创新板书，激趣导入

戴嵩是唐朝著名的画家，很多人喜欢他的画。他的画一挂出来，就有许多人观赏。看画的人没有不点头称赞的，有钱的人还争着花大价钱购买。今天我们学的这篇文章就跟他有关，题目叫——《画家和牧童》。

二、初读整体感知，自主合作识字

这位大名鼎鼎的画家和小小的牧童之间会发生什么事呢？

1. 请大家自由地练习读课文。读之前，注意一边读，一边画出你不认识的字，对照拼音争取把每个字音都读对，把每个句子都读通，好吗？

2. 各自练读。

3. 咱们开火车读，比比哪列火车开得好。

4. 生交流难读句子、段落，找出来和组内小伙伴一起读，有读不准的可以请教组内的伙伴。

5. 合作练读。

6. 学生自愿展示。

三、细读文本，随文识字，深入感知课文内容

1. 师生交流：读了课文你知道了什么？

那戴嵩是一个怎样的人呢？生自由读文。

2. 过渡：大家知道戴嵩不仅是一个著名的画家，还是个虚心的画家。你从课文哪里知道呢？

学生默读课文。

3. 学生谈到第一自然段，师课件出示第一自然段。指导学生读出自己的感受。

指导学生用上"一……就……"说一句话。

4. 过渡：戴嵩的画画得多好啊，有钱的人都争着花大价钱购买。

（1）出示"价钱""购买"。谁来领着大家读读这两个词语？

（2）平常人们愿意花大价钱购买什么？

（3）知道"购"字为什么是贝字旁吗？

（4）师小结：古代的人曾经拿贝壳当钱币使用，所以"购"字里就有个贝字旁。

5. 继续交流：还从哪些地方知道戴嵩是个著名的画家？

根据学生的交流出示课件："他一会儿浓墨涂抹，一会儿轻笔细描，很快就画成了。"指导学生读出快的语气。

学习同音字墨、抹

（1）"墨"：用墨组词。（墨水、墨汁、墨镜、墨鱼）

（2）"抹"的左边是个提手旁，右边是个周末的末，这是一个形声字。

（3）出示：抹汗水、抹嘴、抹眼泪、抹胶水。生快速做动作进一步理解词义。

（4）示图：斗牛图。同学们，这就是斗牛图。图的哪里需要浓墨涂抹，哪里是需要轻笔细描？能读出这两种技法的区别吗？

6. 理解"围观的人看了，纷纷夸赞"。

（1）谁来学学商人或教书先生夸夸？（指名读）

（2）评评他读得怎么样？

（3）大家一起来读读商人的话，读的时候还可以加上动作。（齐读）

（4）教书先生的话谁来读？指导学生身临其境地读。

（5）想扮演商人的站起来，想扮演教书先生的起立，想演谁就读谁的话。（生分角色读）

（6）围观的人只有商人和教书先生吗？如果你就是围观的一员，你会怎样夸赞呢？

这么多的人，你一言，我一语地夸，就是文中说的——纷纷夸赞。

7. "这声音好像炸雷一样，大家一下子都呆住了。"为什么大家一下子都呆住了呢？师生交流适时指导"呆"字。

（1）你有什么好办法记住"呆"字呢？

想象法：上面一个口，下面一个木，就好像嘴巴张得大大的，一动不动。

表演法：（学生表演有的定住了，有的张开嘴巴，有的不出声）你们都不说话了，嘴巴张得大大的，就是呆住了。

（2）指导读出呆住的语气。

（3）小组赛读。

8. 过渡：大家都呆住了，那么戴嵩是怎么说怎么做的呢？请同桌互相读读戴嵩和牧童的对话。

同桌读、自愿展示读。

（1）小牧童怎么批评戴嵩的呢？

（2）牧童是怎样回答的呢？

（3）出示"翘"字，引导学生观察"翘"字里哪个笔画最像翘起的牛尾巴？（竖弯钩）

（4）小结：中国的汉字多像一幅幅画呀！这真是太神奇了。牛翘起尾巴在干什么呢？引出驱赶牛蝇的"蝇"字。

（5）（贴字卡"驱、蝇"）"蝇"：什么是"牛蝇"？它在"牛蝇"这个词中读二声，（贴词卡"苍蝇"）在这个词语中怎么读呢？

（6）师生合作读第五自然段。

9. 戴嵩听了牧童的话心情怎样？

（1）师生共同交流体会戴嵩惭愧、不安、害羞的心理活动。

（2）"惭""愧"两个字都是什么部首？（竖心旁。）

（3）为什么带竖心旁？

师生交流后小结：带有竖心旁的字大多和人的心情有关。发现汉字的规律，也是一种很好的识字方法。

请你试着走进他的内心，读读这句话。

课件出示：戴嵩听了，感到非常惭愧。他连连拱手，说："多谢你的指教。"

四、自主复习，巩固生字

课文中的生字都在黑板上集合了，你跟它们交上朋友了吗？请你自己读读试试，并给自己贴上相应的"小红星"吧！

（二）识字教学的常用方法

1. 在游戏中进行识字教学

著名教育家卡罗琳说过："孩子们的工作就是游戏，在游戏中激发他们的学习兴趣，激活他们的思维，学习知识，是他们最愿意接受的。"所以，教师更应该引导学生在丰富多彩的游戏中识字，寓教于乐，必将其乐无穷。

（1）儿歌识字法

在日常教学中遇到困难、易错的字可以根据字的特点编一些通俗易懂的儿歌，这种儿歌生动有趣，读起来朗朗上口，学生一旦记住便很难忘记。比如教学"爱"字：爪字头，秃宝盖，小朋友要友爱；教学"恩"字：因在上，心在下，念念不忘养育恩。儿歌识字，易学易记，妙趣横生，记忆深刻。既体现了语文课的趣味性，活跃了课堂气氛，又能提高识字的效果。

（2）谜语识字法

在教学中利用汉字的特点，设计猜谜语这样的智力游戏帮助学生识字是一种很好的办法。如：一口咬掉牛尾巴——"告"字；大口套小口——"回"字；王大娘，白大娘，一起坐在石头上——"碧"字。学生充分发挥自己的想象力猜出谜底，学习积极性被充分调动了起来，就能很快记住这些字。猜谜语是一种智力游戏，在识字教学中运用不仅可以激发学生的学习兴趣，提高识字效率，而且可以帮助学生增长知识，训练学生的思维能力，学生在乐中学，学中乐，实现了识字教学中的愉快教育。

（3）故事识字法

根据儿童喜欢听故事的心理特点，在教学过程中根据字的部件将一个个抽象的汉字演绎成一个个生动的小故事，让学生通过故事记住生字。如教学"朋"字时，给学生讲：天上的月亮只有一个，它很孤单，要是有两个月亮就好了，两个月亮靠在一起就是一对好朋友。故事识字法打开了学生的思路，激发了学生学习汉字的兴趣。

（4）小游戏识字法

在教学中还可以设计一些小游戏来进行识字。如"贴苹果"游戏：把所学字的偏旁与部首分别写在半个苹果上，打乱后贴在一棵苹果树上，要求学生在限定的时间内思考、判断把偏旁和部首组成字，并且读准读对，就把"苹果"送给他。这样在游戏中识字学生不仅学习情绪高涨，而且也培养了学生快速思考、判断的能力。像这样的小游戏还有很多，比如"开火车""找朋友""转转盘""小医生"等等。

2. 在生活中进行识字教学

语文是最开放、最容易和社会发生联系的学科，其实生活就是识字的背景和舞台，我们可以充分利用生活中的有利条件，让孩子主动认识出现在身边的字。比如：动画片的字幕，学校的标语，街上的广告牌、店名，食品的名称等等。这些随处可见的文字只需要老师和家长密切配合，引导和鼓励孩子去认识，就会在无形中养成孩子识字的习惯，增加孩子的识字量。家中摆设的物品也是学生识字的好道具，引导和帮助学生制作小卡片，将卡片对号入座，贴在相应的物品上，久而久之，也会认识不少字。教师还可以在班上开展"读故事讲故事"活动，"每周背一首诗"活动，"认同学名字"活动，通过开展这些小活动既扩大识字量，丰富字词积累，又培养了学生的口头表达能力。一举数得，何乐而不为呢！

3. 利用工具进行识字教学

低年级学生以形象思维为主，单凭教师的讲述很难对汉字产生深刻的印象。遵循教学的直观性原则，恰当地运用直观教具，可以使复杂、抽象的教学内容显得简单化、具体化。比如：在教学中把字的部首或者容易出错的地方用红色粉笔标出来强化记忆，还有利用多媒体识字，利用图片识字，利用工具书识字等等，各种各样的工具都可以成为我们识字教学中的得力助手。

4. 通过比较进行识字教学

在低年级的独体字教学中有很多字都是加一笔，减一笔，变一笔的。比如：口一日一白（目由甲申电田）一中；王一主（玉）一土（干）一壬等等。教师可以引导学生仔细观察，比较两个字的一笔变化。然后记住字音，分别组词，这样才能记得更快更准，而且还有利于学生对汉字的积累和记忆。

另外，汉字中的形声字占了多数，因此掌握好这类字的造字规律对于提高学生识字效率起到举足轻重的作用。形声字由两部分组成：形旁（表义），声旁（表音）。教学时，可以将汉字音、形、义结合起来识记。如教学"青、情、晴、请、睛"，告诉孩子们"青"是声旁，所以这几个字的韵母都是后鼻韵母 ing；"情"是发自内心的，部首是竖心旁；"晴"是指天气好，有太阳，部首是日字旁；"请"跟语言有关，部首是言字旁；"睛"是眼睛，所以部首是目字旁。运用这种比较法可以帮助学生理解汉字音、形、义三者之间的联系，更有效地提高识记效率。

5. 创设情境进行识字教学

在识字教学中，教师还可以通过简笔画、动作、语言等创设情景，使汉字与相关事物形象地联系起来。比如教学"哭"字时，学生比较容易写漏那一点，教师可以让学生用简笔画来画一画小朋友哭的样子，并且适时指出"哭"上面的两个口表示眼睛，那一点是哭出的眼泪。这样，学生写"哭"字时，就会想到这滴眼泪，就不会漏写这一点了。又如教"拍""跳""推"等字时，可让学生做做这些动作，体会这些字的部首与意思的联系，从而记住这些字的字形。

6. 小组合作自主识字

其实，教的目的是让学生掌握方法，运用方法。在平时的识字教学中，教师有意识地渗透给学生识字的基本方法，如熟字加部首法、熟字添部首法、形声字学习法、去部首法等等。让学生掌握了这些方法后，对一些简单的生字逐步放手让学生自学。可以先让同学之间或者小组内自学，要求读准字音，记住字形，体会字义。然后让小组汇报，说说要注意的读音，怎样记住字形、字义。汇报后再由其他小组补充，教师纠正。这样让学生自学，学生可以有更多机会自由发挥，兴趣较浓。这既培养了学生的自学能力、合作能力、表达能力等，又提高了教学效果。

总之，只要我们勇于探索，勇于创新，充分挖掘汉字的奥秘，通过各种教学方法，各种教学途径，使学生在轻松的环境中熟练地掌握所学的生字，使识字教学由枯燥变得有趣，并且引导学生独立探索、大胆想象，识字教学会变得很容易，学生也一定能够越学更轻松。

三、词语教学的方法

（一）词语的理解

汉语当中的词语纷繁芜杂，浩如繁星，对于小学生而言，理解起来有一定难度。在平日教学当中，教师要有意识地教给学生理解词语的方法，学生有"法"可依，教学效率自然提高。那我们可以从哪些方面帮助学生掌握理解词语呢？

1. 找突破点，据"字"理解

（1）拆字解词法

拆字解词，顾名思义，就是把词语当中相对独立的单个义项拆开解释，再整合起来理解词语的方法。如苏教版四年级下册《苹果里的五角星》中对"循规蹈矩"的解释是：寻，依照。规，圆规。蹈，踩。矩，曲尺。原指遵守规矩，不敢违反。现也指拘守旧准则，不敢稍做变动。《永远的白衣战士》中对"声色俱厉"的理解是：声，说话时的声音。色，说话时的脸色。俱，全，都。厉，严厉。说话时声音和脸色都很严厉。类似于这种词语，依次理解了单个字的意思，整个词语的意思也迎刃而解。

（2）偏旁理解法

汉语当中有很多形近字，在字音字形上有很多相似之处，我们要善于引导学生观察它们不同的偏旁所代表的含义，进而理解整个词语的意思。如："漂流"和"飘流"，前者在水中漂流，后者在空中飘动。很多形声字，如"噪、澡、躁、燥"，可以放在"有口分贝太高，有水用来洗澡，有足脾气太爆，有火可以燃烧"的儿歌中进行理解。"喵喵叫、瞄准、铁锚""请、情、清、晴"

等，都可以运用这种方法来记忆。

2. 巩固抓手，根据"词句"来理解

（1）寻找近义词、反义词法

对于某个词的意思不理解，可以通过寻找近义词或反义词的方式来理解。如"谦虚"这个词，找近义词可以解释为谦逊，虚心，不夸大自己的能力和价值。寻找反义词可以解释为骄傲自大，不谦逊。"平易近人"可以寻找近义词"和蔼可亲""平易近民"或反义词"咄咄逼人""盛气凌人"来理解。

（2）依次代入法

遇到难懂的词语，查字典是常用的方法。在查字典时，一个词语可能会有很多种义项，可以将每个义项带入词句当中理解，或采取依次代入、逐一排除的方法选择最佳解释。如苏教版四年级下册《鸟语》中"通晓鸟语"的"晓"有三种解释：a. 天刚亮时；b. 明白，知道；c. 告诉。将这几种解释分别代入词语中，就会得出是"知道，明白鸟类的语言。"又如"终日忙碌"的"终"有五种解释：a. 结局；b. 结束，完了；c. 指人死；d. 从起始到最后的；e. 到底，终归。"终日忙碌"，是从早到晚忙个不停，应选第 d 种解释。

（3）重新组合法

重新组合法，就是将词语的顺序稍作调整，更容易理解意思的方法。如《第一次抱母亲》中理解"翻山越岭"，指翻越山岭。形容野外工作或旅途的辛苦。像"手舞足蹈""山崩地裂"等都可以用这种方法理解。

3. 统领全篇，根据"篇"来理解

（1）想象画面法

对于某些篇章，可以在学生现有经验的基础上进一步强化，用丰富的想象力帮助理解词语。如《三顾茅庐》第三自然段"他们来到隆中，只见那里的山冈蜿蜒起伏，好像一条等待时机腾飞的卧龙。冈前几片松林疏疏朗朗，潺潺的溪流清澈见底，茂密的竹林青翠欲滴，景色秀丽宜人"。这里几个重点词语"蜿蜒起伏、疏疏朗朗、清澈见底、青翠欲滴、秀丽宜人"，让学生大胆想象并安排这几种事物的位置、特点，说一说，画一画，将词语读成一幅绚丽多彩、有声有色的画面，理解了词，更深入了情。

（2）语境理解法

词语除了从自身理解它的意思外，更要放在文中作特定的理解。如"骄傲"这个词，在"虚心使人进步，骄傲使人落后"这个句子中，是贬义的理解；而同一个词，在"高海童同学在运动会上奋力拼搏，夺得了 100 米跑步的冠军，他是我们班的骄傲"这个句子中便含有褒义。结合情境理解词语，可以更好把握作者思想，理清文章脉络，更好地走入文本。

（3）联系上下文法

《义务教育语文课程标准（2011 年版）》指出："能联系上下文，理解词句的意思，体会课文中关键词句在表达情意的作用。"联系上下文理解词意，是一项重要的基本功，也是阅读教学重要的手段之一。如苏教版四年级教材《永远的白衣战士》中"面对危险和死亡，同事们总能听到叶欣斩钉截铁的话语：'这里危险，让我来吧！'叶欣默默地做出一个真情无悔的选择——尽量包揽对危重病人的抢救、护理工作，有时甚至声色俱厉地把同事关在门外，让你毫无商量的余地。她深知，也许有一天自己可能倒下，但能够不让自己的同事受感染，她心甘情愿！"理解"真情无悔的选择"，老师无需泛泛而讲，让学生自己读书，从书中寻找答案即可。联系上下文，放手让学生读课文，大部分学生们能从课文中直接理解这个词语的意思。

4. 根据其他方法理解

（1）生活经验法

学生们都有自己的生活经验，在理解"大喜过望""后悔""惋惜""忐忑不安"等词语时，可以充分调动已有的经验进行理解。

（2）直观出示法

直接出示某个词语的图片或事物，让学生直观理解。比如苏教版五年级《望月》中的"黑色剪影"，可以直接用出示照片的方式进行理解。

（3）表演理解法

对于表示人物动作、神态的词语，可以创设情境，用做动作或表演的方法来理解。如于永正老师教学《梅兰芳学艺》中"紧盯"这个词，直接用手指指着上空，让学生紧紧盯着看，简单的动作表演就理解了"紧盯"的意思。"眉飞色舞""目瞪口呆"等词语可以用这种方法来理解。

（4）故事理解法

有些固定词语，如成语或寓言等，把故事的来龙去脉弄清楚，词意也就明白得八九不离十了。如狐假虎威、叶公好龙、画蛇添足等。

总之，理解词语才能更好地为学习篇章服务。诚然，词语的意思不是一成不变的，根据语境、语义，作者的写作目的、所要突出的人事物的特征等，会有不同的理解。理解词语的方法不一而足，以上所列举的方法不能生搬硬套、机械地理解和类推，要根据不同的篇章做出灵活多变的处理。对于同一个词语的理解，或许可以结合一种或几种方法同时理解，加深印象。

教学案例

《学会查"无字词典"》教学片断

理解"骄阳似火"的意思：

1. 爸爸和聪聪一起旅游。路上，爸爸突然问聪聪"骄阳似火"的意思。如果是你，你会怎么回答呢？（查词典或根据字面意思解释："骄阳"，太阳光很强烈；"似火"，太阳像火一样烤着大地。）

2. 看来大家都习惯用这种方式解释词语。聪聪也是这么理解的。那当时身边有没有解释"骄阳似火"一词的现成"词典"来解释？（相机出示"酷暑炎炎，烈日当空照，树木耷拉着枝叶，马路上都显得白烟缕缕"的情景图片。）

3. 聪聪当时没有解释词语的词典，如《现代汉语词典》《新华词典》等，但当时他们就处在"骄阳似火"的环境里，眼前的情、周围的物就是解释"骄阳似火"最好不过的"词典"。聪聪爸爸的话解释了词语的意思。（指名朗读，引导读出语气，联系图画解释"烈日当空""晒蔫"这几个词语的意思。）

4. 生活中要善于查"无字词典"。联系自己的生活经历，用几句话说说"无字词典"，解释"骄阳似火"。

（二）词语的积累与运用

1. 词语的积累

语文教学的四大任务是听、说、读、写。小学生升到中高年级后，写作方面的差距逐渐加大。部分学生语言贫乏，一提作文就头疼。正所谓"书到用时方恨少"，之所以会出现这种现象，归根结底就是因为我们的语文教学没有很好地引导孩子们进行语言的积累，学生没有足够的词汇可以使用，腹中空空，自然言之无物。

"语文课程标准实施建议"中指出："语文教学要注重语言的积累、感悟和运用，注重基本技能训练，让学生打好扎实的语文基础。"可见，积累是多么重要。可以说，语言积累是提高学生语文综合能力的基础。所以，在教学中，教师应该下大力气想方设法帮助学生养成积累词语的好习惯。那么，如何在语文教学中帮助学生积累词语呢？

（1）课堂上以多种方法引领孩子积累词语

在读读背背中积累词语。俗话说"书读百遍，其义自见"，读书的重要性可见一斑。在我们平日的语文教学中，一定要重视课文的朗读和背诵，指导学生先把每篇课文读正确，读流利，然后再去理解感悟，做到有感情地朗读，避免繁琐的分析和空洞的说教。文质兼美的文章，则要坚持让孩子背诵，长此以往，就可以增加学生语言的积累。

用音、形、义结合法积累词语。引导学生通过观察图画和实物、联系生活实际认识字词，把字词学习和认识事物结合起来，激发学生读背的兴趣。

换词法积累同义词。比如学习了"连忙"一词，教师可以引导孩子想：还有哪些词也表示这个意思？学生一定会想到"立刻""马上""立即"等词语，坚持进行这样的训练，孩子的词汇不知不觉就变得丰富起来。

词语分类法积累词语。在课堂上，教师可以根据文本的特点，把相同性质的词放在一起学习，既能更好地理解文本，又能便于学生更好地积累。如学习苏教版语文四年级上册《桂花雨》一课时，文中出现的描写人物动作的词语很多，有"缠、铺、抱、摇、撮、拣"，这些词语不但充分体现了作者童年时摇桂花的乐趣，有的还是本课一类生字。在检查预习时，教师就可以将这类动词集中出示学习，便于学生积累同类词语。

生字扩词法积累词汇。教师要引导学生养成给生字扩词的习惯，这样可以使学生掌握更多的词汇。

定期听写法积累词语。每一课的词语经过读、写阶段后，必须进行一次听写，等教完一单元后，再次听写。根据学生的遗忘规律进行复习，以促进孩子达到记忆词语的最佳效果。

（2）课外多种形式促进孩子积累词语

除了积累课内词语，还要注重积累课外词语。《义务教育语文课程标准（2011年版）》充分体现了加强积累的思想，第一学段就提出"在阅读中积累词语""积累自己喜欢的成语"，老师们在教学中要大力培养学生在课外阅读中主动积累词语的习惯，并通过开展多种形式的活动来交流展示孩子们的积累成果。

课外阅读方法交流课。教师指导学生互相交流在课外阅读中积累好词好句的方法，以提高积累效率。

课外阅读篇目推荐课。师生之间、生生之间互相推荐优秀读物，解决读什么好书的问题，避免浪费时间，争取让学生用最少的时间读最好的读物，积累到更多好词。

课外词语积累汇报课。教师要善于利用早读或者课前十分钟等"小"时间，为学生提供一个展示平台，让学生汇报阶段课外阅读或生活中所积累的词语，让他们在一次次成功体验中不断提高课外阅读积累的积极性。

课外阅读成果展示课。通过阶段阅读，展示学生课外阅读摘记、心得体会、日记等成果，从而增强阅读积累词语的信心，激发课外阅读积累词语的兴趣。

（3）充分发挥教师教学语言对学生潜移默化的影响

语言的形式多种多样，主要为口头语言和书面语言。在运用口头语言教学的过程中，教师要特别注意教学语言的应用技巧。比如，语言的节奏性、准确性，声调的变化性，语言中修辞的运用，机智幽默的语言艺术性等等，使教学语言规范化、生动化，让自己的课堂更加生动、更具吸引力。同时，也为学生树立了一个学习与模仿的标杆。因此，教师要不断提高自己的语言修养，努力掌握教学语言运用的技巧和艺术。

2. 词语的运用

可以说，理解词语积累词语都是为了能够更加熟练地运用词语，学以致用是学习的最高境界。

（1）教师可以有针对性地开展各种专项词语训练

字组词，词造句。这是低年级语文教学中常用的方法。可以是口头，也可以是书面。不但可以帮助小学生更深刻地理解词语含义，而且能够练习在一定的语言环境中进行简单地运用。

补充短语。这里需要补充的可以是名词、动词，可以是形容词、量词，还可以是关联词……可以根据年级特点分别进行训练。比如低年级可以用类似"（　）的小草、（　）的花儿""一（　）铅笔、一（　）小鱼""（　）电脑、（　）皮球"等填空形式或者连线的方式，在短语中练习各类词语的运用。

反义词近义词。每个年级段都可以进行这项训练。

多音字辨析。低年级阶段主要是通过给多音字组词的形式来辨析，中高年级则可以灵活变换，比如放在特定语境中，或者选择正确读音，或者选择合适的义项。

同音词辨析。汉语中同音词有很多，小学生稍不注意就会写错用错。因此在词语教学中，要注重将同音词分别放在具体的语言环境中，通过比较来辨析它们的意义和用法。

照样子写词语。这是我们常见的一种词语运用。比如仿写"绿油油"这种 ABB 类型的词语，"认认真真"这种 AABB 类型的词语，"一张张"这种数量词短语，"研究研究"这种叠词，"七上八下"这种数字成语，"兔死狐悲"这种动物有关的成语等等。

根据意思写成语。中高年级孩子课内外成语积累已经达到了一定的数量，根据意思来写出成语，其实是学生对已有知识经验的再认或重现，对成语的简单运用。

根据语境填词。这是对学生词语运用能力的综合考察。比如："面对'非典'恶魔，医生护士们＿＿＿＿＿＿＿＿＿＿＿＿＿＿＿＿＿＿＿＿。只要全国人民＿＿＿＿＿＿＿＿＿＿，＿＿＿＿＿＿＿＿＿＿＿＿＿，就一定能战胜它。"学生要在理解句子含义的基础上，根据语言环境来提取最合适的成语，从而达到灵活应用的目的。

修改病句。教师可以根据平时教学中的观察和记录，出示孩子们学习中经常出现的用词不当的病句，一起在课堂上分析、修改，以达到对词语越来越恰当、越来越熟练使用的效果。

（2）教师要开展丰富多彩的活动，为学生创造语言实践的机会

语言来自生活，又服务于生活。只有同绚丽多姿的生活紧密地联系起来，学生的语言才会富有鲜活的灵性。教师要经常组织有关语文的游戏（词语接龙、成语百花园……）、语文知识竞赛、主题辩论会、演讲会、手抄报等，给学生提供语言应用的平台，展示自我的机会，在快乐的活动中巩固词语，运用词语。

 教学案例

《九寨沟》词语教学片段

一、找成语

1. 同学们，课前我们已经预习了课文，大家一定发现文中的四字词语特别多，这也让我们朗读课文时感觉作者描写得特别生动、九寨沟的景色更加优美了。下面就请同学们快速默读课文，把课文中出现的四字词语用横线画出来，并想一想它在文中的意思。

2. 学生交流画出的四字词语。

学生读词，老师相机出示。

银光闪闪	大大小小	清澈见底	色彩斑斓	五彩缤纷	高低不平
高低错落	白练腾空	银花四溅	蔚为壮观	林深叶茂	憨态可掬
若无其事	雪峰插云	古木参天	平湖飞瀑	异兽珍禽	诗情画意

3. 请同学们自由读一读词语，注意读准字音，读出对这些词语的理解。

4. 齐读词语。

5. 说一说：这些四字词语都是写什么的？简单了解词语。（有的写了湖

泊，有的描写瀑布，有的写森林……)

二、理解运用词语

1. 根据课文内容填写恰当的词语。

九寨沟雪峰插云，峰顶银光闪闪。那里的湖水（　　），湖底石块（　　）。由于河谷高低不平，形成了一道道（　　）的瀑布，（　　）。其中遍布原始森林，（　　）。往纵深行进，珍稀动物区（　　），可以看到很多（　　）。九寨沟真是个充满（　　）的人间仙境啊！

2. 同学们自由读这段话，指名交流。

3. 出示答案，齐读，读出九寨沟的诗情画意。

4. 同学们平时通过读书积累了不少四字词语，想一想，括号里的这些四字词语还可以替换成哪些词？比比谁想出的词语最多最准确。

A 同位讨论，小组交流，集中智慧。

B 小组代表上台汇报，全班交流。

C 教师相机补充出示，一起读一读：

清澈见底——清晰可见

色彩斑斓——色彩缤纷、五颜六色、五彩缤纷

高低错落——高低不平、错落有致、参差不齐

蔚为壮观——蔚为奇观、洋洋大观

古木参天——树大根深

林深叶茂——枝繁叶茂

异兽珍禽——珍禽异兽

诗情画意——如诗如画

三、拓展延伸

1. 自由地运用本课所学的四字词语说一段话，描述一处景物。

2. 集体交流、评价。

四、句子教学的方法

(一) 句子教学的内容及基本方法

1. 句子教学的内容

句子的教学主要是教师通过对重点句的教学，让学生理解句意，认识句型，感知句序，进而去体会某些感情。所谓的重点句主要包括以下几种：

(1) 比较难理解的句子

有些句子所表达的意思与儿童生活有一定的距离，脱离儿童的生活经验，或者意思比较深奥，学生不易理解。如《早》中有这几句话："梅花飘香而送暖，梅花开的时候，正预示着春天的到来。二十四番花信风，一候是梅花，开得最早。"学生对句中的"二十四番花信风"的意思弄不明白，只有理解了这句话，才能更好地认识到梅花开得早的特点，进而理解鲁迅也具有梅花的品质。

（2）含义深刻的句子

如《番茄太阳》中的最后一段话"那个正午我坐在窗口，看城市满街的车来车往，眼前总浮现出明明天使般的笑脸。如同一轮红红的'番茄太阳'一直挂在我的心中，温暖着我的心。"学生很明显地会认识到这是个比喻句，是把明明的笑脸比作"番茄太阳"，教师可以做进一步的引导启发：为什么把明明的笑脸比作"番茄太阳"？为什么红红的"番茄太阳"一直挂在我的心中，温暖着我的心？学生联系前文就会认识到明明活泼开朗、纯真善良的心灵，就像她摸到的"番茄太阳"那么美丽，那么温暖，永远留在"我"的心里。

（3）和文章结构密切相关的句子

文章是由句子组成的，但不必去讲每个句子的结构和作用，而有些和课文结构密切相关的句子却应引导学生重点理解。所谓和课文结构密切相关的句子主要是指那些反映课文脉络的句子。

例如《秦兵马俑》这篇课文的开头"举世无双的秦兵马俑是我国享誉世界的珍贵历史文物"和结尾"秦兵马俑惟妙惟肖地模拟军阵的排列，生动地再现了秦军雄兵百万、战车千乘的宏伟气势，形象地展示了中华民族的强大力量和英雄气概，这在古今中外的雕塑史上是绝无仅有的。"这两句话就和文章的结构密切相关，课文先总写了秦兵马俑举世无双，享誉世界，然后具体写了它的规模、类型和个性，最后又总写了秦兵马俑的历史地位。教学时只要抓住开头和结尾的这两句话，就很容易把课文结构搞清楚。类似这样的句子，都应引导学生重点理解。

再如《秦兵马俑》这篇课文的第三自然段："兵马俑不仅规模宏大，而且类型众多，个性鲜明。"学生只要读懂这个句子，就会明白：上段写兵马俑规模宏大，下面的段落则写了兵马俑类型众多、个性鲜明，进而懂得，这个句子在全文中起着承上启下的作用。

（4）对中心思想有密切关系的句子

如《厄运打不垮的信念》一课中的最后一段："在漫长的人生旅途中，难免有崎岖和坎坷，但只要有厄运打不垮的信念，希望之光就会驱散绝望之云。"这句话正是课文的中心思想所在，类似这种能突出文章中心思想或对人物的思想品格有突出作用的句子，就要着力指导学生去理解，让学生真正弄懂。

课文中诸如此类的句子很常见，如《林冲棒打洪教头》中对林冲和洪教头动作描写的几句话，就具有强烈地突显人物品格的作用。

(5) 对课文内容起概括作用的句子

这种句子一般指中心句。中心句或概括全文的内容，或概括一段的内容。有的在文首统领全文，有的在文末总结全文。如《黄果树瀑布》中的第一句："黄果树瀑布，真是一部大自然的杰作!"这句话是全文的中心句，概括了全文的内容。再如《莫高窟》中第二自然段的"这些彩塑个性鲜明，神态各异。"这句话是第二段的中心句，概括了整段的内容。此类句子就应作为课文的重点句来学习。

(6) 生动形象的句子

这些句子常常是用词准确贴切，表达细致生动，一般都运用修辞手法，具有强烈的艺术感染力。如《只拣儿童多处行》一课中描写儿童多、可爱的句子："从香山归来，路过颐和园，看见成千盈百的孩子，闹嚷嚷地从颐和园门内挤了出来，就像从一只大魔术匣子里，飞涌出一群接着一群的小天使。"描写海棠花开得旺的句子："走进玉澜堂的院落里，眼睛突然一亮，那几棵大海棠树，开满了密密层层的淡红的花，这繁花从树枝开到树梢，不留一点空隙，阳光下就像几座喷花的飞泉……"这些句子，描写生动形象，感情浓烈，要引导学生有感情地朗读，在读中理解意思，再现作者描述的意境。

2. 句子教学的方法

文章是由句子组成的，句子是表达文章思想内容最基本的语言单位。从阅读的角度讲，学生只有深入理解文中的重点句子，才能深刻体悟课文。因此，我们应当采用科学有效的方法进行句子的教学，而这些方法又是多种多样的。

(1) 抓关键字、词理解句子意思

一句话中，作者所要表达的感情或意思往往蕴含在一些关键的字、词之中。抓住这些字、词进行品味，对深入理解句子的含义将起到重要作用。如《桂花雨》一文中："桂花开得最茂盛时，不说香飘十里，至少前后左右十几家邻居，没有不浸在桂花香里的。"句中的"浸"就是一个关键词。"浸"本来是指一个东西泡在水里，在这里指沉浸，就是说人们都陶醉在桂花香里了，由此写出了桂花的"香气味儿真是迷人"。再如，"'摇桂花'对我是件大事，所以老是缠着母亲问：'妈，怎么还不摇桂花嘛!'""缠"字写出了作者盼望摇桂花的迫切心情。教学时，可让学生结合生活体验进行表演，假如你就是作者，会怎样缠着妈妈呢？通过表演，学生就能很容易理解其中的含义了。

（2）通过变换句式理解句子意思

句式多种多样，常见的有疑问句、因果句、反问句等，教学中如果能采用变换句式的方法，就会浅化内容，降低理解难度，对理解句子内容、体会情感将起到重要的作用。如《滴水穿石的启示》中的"你看，古今中外所有成就事业的人，在前进的道路上，不都是靠着这种'滴水穿石'的精神，才'滴穿'一块块'顽石'，最终取得成功的吗？"可以引导学生把这句话改成"你看，古今中外所有成就事业的人，在前进的道路上，都是靠着这种'滴水穿石'的精神，才'滴穿'一块块'顽石'，最终取得成功的。"将两个句子比较着读一读，学生就会明白，只有目标专一，持之以恒才能获得成功。

（3）结合生活实际理解句子意思

有的句子所表达的内容和思想，与学生的认知之间存在一定的距离，但事物之间是有联系的。在教学时，如果我们善于发现其相通之处，并能引导学生利用生活实际加以理解，会使学生更好地理解作者所表达的含义。特别是在说明文中。

例如《秦兵马俑》一文，"在三个俑坑中，一号坑最大，东西长230米，南北宽62米，总面积有14260平方米。"读完这句话，学生能初步感受到一号坑很大，但对其中具体的数字没有什么特别的印象，教学中我们可以结合学生熟悉的教室进行对比教学，如我们的教室大约60平方米，一号坑的面积大约相当于238间教室那么大。这样，学生就能深刻地体会到一号坑面积之大。

（4）善用比较理解句子意思

在句子教学中，善于运用比较的方法，能更有效地引导学生通过动脑思考而学懂句子，习得语文学习的基本规律。我们可以引导学生借助文本本身的语句加以比较。如《三顾茅庐》一文，为了帮助学生理解刘备的诚心诚意，可以将刘备的动作和张飞的语言整合在一起展开教学。通过比较，引导学生发现，同样是对待诸葛亮，刘备是"离诸葛亮的住处还有半里多路，刘备就下马步行"，"轻轻地走进去，恭恭敬敬地站在草堂的台阶下等候"；张飞却是嚷道："这次用不着大哥亲自去。他如果不来，我只要用一根麻绳就把他捆来了！"通过研读，刘备尊重人才的形象就丰富起来了。再如《军神》一课中，关于沃克医生语言神态等描写的句子"手术中，一向镇定的沃克医生，这次却双手微微颤抖""愣住了""吓了一跳"与刘伯承"平静地说""一身不吭"以及数刀数等进行比较，帮助学生体会刘伯承坚定的意志，从而领会"军神"的含义。我们还可以抓住句子中的关键语句进行比较，感受人物品质。如

《李时珍夜宿古寺》中"嗯，长年累月地奔波，在破庙里过夜，比住在家里苦多了。但我们修订好《本草纲目》，万民得福，吃点苦也是值得的。"把"在破庙里过夜"和"住在家里"作对比，强调"苦多了"；把"万民得福"和自己吃苦作对比，强调"吃点苦也是值得的"。通过比较，学生自然就能总结出李时珍"以苦为乐、甘于付出"的精神。有时为了更好地理解句子的含义，也可以将原句中重要的词语删掉，然后让学生将改正后的句子与原句对比理解。如《孙中山破陋习》一文中，可将"妈妈含着眼泪把孙中山推出了房门……"改为"妈妈把孙中山推出了房门……"通过比较，学生明白了"含着眼泪"写出了妈妈对姐姐的心疼与无奈。

（5）联系上下文理解句子意思

《义务教育语文课程标准（2011年版）》第二学段要求"能联系上下文，理解词句的意思，体会课文中关键词句表达情意的作用。"课文中的有些句子有着至关重要的地位，它们有的概括了主要内容，有的赞颂了主人公的品质，有的推动了故事情节的发展，有的是作者真情实感的流露。这些句子往往是理解的重点和难点，但每一个句子并不是孤立的，而是均有语境，即句子所处的上下文。"句不离文"是学习语文的规律，所以句子教学不能孤立进行，应该联系上下文结合段或篇去引导学生理解句义。如《祁黄羊》一课中"当时的人都很钦佩祁黄羊，说他外举不避仇，内举不避亲，做事如此出以公心，真是难得呀！"教学时，可让学生联系上文交流祁黄羊对外举荐的是谁，是他的什么人？对内举荐的是谁，又是他的什么人？他为什么要这样做？通过品读祁黄羊与悼公的对话，学生明白了"外举不避仇，内举不避亲"是指祁黄羊推荐人才，只考虑才能，而对外不回避自己的仇人，对内不回避自己的亲人。"出以公心"即"出于公心"，考虑问题是从公心出发，不是从私心出发的。

（6）联系写作背景理解句子意思

有的文章，有其特定的写作背景，离开了当时的背景，学生理解起来就比较困难了。这时我们可以通过补充相关的背景资料，使学生入情入境，帮助其弄清这些较难理解的句子的含义。如《我给江主席献花》一文中"我就像一个失散多年的孩子又回到了母亲的怀抱，顿时感到一股暖流流遍全身。"学生对这句话很难理解，教学时，首先引导学生交流事件发生的时间是香港回归祖国的前夕，接着交流查阅到的有关香港的资料，在学生了解到香港这个"游子"在经历了百年的风雨后终于要回归祖国母亲的怀抱时，提出问题：这里"失散多年的孩子"指的是谁？"母亲"指的是谁？此时，学生不难理解"失散多年的孩子"暗指被英国人占领、统治百年的香港，"母亲的怀抱"暗指祖国这个大家庭，"失散多年的孩子重又回到了母亲的怀抱"隐喻香港回归祖国这一重大历史事件。

（7）从文章中心入手理解句子意思

在语文学习中，学生常能接触到借物喻人、借物抒情、托物言志、环境衬托等写作手法，其中含义比较深刻的句子，往往是与中心联系最密切的，有的甚至点明中心，因此可以把理解句子同中心联系起来，会使学生对句子的理解更加深入。如《宋庆龄故居的樟树》中"人们怀着崇敬的心情前来瞻仰宋庆龄的故居，也总爱在这两棵樟树前留个影，作为永久的纪念。""人们为什么总爱在她故居的两棵樟树前留影纪念"是理解的难点，教学时，首先引导学生交流这两棵樟树的外形特点与"可贵之处"，然后交流搜集到的有关宋庆龄的资料，启发学生将"樟树——故居——故居主人"紧密联系起来思考，找出樟树的可贵品质与宋庆龄可贵品质的相似之处，学生不难发现，写樟树实则写宋庆龄，这是一种借物喻人的写法，人们在樟树前留影纪念，表达了人们对故居主人宋庆龄同志的衷心爱戴和怀念。

（8）借助多媒体演示理解句子意思

有的句子所描述的事物或景色距离学生生活比较遥远，介绍的自然常识、科学知识等比较抽象，这时如果能合理地利用形象直观的多媒体课件进行演示，会起到事半功倍的效果。如《黄河的主人》一文中"黄河滚滚。那万马奔腾、浊浪排空的气势，令人胆战心惊。"对于"万马奔腾、浊浪排空"的场面，学生大都没有见过，脑海中也很难想象这样的画面，教学时教师可带领学生欣赏一段描写这一场面的黄河的录像，然后教师运用简短而富有激情的语言创设情境，使学生形象地感知黄河的磅礴气势，从而更好地走进文本。

其实，句子教学的方法还有许多，根据不同的句子有时需要综合运用几种方法。只要在教学中选择合适的方法，并灵活地运用，就一定能够提高学生理解句子的能力，阅读和作文水平也会随之提高。

（二）句子训练常用方法

句子的训练是句子教学的重要组成部分，让学生在学习句子的基础上，达到积累、内化的重要手段。进行句子训练通常采用以下方法：

1. 整理法

提供词、词组或句子，要求整理成一句通顺的话或几句前后连贯的话。例如苏教版《爱因斯坦和小女孩》中描写爱因斯坦外貌的语句：

蓄着 短而硬 老人 的　小胡子　一撮

老人蓄着一撮短而硬的小胡子。（连词成句）

再如，将下列句子整理成一段通顺的话。（选自《放飞蜻蜓》）

（2）阳光下，蜻蜓的眼睛一闪一闪的，尾巴一撅一撅的。

（1）陶行知从翠贞手里取过蜻蜓，高高举起。

（3）陶先生又问："蜻蜓的尾巴有什么作用，谁知道？"

要把句子写通顺，最重要的是要注意词语在句子中的先后顺序和句与句之间的联系。哪个在前，哪个在后，哪个和哪个搭配，都要按照一定的顺序组合排列。

2. 补充法

补充法是为把句子写具体，在句子主要成分的前后，加上一些恰当的修饰或补充说明的语句，使句子表达的意思更加清楚明白，更加生动形象。例如：苏教版五年级上册《练习5》把句子写具体。

（1）早晨的雾可真大呀，＿＿＿＿＿＿＿＿＿＿

可写成：早晨的雾可真大呀，白茫茫的一片，遮住了天。走在街上，仿佛置身于牛奶浴场，又好像走进了梦幻般的白色森林里。

（2）教室里静悄悄的，＿＿＿＿＿＿＿＿＿＿

可写成：教室里静悄悄的，静得让我听到了老师轻轻的脚步声；静得让我听到了铅笔掉落的声音；静得让我听到了同桌的呼吸声。

再如苏教版四年级下册《练习1》把句子写生动一题：

春风吹，青蛙爬出来了。（从什么地方爬出来？）

春风吹，青蛙从洞里爬出来了。（它是怎样爬出来的？）

春风吹，青蛙从洞里慢慢地爬出来了。（洞是什么样子的？）

春风吹，青蛙从又黑又湿的泥洞里慢慢地爬出来了。

3. 缩写法

缩写就是去掉句子中的"枝"和"叶"，保留其主干。缩句可以帮助我们更清楚地认识句子的基本结构，更好地理解和掌握句子的主要意思。

（1）碧绿色的低地镶嵌在一条条运河之间。　　选自《田园诗情》

低地镶嵌在运河之间。（缩句）

（2）平静的湖面犹如一面硕大的银镜。　　选自《西湖》

湖面犹如银镜。（缩句）

就这样，找出句子中的主干词语，去掉修饰成分，再把主干词语连起来。

4. 比较法

比较句子是认识句子的另一种重要形式，目的是通过对句子的比较，认识句子的不同表达效果。

例如：苏教版五年级上册《练习5》

（1）小溪里的水清得很。

（2）小溪里的水清得很，水面宛如一块透明的玻璃，又似一面银镜，还像一条宽幅缎带。瞧，水底漂亮的螺壳上那精致的花纹依稀可见，游鱼身上的鳞片银光闪闪，碧绿的水草曼妙轻盈……奇妙的水底世界一览无余。

在这两个句子中，句（1）只是简明地表达了一个完整的意思，即水清。句（2）中的具体修饰词语更清楚地表现了"溪水清"的特点。学会比较法会让我们在说（写）话时把话说（写）得更加具体、充实。

5. 组合法

提供两句或两句以上的句子，根据句子之间的关系或运用恰当的关联词语，把它们合并成一句话。

（1）地球上的水能留下来。 地球上的水孕育出了生命。

地球上的水不但能留下来，而且孕育出了生命。（递进关系） 选自《地球的"孪生兄弟"》

（2）母亲不识字。 母亲是我的启蒙老师。

母亲虽然不识字，但是却是我的启蒙老师。（转折关系） 选自《月光启蒙》

（3）你用上特制的水中听音器，能听到各种各样的声音。

选自《海底世界》

如果你用上特制的水中听音器，就能听到各种各样的声音。（假设关系）

因为你用上特制的水中听音器，所以能听到各种各样的声音。（因果关系）

只要你用上特制的水中听音器，就能听到各种各样的声音。（条件关系）。

恰当地使用关联词能使文章过渡流畅，逻辑性加强，特别是在议论性和说明性文章中，过渡词会令文章更加有说服力。

6. 转换法

提供一种句式，要求转换成另一种句式，这种训练能培养表达能力，使表情达意多样化。

（1）陈述句与把字句、被字句的变换

陈述句与"被字句""把字句"所表达的意思基本相同，但句式变了，使用的场合和效果也有差别。例如：

一群蚂蚁让火包围了！（陈述句） 选自《蚁国英雄》

火把一群蚂蚁包围了！（把字句）

一群蚂蚁被火包围了！（被字句）

由上例可知，把字句的主语是动作的执行者，被动句的主语是动作的被执行者。

"把字句"强调的是执行者，将句中执行者（例：火）调到句首做主语，后面再加上"把"字和被执行者，即成"把字句"。

"被字句"强调被执行者，将句中的被执行者（例如：蚂蚁）调到句首做主语，后面再加上"被"字和执行者，即成被字句。

（2）肯定句与否定句的变换

把肯定句改为否定句非常简单，直接在表示肯定的词语前加否定词即可。另外，在文中若使用双重否定句不仅可以表达肯定的意思，而且，其肯定的语气比原来更加强。例如：

许多国外的科学家都惊叹秦俑无与伦比的高超艺术。（肯定句）

许多国外的科学家都不得不惊叹秦俑无与伦比的高超艺术。（双重否定句）

（3）陈述句与反问句的变换

陈述句是把要表达的思想内容平铺直叙地表达出来，不带有任何感情色彩。反问句则是通过反问的语气，把原来陈述的意思进一步强调。虽然反问句是用疑问句的形式表达出来，但其句子本身就包含着答案，是不需要回答的，感情色彩比较强烈。例如：

信赖，能创造出美好的世界。（陈述句）

信赖，不就能创造出美好的世界吗？（反问句）　　选自《珍珠鸟》

（4）直接叙述与间接叙述的变换

把某个人的话直接描写出来，叫直接叙述；把某人说的话改为第三者的转述，叫间接转述。例如：

小恩科西说："人们不应该对艾滋病人另眼相看，我们需要关爱，拥抱艾滋病儿童是不会被传染的。"（直接叙述）　　　　选自《艾滋病小斗士》

小恩科西对人们说，大家不应该对艾滋病人另眼相看，他们需要关爱，拥抱艾滋病儿童是不会被传染的。（间接叙述）

两种句式相比较，可以看出直接叙述和间接叙述所表达的内容完全相同。如果想把说话人的语气、感情充分表达出来，写得有声有色，就用直接叙述；如果只需要表达说话的内容，就用间接叙述。

（5）修辞手法的变换

所谓修辞，就是要使说的话或写的文章生动、有力，给人以鲜明、深刻的印象。在小学阶段最常见的修辞手法有：比喻、拟人、夸张、排比、设问和反问等。

苏教版三年级下册《练习5》中有一题，要求用打比方的句子说一说，并写下来。

<u>弯弯的月亮像小小的船儿。</u>

<u>大象的耳朵像一把大扇子。</u>

<u>蝴蝶花多么像美丽的蝴蝶啊！</u>

再如，可进行各种修辞手法之间的转换练习。

雨一直下着。（陈述句）

雨一直下着，欢快地唱着动听的歌。（拟人句）

雨像断了线的珍珠一样，下个不停。（比喻句）

这些修辞手法的熟练运用，便于学生具体地描绘事物，能使句子生动形象，给人留下深刻的印象。

7. 修正法

所谓病句，是指那些语言表达有问题的句子。修改病句是为了进一步练习把话说完整，把词语用得准确，把意思说得明白合理，提高自己的语言表达能力。

修正病句的基本原则是把握句意，修改得要少，改动得要巧，能保住原句的意思。常见的病句有以下几种类型：

（1）成分残缺

成功完成了这项任务。

应改为：他成功完成了任务。

（2）搭配不当

夏天的南沙群岛是一年中最美的季节。

应改为：南沙群岛的夏天是一年中最美丽的季节。

（3）语序颠倒

集邮对我特别感兴趣。

应改为：我对集邮特别感兴趣。

（4）前后矛盾

就拿大家族海藻来说，从借助显微镜才能看清楚的单细胞硅藻、甲藻，到长达几百米的海洋植物，就有八千多种。

应改为：就拿大家族海藻来说，从借助显微镜才能看清楚的单细胞硅藻、甲藻，到长达几百米的巨藻，就有八千多种。

（5）语言重复

他首先第一个冲出教室。

应改为：他第一个冲出教室。

除了上面的几种句子训练方法，此外还有常见的造句法、调句序法等多种方法，还可以在句子教学实践中创造各式各样的句子训练方法。无论什么方法，都要符合句子教学的要求，训练目的要明确。

第四章 朗读素养与朗读教学指导

朗读是一门艺术，是人们用美妙的声音来传播文字的一种方式。朗读文学作品，是对作品的艺术再现，它能使听众走进文字，与作者对话，感受人物的酸甜苦辣，引发其审美想象。通过朗读让学生感悟文字的魅力，通过朗读让学生体会语言的精髓。

第一节 朗读的基本要素

朗读，是把书面语言转化为有声语言的一项再创造活动，是理解、积累语言的有效方法，是培养语感的重要途径。三国时期教学家董遇说："读书百遍，其义自见"[1]；南宋著名理学家朱熹曾说："读书有三到：谓心到、眼到、口到"[2]；而豪放旷达的北宋文学家苏轼亦云："故书不厌百回读，熟读深思子自知"[3]。由此可见，朗读在学习语言过程中的重要性。

那么朗读时应注意些什么呢？怎样才能更好地朗读呢？我们应从以下几个方面努力：

一、朗读者应说好普通话

朗读文章，要求正确的发音，声母、韵母、声调都要准确，语流、音变也要合乎普通话的习惯和要求。这样，标准的普通话发音、舒畅的语流、清晰的表达，自会让人听着舒服，给人一种美的享受。相反，如果普通话不标准，不仅学生听不懂，也不能恰当地表现文章内容和情感，让人听来会感到苦不堪言。

二、朗读者应掌握朗读的技巧

（一）学会发音，吐字清晰

学会自如地控制自己的呼吸非常重要，因为这样发出来的音坚实有力，音

---

① 陈寿. 三国志·魏志·王肃传
② 朱熹. 读书三则
③ 苏轼. 送安敦秀才失解西归

质优美，而且传送得较远，而发音的关键是嗓子的运用。朗读者的嗓音应该是柔和、动听和富于表现力的，此基础上吐字的技巧就更为重要，不仅关系到音节的清晰度，而且关系到声音的圆润、饱满。

（二）正确掌握停顿

朗读时，有些句子较短，按书面标点停顿就可以。有些句子较长，结构比较复杂，句中虽没有标点符号，但为了表达清楚意思，中途也可以作些短暂的停顿。但如果停顿不当就会破坏句子的结构，这就叫读破句。正确的停顿有以下几种类型：

1. 标点符号停顿

标点符号是书面语言的停顿符号，也是朗读作品时语言停顿的重要依据。标点符号的停顿规律一般是：句号、问号、感叹号、省略号停顿略长于分号、破折号、连接号；分号、破折号、连接号的停顿时间又长于逗号、冒号，但有时冒号的停顿的时间要比一般的句号时间长些。以上停顿，也不是绝对的。有时为表达感情的需要，在没有标点的地方也可停顿，在有标点的地方也可不停顿。

2. 语法停顿

语法停顿是句子中间的自然停顿。它往往是为了强调、突出句子中主语、谓语、宾语、定语、状语或补语而做的短暂停顿。学习语法有助于我们在朗读中正确地停顿断句，不读破句，正确地表达作品的思想内容。

3. 感情停顿

感情停顿不受书面标点和句子语法关系的制约，完全是根据感情或心理的需要而作的停顿处理，它受感情支配，根据感情的需要决定停与不停。它的特点是声断而情不断，也就是声断情连。

（三）读出文章"轻重"

重音是指那些在表情达意上起重要作用、在朗读时要加以特别强调的字、词或短语。重音是通过声音的强调来突出意义的，它能给色彩鲜明、形象生动的词增加分量。重音有以下几种情况：

1. 语法重音

语法重音是按语言习惯自然重读的音节。这些重读的音节大都是按照平时的语言规律确定的。一般说，语法重音不带特别强调的色彩。语法重音的位置比较固定，常见的规律是：

（1）一般短句子里的谓语部分常重读；

（2）动词或形容词前的状语常重读；

（3）动词后面由形容词、动词及部分词组充当的补语常重读；

（4）名词前的定语常重读；

（5）有些代词也常重读。

2. 强调重音

强调重音不受语法制约，它是根据语句所要表达的重点决定的，它受应试者的意愿制约，在句子中的位置上是不固定的。强调重音的作用在于揭示语言的内在含义。由于表达目的不同，强调重音就会落在不同的词语上，所揭示的含义也就不相同，表达的效果也不一样。例如：

我去过青岛。（回答"谁去过上海"）我去过青岛。（回答"你去没去过青岛"）我去过青岛。（回答"济南、上青岛等地，你去过哪儿？"）

3. 感情重音

感情重音可以使朗读的色彩丰富，充满生气，有较强的感染力。感情重音大部分出现在表现内心节奏强烈、情绪激动的地方。例如《念奴娇·赤壁怀古》中的"大江东去，浪淘尽，千古风流人物。故垒西边，人道是，三国周郎赤壁。乱石穿空，惊涛拍岸，卷起千堆雪。江山如画，一时多少豪杰！"这里面的重读都是有感而发，是由于情感的迸发而选择的重读。

（四）语速要适当

在朗读时，适当掌握快慢，可以营造作品的情绪和气氛，增强语言的表达效果。作品的内容和体裁决定朗读的速度，其中内容是主要的。

1. 根据内容掌握语速

朗读时的语速须与的情境相适应，根据故事的情节、人物的个性、语言的特色来处理。当然，语速的快慢在一篇作品中并不是一成不变的，它要根据具体的内容有所变化。

2. 根据体裁掌握语速

一般说，记事的要读得快些，说明的要读得慢些。

（五）语调应有高低起伏

语调指句子里声音高低升降的变化，其中以结尾的升降变化最为重要，一般是和句子的语气紧密结合的。应试者在朗读时，如能注意语调的升降变化，语音就有了动听的腔调，听起来便具有音乐美，也就能够更细致地表达不同的思想感情。语调变化多端，主要有以下几种：

1. 高升语调

高升调多在疑问句、反问句、短促的命令句子里使用，或者是在表示愤怒、紧张、警告的句子里使用。朗读时，注意前低后高、语气上扬。

2. 降抑语调

降抑调一般用在感叹句、祈使句或表示坚决、自信、赞扬、祝愿等感情的句子里。表达沉痛、悲愤的感情，一般也用这种语调。朗读时，注意调子逐渐由高降低，末字低而短。

3. 平直语调。

平直调一般多且在叙述、说明或表示迟疑、思索、冷淡、追忆、悼念等句子里。朗读时始终平直舒缓，没有显著的高低变化。

4. 曲折语调。

曲折调用于表示特殊的感情，如讽刺、讥笑、夸张、强调、双关、特别惊异等句子里。朗读时由高而低后高，把句子中某些特殊的音节特别加重加高或拖长，形成一种升降曲折的变化。

三、朗读者应修饰自己的音色

修饰音色，让声音充满个人魅力。每个人的音色和音质都是不同的，但只要我们掌握了正确的发音方法，加之持之以恒的训练，是可以使自己的音质越来越好的。比如，嗓音太弱，就经常进行高声的朗读训练；腔音较尖，声音刺耳，就经常用较轻、较慢、较低、较平缓的声音讲话；嗓音不稳，忽高忽低，就应该力求声音在运气、呼吸时保持均匀平衡。用自己特有的音色把文本意境表现得淋漓尽致。因此，每个人有不同的音色，每个人也会有不同的声音魅力，用心雕琢，真心表现，让学生喜欢上你的声音。

四、朗读者应准确理解文本的思想感情以及体裁

解读文本，把握文章的感情基调朗读，是通过富有感染力的语音，把文章中感人的思想内容传达给听者，使之对文章内容和情感有更深刻的理解，这是作者、朗读者、听者三者之间的一种情感交流。在理解文本的基础上才能把握文章的思想感情，才能更好地朗读。不同的文本还应有不同的朗读方式，苏教版课文三年级《小稻秧脱险记》是一篇童话，文章充满儿童化的语言，在朗读时我们就应该用活泼的语气来展示，这样才能更好地表达其情感。四年级中《神奇的克隆》一课是一篇说明文，语言简练明了，我们就要用平和适度的语气来朗读，同样的道理古诗和现代诗在朗读上有所不同，通讯和散文在朗读上也应有所不同，所以理解文本时我们不仅仅要体悟作者所要表达的情感，也要明晰文章的题材。

五、朗读者应用好表情和肢体语言

（一）眼神的运用

朗诵者与听众之间的思想感情交流，除了借助声音的表达外，最主要是眼神的运用。朗读不同于相声、戏剧，我们的身体各部分器官，多少是要受到限制的，所以要准确贴切地表达想象，只有尽量利用我们最灵活而最不受限制的眼睛。眼神可以与听众沟通交流，加强表达效果；也可以集中凝想、进入诗境之中。

例如我们朗读李白的《静夜思》这首诗时，"床前明月光"视力平射，"疑是地上霜"目光向下转移，"举头望明月"视力远射向上，"低头思故乡"眼神更下垂作沉思状。凭上述四种变化，想象力便能活灵活现了。这是集中凝想、进入诗境的表现。朗读者如果未能达到这个较高的层次，眼睛也不可东张西望，而必须照应全场，控制气氛，作为声音的辅助，发挥与听众交感共鸣的作用。

（二）面部的表情

朗读是声情的艺术，诵材感情突出的地方，须用面部表情加以摹拟出来。诵材中所表现的原作者的态度和感情，朗读者必须仔细揣摩，贴切表达。木无表情、干燥枯涩，固然是朗诵的大忌；表情过火、矫揉造作，也属过犹不及。

（三）手势和动作

朗读要不要动作，是一个有争论的问题。其实只要是忠于诵材，出于自

然，那么手势和动作都应该是被接受的。朗读者站在台上，肢体很容易随意摆动，双手也不知道应该放到什么地方才好，如果能够设计一些手势和动作可以配合诵材表达，应该是值得鼓励的，何况很多诵材本身已富有动作性，我们更应该进一步要求设计手势与动作以求配合。

下面几点，是必须加以注意的：

1. 设计的手势和动作，必须与诵材紧密配合，不能生硬堆砌，以免产生反面效果。

2. 手势和动作要少而清楚，适当自然，并且优美合度。

3. 动作范围要小，一般限于胸前，手臂挥得太远便会缺乏力量，垂得太低就不能引起听众的注意。

4. 腰部以下一般不应有所动作，顿足尤其不可；一来破坏美感，二来影响呼吸。

5. 身体不能经常移动，以免分散听众的注意力；只有在段落的大停顿或文意转折的地方才可移动，以表示进入另一阶段或层面。

6. 动作要精心设计，在声音发出之前表现出来，以起暗示和引导的作用。

（四）台风和仪态

朗读者态度必须优雅自然、彬彬有礼；行动不疾不徐、安详镇定；表现诚恳，使听众感到亲切、舒适、接纳而没有不快。日常能注意举止行为，修饰仪表、端正态度，自然能够被人接受，信心亦会大增。

总而言之，朗读不仅是一项活动，更是一门优美的艺术，是学习语言文字的过程中必要的条件，是感受文章的重要手段之一，朗读者掌握了朗读的技巧，用心去读，一定会与文章产生共鸣，与作者达成共识，亲切地体会在不知不觉之间化为自己的东西，这就是朗读的一种可贵境界。

第二节 朗读教学的要求与方法

《语文课程标准》（2011 年版）对朗读教学非常重视，四个学段的阅读部分都率先强调："能用普通话正确、流利、有感情地朗读课文。"可见，朗读被认为是贯穿于整个义务教育阶段的最重要的、也是最基本的语文教学方法。其实在我们的语文课堂中朗读教学也确实是常见的授课方式之一，那为什么要把朗读教学放在这么重要的地位呢，这是由于朗读有以下几个作用：

第一，朗读在教学中的作用表现在对于作品的理解上。"读"时不易走神——聚精会神是取得复习效果的基本条件，"读"不易忘记——刻骨铭心是获得知识的主要目的，"读"易引发联想——融会贯通是赢得高分的重要保障，

"读"易触发灵感——心有灵犀是立意创新的源源活水。

第二，朗读不仅有利于对作品的理解，还有利于学生的语言积累。南宋教育家朱熹要求学生从小要养成正确朗读的习惯，"要读得字字响亮，不可误一字，不可少一字，不可多一字，不可倒一字……要多诵数篇，自然上口，久远不忘"①。可见，古人对学生读书就极为重视。正确、流利、有感情地朗读，不仅可以让课文的词、语、句、段、篇等顺利地进入学生的语言仓库，并可以通过消化吸收，成为学生的语言储备，增加了学生的语言积累，进而实现学生对课文文句的理解，对课文情节的理解。

第三，朗读在教学过程中的作用还表现在有利于带领学生去体验作品中流露的情感。在阅读过程中，我们会发现：有些文学作品的妙处，只可意会，不可言传。鲁迅先生曾说过，"汉字具有三美：意美以感心，一也；音美以感耳，二也；形美以感目，三也"②。语文学习中的朗读就是借助有声的语言文字，感受、理解源于作品的形象、道理，使作品中的情、景、物、人、事、理在我们的内心活起来，好像"看到""听到""闻到""尝到"一样。只有反复地、有感情地诵读，才能通过文字体会到文章的情感底蕴，感受"言尽而意未尽"的艺术特色。

第四，朗读还可以培养学生良好的语感，练习口语，增强语言表达的能力。在朗读中必须学会正确的发音，要字正腔圆，声、韵、调和谐。通过不断地朗读，不断增强对作品的认知，不断地改进和完善对朗读效果的评价，更加深刻地感受语言文字所蕴含的意义。这样，我们的语言表达能力和口语交际能力才会大大提高。

总之，朗读架起了读者和作者、听众之间沟通的桥梁，使他们之间更容易产生共鸣，从而更好地体会作品的思想内涵和艺术风格，所以在课堂上有效地进行朗读教学及训练是非常重要的，是小学语文课堂中不能忽略的一个环节。

一、低中高年级朗读教学的不同要求和方法

小学阶段从一年级到六年级，学生差异比较大，对于朗读的要求和方法也各有不同。下面我们就根据低中高学段的不同情况来探讨一下朗读教学的要求和方法。

（一）低年级朗读教学的要求和方法

在现实行的《义务教育语文课程标准》（2011 年版）中低年级对于朗读

---

① 朱熹．读书要三到

② 鲁迅．汉文学史纲要

的要求是"学习正确、流利、有感情地朗读"，所以我们在低年级进行朗读教学时需注意一下几个方面：

1. 抓好生字教学，扫除障碍

识字是朗读的前提基础，只有把生字学好，才能把课文朗读好。所以，为了培养学生的朗读能力，低年级教师在语文教学中应重视生字教学。苏教版的生字分为两类，一类是认读生字，另一类是会写生字，这两类生字都要求学生会读，读准字音。教学时，对认读的生字教学，着重要求学生反复练习拼读，注意及时帮助学生正音，确保学生能够把每个认读生字的字音读准确。这样，学生把生字学会了，解决了字音问题，朗读课文的"拦路虎"就给扫除了。

2. 持之以恒，学会停顿

由于学生初次接触朗读，不知道什么才叫朗读，在习惯指读后，他们往往会把生字连起来机械地读，作为老师，就要教给他们基本的朗读方法，告诉他们句子和句子、段落和段落之间要有自然的停顿。"能恰当地停顿，语速合适"这是"正确、流利朗读课文"的难点。克服这一难点，首先教师要教给学生选准停顿点和把握停顿的时间。主要是看标点符号停顿的方法和读长句子的停顿方法。要使学生能恰当停顿，不是一节课、两节课就能达到的，它需要整个一年级的教学时间，对于个别生甚至需要延续到二年级。这就要求每一位低年级语文教师在日常的教学中充分重视"正确、流利朗读"的要求，扎扎实实、坚持不懈、循序渐进地进行指导和训练，使这一要求落到实处。

3. 认清目标，切勿拔高

许多老师从孩子接触课本中的第一篇文章就开始要求学生把课文读得有感情，尤其是有人看课时更是把指导有感情朗读作为课堂的亮点，大花力气。但实际结果却往往事与愿违，达不到有感情的标准。究其原因，在于教师拔高要求，过早提出有感情朗读的要求。细看教材我们不难发现，教材中对于学生朗读能力的要求有着明显的序列性。前两册的语文课文，朗读要求基本上是"正确、流利朗读"，直到了第四册教材中才大量出现了有感情朗读课文的要求。即使是三、四册中的"有感情朗读"也只是"学习"而已。可见，低年段的朗读要求是有一个序列性的，从正确→流利→读出一定语气→有一定的感情。教师在教学过程中应遵循这一序列，把每一阶段的要求落到实处，踏踏实实地训练好每一步，这样学生的朗读能力才能循序渐进，稳步提高。

基于低年级朗读教学的要求，结合教学实践，下面谈谈促进低年级朗读教学的几点做法：

（1）以赛激趣

争强好胜是人与生俱来的天性。每个小学生都有成功的愿望，希望自己比别人强，希望获得成功。许多情况下，正是由于学生的争强好胜，才不断地取得自我发展与自我完善的。基于这种认识，在教学中，有意识地将竞争机制引入到朗读活动中，使学生在竞争中获得成功的乐趣。例如：在教学中安排朗读比赛的环节，穿插"谁能比他读的声音更响亮"等激励性语言，调动学生参与的热情。每逢此时，课堂上总会出现兴致高昂，跃跃欲试的喜人场面。此外，经常利用语文活动课时间举行朗读比赛，有时是学生自由选择最喜欢的课文或片断参赛，有时是现场抽签决定朗读篇目进行比赛，还有时是学生事先将自己的朗读录在磁带上带来参赛。在比赛过程中，同学之间互听互评，互相学习借鉴，激发了兴趣、提高了朗读水平。

（2）以励激趣

调动学生朗读的兴趣，评价的作用是不容忽视的。适时、恰当、鼓励性的评价会帮助学生树立起自信心，使学生始终带着"我能行，我会成功"的信念去面对每一次的朗读实践。因此，在课堂上要注意抓住时机，有针对性地进行鼓励加指导性的评价。如"读得好，不过还可以再大声点。""你课前一定下了功夫，读得多熟练呀！要是注意一下停顿就更好了。""读得多美呀，老师都听入迷了，要是表情再美一些就更好了。"等等。通过这些评价语言，学生把握了自己朗读的现有水平，明确了努力的目标，读书的信心更足了，兴趣也更加浓厚起来。

（3）示范导读

低年级语文教材，大多短小精美，充满童趣，有利于学生练习朗读。但课文中那么多生字，不同的句式，对刚入学的学生来说，朗读还是显得有困难，其次受日常口语的影响，学生在朗读时常会出现添字、漏字、读错字的现象，不仅有些学生在朗读时，拉腔拉调，还有的学生将轻声字也读出声调来。正由于这一系列的问题，所以教师范读在低年级朗读教学中是极其重要的，教师的声音、眼神、表情、手势等体态会作为一种信息，即时直接传递给学生，更易感染学生，帮助学生读好课文。教师全身心地投入到课文的情境之中，声情并茂地朗读，潜移默化中不仅声入学生之耳，而且情入学生之心。在教师范读的基础上再让学生反复朗读，学生就能渐渐形成语感，渐渐学会把握语句的逻辑停顿和情感，并通过朗读把自己的感悟表达出来。

4. 情境诱读

朗读训练，必须想方设法调动全体学生全身心地投入。创设气氛让学生愿读、乐读、争着读，在读中锻炼朗读能力。学生都是喜欢参与表演的，给他们营造一个情境，他们就会在情境中绘声绘色地进行表演，伴随着的朗读训练就会简洁高效。在《北风和小鱼》一课时，利用多媒体动画生动地刻画了一个强悍的北风的形象，在呼啸的北风声中，学生就可以边看边朗读边做动作，活灵活现地展现出了青草、梧桐树、小鸟等一个个弱小的形象。无需老师多讲，学生已能深刻地体会到北风的凶悍和小鱼面对困难毫不畏惧的精神。

5. 表演朗读

低年级语文教学过程中，引导学生边朗读边做动作，可以激发学生的朗读兴趣，加深学生对课文的理解和感悟。小学生好动、爱表演，在表演时能全身心投入，这时他们的想象力最丰富，对课文内容和所表达的感情能用心体会。因此，边演边读就成了低年级学生喜闻乐见的好方法。如《笋芽儿》一课中有这样一句话："笋芽儿被叫醒了。她揉了揉眼睛，伸了伸懒腰，看看四周仍然是一片漆黑，撒娇地说：'是谁在叫我呀？'"在读到动情处，情不自禁地加上了"揉眼睛、伸懒腰"的肢体动作，这几个动作便可以激发学生的兴趣，再让他们读时，好多学生竟都兴趣盎然地表演起动作来，而且读得特别投入，有滋有味。

（二）中年级朗读教学的要求和方法

在低年级的学习中学生已经学会了如何朗读，在接下来的中年级的朗读教学时应注意层次的逐步递进：

1. 通读课文，了解大意

教师在进行新课前，一般对课文题目进行分析，或者介绍本文作者，提出与课文内容有关的使学生感兴趣的问题，以提高学生对新课学习的积极性。在此基础上，让学生通读课文。通读课文可以使学生有一个初步的感知，了解课文的大概内容。《北大荒的秋》一课，可以提出以下几个问题：课文有几个自然段？第一、第五自然段写了什么内容？第二、三、四自然段分别写了什么？通过通读，学生可以初步感知到课文所描写的景色物产，为分析、理解课文内容打下基础。

2. 尝试朗读，理解课文

语文教学中，教师必须注意讲解和朗读，老师读和学生读，读句和读段的有机结合，要注意指导学生研究朗读的规律，并强调基本要求："不错字、不添字、不丢字、不喊、不唱、不重复"。对中年级学生要求他们在朗读的过程中，不应当看一个字读一个字，而是应当看到一段话，通过瞬时的记忆或思维读这段话，做到"眼先到，脑思考，口读好"。在学生理解了课文内容，对文字的运用、内容的描述、感情的表达有了一定的认识之后，再要求学生进行有感情的朗读训练。

3. 咀嚼课文，细品佳句

在学生学习了课文后，为了使学生更加深刻地领悟中心，学习遣词造句、表情达意的方法，教师要引导学生对重点词句、段尤其是脍炙人口的佳句进行细细品读与欣赏。教师可以提出：这句话应该怎样读？为什么这样读？反复试读、体会感情。这是培养学生审美感的途径。我们的母语很优美，其原因在于汉语是声调语言，可以有平仄规律，汉语是单音节语素语言，可以有它的特殊的声韵规律。这些规律在千古诗人、文豪手中精雕细刻、推敲锤炼，构成了文质兼美、千古流传的大文章，成为滋养千百中国人心灵的精神食粮。

4. 反复朗读，激情增趣

对于文质兼美的文章，教师应要求学生反复朗读，把作者的情感美满地读出来。小学语文教材所选用的很多文章，辞藻优美，内容丰富，应让学生反复读，读中体会、读中领悟、读中升华。如《庐山的云雾》一文仅用了几百字，就描绘出了的庐山云雾的瞬息万变、千姿百态和变幻无穷，读了这篇课文，使人感到庐山雾有着无穷无尽的变化这一特点。越读这篇课文，使人越感到庐山云雾"甲天下"；越读这篇课文，使人越感到文中词句运用恰当，生动逼真，使人感到美的享受。把人们对祖国的大好河山由衷的赞叹之情抒发得淋漓尽致。

基于中年级学生的特点，结合教学实践，朗读训练的方式方法应多种多样：

（1）换位体验朗读

在理解课文中学生可以转换角色，体验文中情感，读出情感。有时文章所记叙的内容和表达的情感与孩子们的距离较远，孩子们无法去感悟，在这种情况下即使你把朗读的技巧教给孩子，孩子们也会读得枯燥无味，此时教师应该及时让学生去感悟文中角色，通过换位体验去促进朗读。例如在《普罗米修斯盗火》一课中有这么一段："宙斯派天神用沉重的铁链把普罗米修斯锁在高加索山的悬崖绝壁上，让他经受烈日暴雨的折磨。就是这样，宙斯还觉得不解恨，又派了一只凶恶的鹫鹰，每天去啄食普罗米修斯的肝脏。可是，每当鹫鹰啄食以后，普罗米修斯的肝脏又会奇迹般地复原。"在读这一段时，教师就应该通过换位体验让学生感受此时普罗米修斯所遭受的痛苦，这样就能更好地朗读文章。

（2）想象朗读

激发想象，丰富文本。可以引导学生从被朗读主体的动作、神态、语言，从耳听、鼻嗅、口尝、手摸等方面多角度想象，体味文字背后的画面、蕴涵的不同情感。还以《普罗米修斯盗火》为例，在阅读这一部分的时候，让学生去想象鹫鹰怎么去啄食，普罗米修斯每天忍受着怎样的风吹日晒，那高加索山上有什么恶劣的天气，那笨重的铁链如何锁住用他的。想象后，学生脑海中自然会浮现出普罗米修斯悲壮、坚韧的画面，朗读时敬佩之情就读出来了。

（3）看画面朗读

小学语文教材一般都配有插图，这些插图一般都反映课文的中心或主要内容。在教学中，可以指导学生图文对照读，凭着图画，突出感知对象，引起观察兴趣，产生丰富联想，逐步达到以图会文，读文识图闻情知意的目的。同时，使学生置身于课文所描写的画意之中，提高想象能力和表达能力。画面展示鲜活的形象，借助画面通过视觉给人以内心的深深感动。"终于有一天雪儿展开双翅飞起来了。啊，我为雪儿欢呼！你看它那双翅膀被春风高高地托起，在蓝天中划出一道美丽的弧线。"（苏教版第六册《雪儿》）当学生自由读，有一定感情基奠后，看课本上最后两个自然段的插图，设想放飞康复的信鸽雪儿时人鸽依依惜别的情景，并朗读，这样学生读这一段落时就会读得动情。

（4）辨别标点符号朗读

不同的标点符号有着不同含义，包含着不同情感，通过分析标点符号，可以正确把握句段，从而读得更准确、更有感情。苏教版《军神》一课中有这么一段对话："我一直在数你的刀数。"沃克医生吓了一跳："一共多少刀？""72 刀。"沃克医生不禁失声喊道："了不起！你是一个真正的男子汉，一块会说话的钢板！你是一位军神！"

在读之前，问学生这段话中有什么符号？该怎么读？这样当学生朗读时就注意了疑问句和感叹句的语气，特别是三个感叹号，刘伯承钢铁般的坚强意志，便通过朗读展现出来。

（三）高年级朗读教学的要求和方法

高年级的教学中学生重点在于掌握文章的情感与表达方法，所以教师对于朗读的训练容易忽视，其实朗读是高年级教学中的必要环节，所以在高年级的朗读教学中我们需要注意以下几点：

1. 保证读书时间

教师可根据年级、学情、教材特点安排每节课的朗读时间，并自我监控达成度。要有充分的时间让学生正确地读课文，要求用普通话，声音响亮，吐字清楚，读准字音，不读破句，特别是自学性朗读，要让全班学生都读完、读好，切不可只做个读的样子，匆匆过场，草草收兵。在初步理解基础上的表达性朗读，要留够时间让学生试读、练读，读出感觉，读出味道，读出情趣，切不可未准备好就仓促上阵；要留读后评议的时间，通过评议，强化朗读的激励功能、诊断功能和调节功能。时间哪儿挤？精心设计问题，让繁琐冗长的"串讲串问"让位给读，让形式花哨的、没有实效的小组讨论让位给读。

2. 理解中朗读

在阅读教学中，把朗读与理解截然割裂的现象并非罕见，分析前读一遍，讲解完后再朗读一遍，甚至根本没去理解，就要求学生读出感情来，学生根本达不到这种要求，有感情读出也仅仅是在表演而已，真正的朗读是在理解以后细细品读，这样才是朗读的根本。例如，在讲六年级《理想的风筝》的"他笑着，叫着，拄着拐杖，蹦跳着，去追赶线端，喊着：'你们不要管，我自己来！'"这句时，应该让孩子理解到连续动词运用的好处，这样才能体现出刘老师的坚强和乐观，再去有感情地朗读，这样学生就会把情感真正地加入到朗读中。所以朗读要以理解为基础，通过朗读又可促进对文章的感悟品味，它们相辅相成，必须有机结合。

3. 精选练点，锤锤有声

叶圣陶先生把有感情的朗读叫做"美读"，"设身处地的、激昂处还它个激昂，委婉处还它个委婉……务期尽情发挥作者当时的情感，美读得其法，不但了解作者说些什么，而且与作者的心灵相通"。然而真正能读出感情来并不容易，需在朗读技巧上做必要的适当的指导，如停顿、轻重、缓急、语气等等。但这些指导不可能课课皆有，次次具备。因此，要精心选择朗读训练点，每次训练有个侧重点，锤锤敲打，锤锤有声。例如"啊"的读法，可进行音变、气声的训练，这几个"啊"的读法就不尽相同，"静啊（nga）、清啊（nga）、绿啊（ya）、奇啊（ya）、秀啊（wa）、险啊（na）"。还可告诉学生，随着读"啊"字，气流也轻轻带出，以达到"以情带声，以声传情"之功效。

4. 形式多样，合理运用

朗读的形式纷繁多样，不一而足，但各种形式的朗读有各自的功能和适用范围。当需要激情引趣或学生读得不到位时，宜用范读指导；当需要借助读来帮助学生分清段中的内容、层次时，宜用引读；当遇到对话较多、情趣较浓的课文时，宜采取分角色朗读；当需要渲染气氛、推波助澜时，宜用齐读……但要注意的是：

（1）对高年级学生而言，范读只是引路而已，只能起"示范启发"作用，而不是让学生机械地模仿，因为"一千个读者眼中有一千个哈姆雷特"，必须引导学生"入境入情"，因情而自得，按"得"去朗读。

（2）巧用齐读。齐读有造声势、烘气氛之妙用，所以必要的时机一定要用齐读来烘托气氛，但这也是"滥竽充数"和产生唱读的温床，因此不宜过多齐读。

（3）每种形式的读放在不同的环节，它的作用又有区别。如范读与学生的试读，先后次序互换一下，它们各自所担负的任务、执教者要体现的目的意图也就不同。因此，教师要精心设计朗读训练过程，科学合理地选择好每一环节读的形式，让它们各尽所能。

（4）基于高年级学生的特点和文章体裁的特点，结合教学实践，朗读训练的方式方法应多种多样：

①以境诱读法

在小学语文教材中，有许多课文字里行间饱含着作者的感情，如《最后的姿势》《彭德怀和他的大黑骡子》《爱如茉莉》《大江保卫战》等。教学这类情感丰富的课文时，要重视营造一个合适的情感氛围：或运用饱含激情的导语引读，或借助多媒体再现情境，让学生主动带着感情参与，达到理想的朗读效果。例如，在教学《大江保卫战》这篇课文的时候，可以1998年抗洪中相关的片段，逼真感人的情节再现，使学生身临其境，对解放军战士的崇敬之情油然而生，从而正常地甚至超常地发挥了他们的朗读水平。

②熟练朗读，掌握节奏

古人云："熟读唐诗三百首，不会作诗也会吟"。在读准字音的基础上，进一步做到语言连贯，节奏分明，语速适中，语读清晰。通过反复的诵读训练，让学生更好地体会文章的语言美。在课堂上，通过放录音磁带或范读，让学生掌握停顿，告诉学生语速和重音的一般规律。然后拿出一个语段，让不同的学生来读，比较其好坏。例如学习毛泽东的《七律·长征》。本文是七言律诗，在学生预习之后，帮他们标出重音和节奏，先放录音范读，然后学生们分组试读，大声朗读，在反复诵读中逐渐掌握节奏，演绎抑扬顿挫的和谐美的音韵。通过重读的字词，学生自然能领悟到中国工农红军在长征途中所经历的艰难险阻，体会出红军藐视困难勇敢战斗的革命乐观主义和革命英雄主义精神。

但只要通过反复地、大声地朗读，使它浮现于学生的脑际，成诵于学生的嘴边，就自然会与他们的生活经验、个人的联想与想象联系起来，使他们思维活跃，慢慢悟其真义。

③以说促读法

有些文章由于行文的需要，对某些内容往往写得十分简略，甚至省略不写，而这些地方也正是文章蕴含的情感所在。因此在指导学生阅读这样的课文时，可以先引导学生对省略处进行适当的填补，再指导学生朗读，加深学生对课文内容的理解。如《穷人》一课中，有一段内容是描写桑娜把西蒙的两个孩子抱回来后，等待丈夫归来时忐忑不安的心情。文中多处用了省略号，在教学时可以引导学生体会，省略号可能省略了哪些内容？请你揣摩桑娜此时的心理，试着把省略号的内容填补出来，学生通过研读补白，深刻地体会到了桑娜宁可自己挨打受苦也要帮助别人的善良美好的心灵。此时，再引导学生把这一部分课文有感情地朗读出来，学生读得入情入境，朗读效果相当不错。

④自我领悟法

阅读是学生个性化的行为，同样的阅读内容，每个人的感受不尽相同，就是同一个人，随着理解的深入，感受也会发生变化，而所有的感悟都可以通过朗读来表达，因此，在指导学生阅读内涵和情感比较复杂的课文时，教师对学生朗读的语速语调，语音语气不能强调统一，而应当尊重学生的阅读体验，让学生读出自己的感受。例如《我和祖父的园子》一文里面有许多含义深刻的句子，在教学时，可以先让学生找出自己感受最深的一句话自由体会，"你认为这句话应该怎么读？"把自己的体会通过朗读表达出来就行。接着再指名朗读，让学生说说为什么这样读，然后再让其他学生评价一下，"你认为这样读怎么样？如果是你，你会怎么朗读？"学生通过自读汇报，评价交流，感悟体会，品尝到了成功的喜悦，建立了朗读信心，尽管朗读方式不同，但每个学生都在用心表达自己的独特感受，充分发挥了学生在朗读中的主体作用。

二、不同题材的文章在朗读时需要进行不同的指导

小学语文课文中有许多不同体裁的文章，从低年级的童话，到中年级记叙文、说明文，再到高年级的散文和议论文，体裁不同的文章教师在朗读指导时也会有所不同，下面我们就来看看不同的文章进行朗读教学时的不同要求和方法：

（一）小说中人物对话的朗读指导

1. 整体感知，读出人物"外壳"

所谓的人物"外壳"是指一篇课文中的人物大致情况，包括有多少人，

与哪些事件有关，每个人怎么样。人物离不开具体事件、具体语境，否则，人物语言就成了一潭死水。因而，教师指导学生朗读人物对话，首先要让学生对课文人物进行整体了解。初读课文时，要求学生把课文通读几遍，强调学生读通、读顺课文。

2. 琢磨提示语言，读出人物的情感

言为心声，人物对话极富情感性。课文中的人物对话，大都有"坚决地说""斩钉截铁地回答"等语句。此类语句，即人物对话的提示语言，它告诉我们用怎样的表情和语气来朗读。因此，教师指导学生朗读时，应提醒学生注意揣摩这些语言，从中体会人物的处境和思想感情，让学生进入角色，然后通过朗读，把人物语言中蕴含的情感读出来。如《彭德怀和他的大黑骡子》一课，文中写到彭德怀要求杀掉大黑骡子的一句话是："副官长，快开枪！你不向它们开枪，我就向你开枪！"彭德怀双手叉在要间怒吼道。提醒学生注意提示语和句中的感叹号，让学生读出彭德怀的严厉和急切，还有他对大黑骡子的不舍。

3. 深入品会，读好"话中话"

如《夜莺的歌声》中小夜莺回答德国军官的问话："人哪？战争一开始这里就没有人了。""刚刚一开火，村子就着火了，大家都喊：'野兽来了，野兽来了'——就都跑了。"这里，教师要引导学生透过文章中心，让学生读出"小夜莺"的天真、活泼、机智，更要读出对德寇的讥讽、憎恨之情。学生理解了话中话就能读好其中的情感，同时也感受到朗读的魅力和语言的表现力。课文的"话中话"较难读，教师可以采取示范朗读、听录音朗读等方式来指导。

4. 比较区别，读出人物身份

文章的事件离不开人物。一篇文章的人物或一个或是多个，其身份各异。因此，在指导学生朗读时要注意区别人物的身份。身份不同，说话的语句自然不一样。如《负荆请罪》中的蔺相如和廉颇，蔺相如的话读出有胆有识、顾全大局的上卿，廉颇的话要先读出目中无人，再读出知错认错的诚恳。可让学生根据情境编动作配合朗读，把静止的人物语言变成栩栩如生的现场表演。除此之外有些课文既有正面人物，又有反面人物，教师也要注意引导学生读出正邪之分。

5. 抓住特征，读出人物性格

性格是此人物区别于彼人物的重要特征，它使人物形象独树一帜。课文中的人物性格体现十分鲜明，教师在指导学生朗读这些人物的对话时，要让学生抓住人物性格特征，仔细品味。性格把握住了，才能读好他们的话，读出他们的性格，才能使人物跃然纸上，而且对理解人物形象、学习作者写作方法也有很大裨益。

6. 摹仿音色，读出人物年龄

音色是最具有区别意义的语言要素。不同年龄阶段的人物，说话声音的特色迥然各异。少年儿童音色清脆稚气，中老年人音色浑厚、粗壮。在指导学生朗读人物对话时，要善于激发学生兴趣，摹仿人物音色，读出人物的年龄特征。

（二）童话的朗读指导

1. 要努力适合儿童幼稚好奇的心理状态

例：《小蝌蚪找妈妈》中"池塘里有一群小蝌蚪，大脑袋，灰黑色的身子，甩着长长的尾巴，快活地游来游去。"这一段对小蝌蚪群体娇态的描述，迎合着儿童对小蝌蚪新奇、好玩的情趣。朗读时要语音亲切丰厚，语气新奇谐趣。具体地说，"大脑袋，黑灰色的身子，甩着长长的尾巴"三个短语的朗读速度要逐个加快。这样，不仅可以使儿童听者对小蝌蚪有一个完整系统的形象，还可以使他们感受到小蝌蚪妩媚多姿、新奇有意思，自然地沉浸到喜闻乐听的情趣之中去。

2. 要体现不同角色说话的音色特点

例："妈妈，给我吃，给我吃！"（《黄鹂和山雀》）此段内容中小黄鹂对老黄鹂所说的话，读音要细而高，来表现小黄鹂的小；读的速度要快，来表现小黄鹂急切要食的神态。对于老黄鹂所说的话："这是卷叶虫。这种害虫真狡猾。它吐出丝，把嫩叶卷起来，自己躲在里面吃叶肉。"读音要低而浑厚，速度要慢一点儿，以形象"长辈人"坦诚稳重，识多见广，和声善气。这种灵活恰当的语音变换，可以使文章中角色的个性明朗，给儿童的感受真切、新奇、深刻，使之越听越爱听。

3. 必须展开丰富的想象，再现多彩的幻想世界

童话是一种带有浓厚幻想色彩的虚构故事，因此，幻想是童话的基本特征。古今中外成功的童话作品，无不充满神奇而生动的幻想，为我们展示了一个个

绚烂多彩的幻想世界。如童话《森林爷爷》这个故事神奇而又美妙，但故事中的森林爷爷和他的子孙们及三个妖魔，都是现实生活中并不存在的假想形象，所描述的斗争故事，也是现实生活中不可能发生的，是作者的幻想。因此，必须根据所读的内容，让学生展开丰富的想象，从而将多彩的幻想世界，真切、生动地再现在听众面前。

（三）说明文的朗读指导

1. 说明文的朗读基调

说明文具有条理清楚，结构严谨的特点。说明文的朗读基调应较平实，在语速、停顿等方面可以用叙述的语气把文章读正确，强调说明文中所介绍的事物的特点，使其理解说明文的内容，在朗读中发展思维。

例如《埃及的金字塔》一文，文中介绍金字塔的特点，那些枯燥的数据说明，我们也要通过朗读，读出那些特点来。文章的第三段就是写金字塔很多、很大的特点，"这座金字塔高 146 米多，相当于 40 层高的摩天大厦。绕金字塔一周，差不多要走一公里的路程。塔身由 231 万块巨石砌成，这些石块平均每块重 2.5 吨。有人估计，如果将这座金字塔的石块铺成一条三分之一米宽的道路，可绕地球一周；如果用火车装运，需要 60 万个车皮。"这些句子用了列数字、举例子、作比较等说明方法，充分体现了金字塔很大很多的特点。把"146 米""231 万""60 万个"等词语都重读，并且从"这座金字塔高 146 米多"开始，语速稍微加快，这样金字塔很大的特点就很清晰地深刻地印在我们的脑海中了。

2. 逻辑感受

说明文对科学知识的说明，是按序列层层展开的，为了让受众把握好说明文内在的逻辑结构，在朗读时主要靠正确的停顿，节奏的变化来感受文章的内在逻辑结构。受众有一定的逻辑思维，我们可以通过朗读进一步培养逻辑思维。

例如《蛇与庄稼》中第一段，在这一段话中，老农为了说清蛇与庄稼的关系，从现象分析，看到问题的实质，层层递进，我们朗读时，通过语调的变化来表达课文的内在逻辑结构。"藏在洞里的蛇都给淹死了，田鼠却窜出洞来，因为没有了吃田鼠的蛇，"读得稍慢，而"田鼠繁殖得特别快，庄稼叫田鼠糟蹋得特别严重，"读的时候应加快语速。"所以庄稼就欠收了。"可以用平常的语速读。

（四）议论文的朗读指导

1. 把握论点，确定基调

议论文的论点是作者在文中所要论证的主张或观点，它是文章的精华，是文章的灵魂。在朗诵之前一定要对文章认真分析，弄清其论点，从而确定其基调。论点语句一般要读得重而有力，以此形成统领全文的气势。如果是立论，就应该读得"理直气壮"，如果是驳论，就要读得"义正辞严"。

2. 控制情感阀门

议论文是以理服人而不是以情感人，朗诵时态度要明朗，语气要肯定、果断，不可吞吞吐吐，模模糊糊。感情表达浓厚却要含蓄而不露，如果感情过于直露，甚至强加于人，难以形成和谐、平等的说理气氛，因此，朗诵时有理、有利、有节很重要。朗诵议论文，对不同情感倾向的文章表达时应有所侧重。朗诵赞颂、肯定、支持等主旨的议论文要语气热烈，节奏明快，热情由衷；朗诵否定、批判、愤怒等主旨的议论文要坚定严厉，正气凛然，不容辩解；朗诵号召、呼唤之类的议论文要热烈刚毅，情绪昂扬，节奏明快；朗诵安慰、告诫之类的议论文要言真意切，语调深沉，语速缓慢；朗诵嘲弄、讽刺之类议论文要冷嘲热讽，嬉笑怒骂，语调曲折变化。

3. 理顺文章结构，运用表达技巧

议论文结构严谨，分为论点、论据、论证三部分。论点提出问题后，论据则运用理由和事实来证明论点，它是文章的血肉。论据在结构安排上有张有弛、朗诵时要顺其气势，语气连贯，做到有连贯性，又有节奏感。常常运用曲折的语调，较长的停顿表达语意的转折、因果、假设、选择等，动用平直的语调、较短的停顿表达语意的并列、连贯；动用层层上昂的语调、较短的停顿表达语意的推进。论证是论据证明论点的过程和方法，它是文章的骨架结构，尽管论证的方法有多种多样，但都有其逻辑推理过程，朗诵时要特别突出其推理思路，借助语气的变换紧紧地带领听众随着作者一起思考。对重点词语要重音坚实有力，多用加重音量并延长音节的方法；对重点语句要语气坚定确切，多用下降调和中升调，语速加快的方法，以此突出作品肯定什么、否定什么、表扬什么、批评什么、坚持什么、反对什么等。

（五）抒情散文的朗读指导

1. 朗读时抑扬顿挫能充分显示散文的音韵美

散文朗读时抑扬顿挫、跌宕有致能充分体现散文的音韵美。例如高尔基的《海燕》中的一段："暴风雨！暴风雨就要来了！这是勇敢的海燕，在怒吼的大海上，在闪电中间，高傲地飞翔；这是胜利的预言家在叫喊：让暴风雨来得更猛烈些吧！"这段文字，气势澎湃，音韵和谐，节奏明快。朗读能铿锵有力地读出海燕在暴风雨来临时的凌空翱翔的英勇气概。没有真挚的情感，即使华美的语言也是苍白的，押韵的节奏也变成词句的简单罗列，而所谓的意境也不过是空中楼阁。

2. 朗读中的感情调动需要掌握好技巧

散文是作者抒发自己的情感载体，所以朗读散文必须充分调动感情，才能以声传情，以情动人，朗读表达手段主要有三个要素：感情、气息、声音。其中起决定作用的是感情。没有感情的朗读是干瘪而苍白的。

（1）情景再现是指通过朗读者的深刻理解、具体感受，作品中的人物、事件、情节、景物、情绪等在朗读者的脑海中像电影一样形成一个连续的画面，朗读者仿佛置身其中，不仅有助于领悟作者的感情态度而且自己也被引发丰富的情感，从而达到情景交融的境界。

（2）情景联想，在情景再现的基础上，还要充分调动起情景联想，才能使情感更丰富更真切更感人，从作品中的情与景，联想到自己生活中所经历过的与之相关的、接近的、类似的或者相反的情与景。在朗读中，借助丰富的联想，进一步调动自己内在的真实感情。

（3）挖掘内在语：内在语，就是在作品中的文字语言本身所不便表露，不能表露或者没有完全显露出来的语句本质，也就是"言外之意，弦外之音"。内在语是一股强大的潜流，在言语底下滚滚流动，给语言以生命，比如《海燕》用的是象征，我们必须揭示出文字中所蕴涵的深意，才能准确把握好作品，调动感情。挖掘出内在语，朗读才能有深度。

（六）现代诗歌的朗读指导

1. 准确把握文章的情感

准确地理解作者在作品中所表达的思想内容，理解得越深刻，就越能找到恰当的表现形式与技巧，从而更加鲜明地表现诗歌的主题思想。这要求我们透过语言文字的表述，去思索其内在寓意，体味其感情色彩。例如，诗人郭沫若的《天上的街市》，首先应了解它产生的时代背景，抓住主题思想，真正理解诗歌表达的感情，热爱什么，憎恨什么，寄托了诗人怎样的理想，从而确定朗诵的感情基调。

2. 指导学生"二度创作"

学生在朗读时要进入诗歌优美的意境中去体验、感受，这个过程就是创造性的想象过程——"二度创作"。《天上的街市》这首诗的第一节，展现的是街灯、繁星、天上、人间浑然一体的景象，朗读时可借助已有的生活体验，街市灯光闪烁，月夜星光灿烂、异彩纷呈的景致展开想象，徜徉其间，悠闲自得、妙趣横生。这样学生朗读起来味道一定会不尽相同。

3. 朗读时必须掌握诗的节奏和韵律

由于诗歌富有音乐性的特点，所以朗读时还必须掌握诗歌的节奏和韵律。节奏主要体现在快、慢、断、连的变化和强弱、长短的错综交替使用上，从而造成思想感情的紧、急、舒、缓。韵律包括语调的抑扬、语气的轻重，以及韵脚的判定与表现，通过这些诗歌的感情准确地表达出来。朗读《天上的街市》时，节奏应轻松、柔和、舒缓并与韵律相融合，因情赋声，以声传情，达到声情并茂，从而充分体现诗人的心境。正如郭老所说："节奏之于诗，是它的外形，也是它的生命。"

4. 创设良好和谐的教学情境

在诗歌的朗读教学中，必要时还可创设良好和谐的教学情境。音乐最能调动人的情感，把音乐与文字相沟通，调动学生的听觉感官，使诗歌的朗读效果更佳。如余光中的《乡愁》，诗人寄了绵绵悠长的相思和对祖国统一的美好愿望。其诗抒情细腻缠绵，一唱三叹，含蓄隽永。在朗读时，配上一段舒缓柔和的江南民乐来渲染情境，显示通过音乐，借助想象，在诗情画意的氛围中朗读，诗歌的感情自然宣泄从而达到绵绵情深、婉转而意味无穷的效果。

（七）古代诗歌的朗读指导

1. 初读——读准字音，读出节奏

（1）把字音读正确，是诵读古诗文的基本要求。古诗文中往往出现一字

多义、同音假借、古今异同的现象，尤其是通假字，会影响读音的正确与标准，教师应在第一时间予以讲解、纠正。

（2）古诗具有节奏美。这种节奏美主要是靠朗读的停顿体现出来的。在初读时，教师应指导学生注意停顿，不读破句。小学古诗文以五言和七言居多。五言诗一般是三拍，其节奏可划分为"二二一"式，如"离离/原上/草，一岁/一枯/荣"；还可划分为"二一二"式，如"白毛/浮/绿水，红掌/拨/清波"。七言诗是四拍，其节奏可划分为"二二二一"式，如"三顾/频繁/天下/计，两朝/开济/老臣/心"；另外还有"二二一二"式，如"日照/香炉/生/紫烟，遥看/瀑布/挂/前川"。

（3）抓准韵脚，读好诗韵。诗韵是古诗朗读中潜在的情感语气，它主要依赖于读准平仄音，表现好韵脚韵音等得以实现的。如《泊船瓜洲》中的"间"字是仄音，如果读成平音，就会损伤音节的和谐效果。

2. 解读——掌握诗意，了解修辞

在学生读通顺的基础上，教师应进一步指导学生读明白。教师在教学生理解诗意时，可从以下几方面入手：

（1）抓关键字要理解诗句，有时只需解决一个字，这一句诗便可迎刃而解。如"霜叶红于二月花"这句诗中，教师只需让学生明白"于"是"比"的意思，学生便可将整句古诗理解了。

（2）赏析插图写景的诗句，课本上一般配有与之相应的插图。如《江雪》《望天门山》等。让学生先观察图，然后再读诗，学生便可将诗意用自己的话讲出来。这便是我们常说的"诗中有画，画中有诗"。要让学生真正读懂诗，了解诗的修辞是必不可少的。如《咏柳》一诗中"不知细叶谁裁出，二月春风似剪刀"，表面上是在歌咏柳树，实际上包含了作者对春天的赞美。

3. 悟读——悟情明理，寻求共鸣

白居易在《与元九书》中云："诗者，根情。"古诗之所以流传千古，就是因为它的情感熏陶了一代代的读者。在指导学生读出诗的大意后，教师应指导学生读出古诗中作者蕴含的感情。如"莫愁前路无知己，天下谁人不识君"，教师应指导学生读出开阔、大气之风。再如"慈母手中线，游子身上衣"采用了白描手法，用"线"与"衣"两件极常见的东西将"慈母"与"游子"紧紧联系在一起，写出母子相依为命的骨肉感情，让慈母真切感人的形象跃然纸上。教师应指导学生联系生活实际，读出共鸣。

4. 拓读——延展积累，润物无声

经过以上三步精心的朗读指导后，教师可适当地让学生读读相关的作品。此举无疑是以点带面，拓展学生的思维，丰富学生的知识，激发学生对诗歌的研究兴趣。如先读《饮湖上初晴后雨》，让学生了解"水光潋滟晴方好，山色空蒙雨亦奇"的西湖景色，接着再让学生读读杨万里的"接天莲叶无穷碧，映日荷花别样红"的西湖风光，可以让学生对西湖产生由衷的赞美之情。同时，了解不同作者的写作风格，对于更好地朗读古诗也是很有帮助的。

朗读是理解课文内容的重要奠基石，一堂优秀的语文课，离不开循序渐进的朗读。阅读教学中的朗读如同一坛坛美酒，读之越深，越觉其味之甘醇。那一个个鲜明的人物，一抹抹或清新淡雅或绚丽浓重的风景，一片片饱含深情的故事，就在我们的朗读中跃然纸上，浸润心灵。

第五章　阅读素养与教学指导

　　阅读是一项最重要的语文基本功，是运用语言文字获取信息、认识世界、发展思维、获得审美体验的重要途径。阅读教学是小学语文教学的中心环节，是学生、教师、教科书编者、文本之间对话的过程。

　　如何进行阅读教学，让学生具有独立阅读的能力，能够运用多种阅读方法，有较为丰富的积累和良好的语感？如何引导学生钻研文本，在主动积极的思维和情感活动中加深理解和体验，有所感悟和思考，受到情感熏陶，获得思想启迪，享受审美乐趣，这都是值得每一位小学语文教师深入思考和不断探索的。

第一节　阅读教学要求

一、阅读与阅读教学

（一）关于阅读

　　阅读是人类的一项古老的行为，自从有文字以来，人类就开始了阅读活动。在众多关于"阅读"的定义中，被普遍接受的是国际阅读研究协会维也纳研究机构主任、奥地利博士理查德的描述："阅读首先是一种感觉活动，人们通过视觉奇观认识语言符号，这些语言符号反映到大脑中转化为概念，许多概念又组合成较大的单位，成为完整的思想，然后发展成为复杂的活动，联想、评价、想象等"。

（二）关于阅读教学

　　什么是阅读教学？阅读教学不是教师讲学生听，阅读教学是在教师指导下的学生自主的阅读实践活动。学生在阅读活动中具有自主性、独立性，教师则起引导、点拨的作用，而不是用自己的分析讲解代替学生的阅读实践。

　　1. 准确、深入地解读文本，把握好文本语言特点及人文内涵

　　准确地解读文本，是上好阅读课的前提。要从普通读者欣赏性的阅读、学生学习、教师教学这三个角度，一步一步地潜心研读文本，把握其语言特点及

人文内涵。第一步，教师要作为一般读者去赏读，投入其中，忘乎所以，感受文本的意境美、情趣美、形象美、人格美、语言美；第二步，以学生的视角，思考可以学什么、不学什么，学习中的困惑是什么，哪些可能是学生学习的疑点、难点、兴奋点；第三步，从教师教学的角度，确定教学目标、教学重点、难点，教学内容以及教学方法和策略。

2. 精心进行教学设计，合理安排教学内容

教学设计就是指课堂教学的设想和计划，即在课堂教学工作开始之前教学的预计和筹划。要提高教学的实效性就必须精心进行教学设计，教学设计时应注意考虑到以下几点：

（1）教学内容具有开放性，要从教材以外开发和利用更多的教学资源。

（2）注意教学过程要具有基本的框架：课前参与—— 课中研讨—— 课后扩展。

（3）教学问题的设计上，教学问题应既开放新课程，又开放学生的思维空间，解放学生的头脑，培养学生高级思维的能力。

（4）课堂组织形式多样化，并让学生多参与、体验和探究。

（5）为学生营造一个宽松和谐的课堂气氛。教师要做到根据学生情况，教材特点，进行精心的教学设计，教学设计要做到既兼顾学生的全面发展，又照顾学生的个性需要，让学生既能掌握课文内容，又能体会到文本的内涵所在。

进行教学设计，首要的是确定教学目标和教学内容。有两个因素必须考虑：一个是课标的要求，特别是课标规定的年段目标，不可越位，也不可不到位。另一个因素是学生的水平，学生已有的知识、认识和学习能力。在"理解内容"方面，教师容易低估学生的认知水平和理解能力。文本的思想内容，学生往往已经理解了，甚至发表了精当的见解，老师还不断地问，学生只好强打起精神答，磨来磨去，效率不高，更重要的是磨灭了学生学习语文的热情，产生厌烦的情绪。我们应当牢记奥斯贝尔的这句话：如果把全部教育学、心理学归结为一句话的话，那就是我们的儿童已经知道了什么。课前了解学生，知道学生已知、已会了哪些，找准最近发展区，十分重要。教师的任务是引导学生在已知的基础上探求未知。

因此，只有精心设计教学过程，合理安排教学内容，才能把语文课上得有语文味儿，也才能提高阅读教学的实效性。

3. 教学过程中要灵活机动地实施教学

阅读教学要摒弃单一模式的教学，提倡多元教学模式，无论哪种模式，都要围绕学生学会、会学、越学越聪明来设计。语文教学是一门艺术，而且是一门教学双向性很强的艺术。要提高语文课堂效益，就必须从教与学这两个因素上下功夫，使"教"牢牢吸引住"学"、"学"和谐地促进"教"。而阅读教学也应该在两个方面下工夫，使"读"紧扣"学"，在"学"中提升"读"。

当然，教学有法，但无定法，贵在得法。让我们在已有探索的基础上，进一步加强对阅读教学的理论与实践的研究，从而促进语文阅读教学的实效性。

二、小学阅读教学基本理念解读

1. 阅读教学注重能力培养

（1）以培养独立阅读能力为核心

《义务教育语文课程标准（2011 年版）》在"总体目标与内容"中明确提出"具有独立阅读的能力"。在小学阶段，需要特别关注兴趣、方法及习惯三个关键要素。

学生是语文学习的主人。阅读教学应激发学生的学习兴趣，注重培养学生自主学习的意识和习惯，为学生创设良好的自主学习情境，尊重学生的个体差异，鼓励学生选择适合自己的学习方式。还要注意，独立阅读能力的形成也离不开阅读量的支撑。在教学实践中，语文教师必须有意识地引导学生多读书、多积累，在大量的阅读实践中逐渐形成独立阅读的能力。

（2）基于对话与交流的阅读教学

《义务教育语文课程标准（2011 年版）》提出："阅读教学是学生、教师、教科书编者、文本之间对话的过程。""对话"与"交流"，正是课程标准所强调的阅读教学的重要特征。

阅读教学中多重对话与交流的有效实现，一方面，有赖于学生认真阅读文本，与作者对话，理解作者在文本中表达的意思。另一方面，教师要有效地组织学生进行阅读交流，"学生对语文材料的感受和理解又往往是多元的"[1]，在阅读教学中应该鼓励学生积极表达自己的阅读感受，在交流碰撞的过程中，认真倾听，互相参考、借鉴，从而不断修正和发展自己的认识。

（3）珍视学生独特的感受、体验与理解

《义务教育语文课程标准（2011 年版）》明确提出："阅读是学生的个性化行为，阅读教学应引导学生钻研文本，在主动积极的思维和情感活动中，加

---

[1] 中华人民共和国教育部《义务教育语文课程标准》（2011 年版）. 北京：北京师范大学出版社，2012：22

深理解和体验，有所感悟和思考，受到情感熏陶，获得思想启迪，享受审美乐趣，要珍视学生独特的感受、体验和理解。"

尊重学生的理解，鼓励学生发表自己的观点，培养学生具有感受、理解、欣赏和评价的能力。提倡多角度的、有创意的阅读，利用阅读期待、阅读反思和批判等环节，拓展思维空间，提高阅读质量。

《义务教育语文课程标准（2011年版）》依据教材与学情将课程标准学段阅读目标进行了细化。各学段除了其中的一两条指向阅读兴趣、阅读量、阅读积累外，其余的都指向阅读能力。

课程标准中阅读能力目标		
第一学段	第二学段	第三学段
认读能力 2. 学习用普通话正确、流利、有感情地朗读课文。学习默读。 7. 积累自己喜欢的成语和格言警句。背诵优秀诗文50篇（段）。课外阅读总量不少于5万字。	1. 用普通话正确、流利、有感情地朗读课文。 2. 初步学会默读，做到不出声，不指读。学习略读，粗知文章大意。 8. 积累课文中的优美词语、精彩句段，以及在课外阅读和生活中获得的语言材料。背诵优秀诗文50篇（段）。 9. 养成读书看报的习惯，收藏图书资料，乐于与同学交流。课外阅读总量不少于40万字。	1. 能用普通话正确、流利、有感情地朗读课文。 2. 默读有一定的速度，默读一般读物每分钟不少于300字。学习浏览，扩大知识面，根据需要搜集信息。 8. 扩展阅读面。课外阅读总量不少于100万字。
理解能力 3. 结合上下文和生活实际了解课文中词句的意思，在阅读中积累词语。借助读物中的图画阅读。 6. 认识课文中出现的常用标点符号。在阅读中体会句号、问号、感叹号所表达的不同语气。	3. 能联系上下文，理解词句的意思，体会课文中关键词句表达情意的作用。能借助字典、词典和生活积累，理解生词的意义。 4. 能初步把握文章的主要内容，体会文章表达的思想感情。能对课文中不理解的地方提出疑问。 7. 在理解语句的过程中，体会句号与逗号的不同用法，了解冒号、引号的一般用法。	3. 能联系上下文和自己的积累，推想课文中有关词句的意思，辨别词语的感情色彩，体会其表达效果。 4. 在阅读中了解文章的表达顺序，体会作者的思想感情，初步领悟文章的基本表达方法。在交流和讨论中，敢于提出看法，作出自己的判断。 6. 在理解课文的过程中，体会顿号与逗号、分号与句号的不同用法。

续表

课程标准中阅读能力目标		
	第一学段	第二学段	第三学段
感悟能力	1. 喜欢阅读，感受阅读的乐趣。养成爱护图书的习惯。 4. 阅读浅近的童话、寓言、故事，向往美好的情境，关心自然和生命，对感兴趣的人物和事件有自己的感受和想法，并乐于与人交流。	5. 能复述叙事性作品的大意，初步感受作品中生动的形象和优美的语言，关心作品中人物的命运和喜怒哀乐，与他人交流自己的阅读感受。	5. 阅读叙事性作品，了解事件梗概，能简单描述自己印象最深的场景、人物、细节，说出自己的喜爱、憎恶、崇敬、向往、同情等感受。阅读诗歌，大体把握诗意，想象诗歌描述的情境，体会作品的情感。受到优秀作品的感染和激励，向往和追求美好的理想。阅读说明性文章，能抓住要点，了解文章的基本说明方法。阅读简单的非连续性文本，能从图文等组合材料中找出有价值的信息。
鉴赏能力	5. 诵读儿歌、儿童诗和浅近的古诗，展开想象，获得初步的情感体验，感受语言的优美。	6. 诵读优秀诗文，注意在诵读过程中体验情感，展开想象，领悟诗文大意。	7. 诵读优秀诗文，注意通过语调、韵律、节奏等体味作品的内容和情感。背诵优秀诗文60篇（段）。

2. 阅读教学强调实践

实践是语文教学的核心环节。以往的语文教学常常把内容分解成上百个知识点、能力点，围绕知识点、能力点设计大量练习，让学生反复机械地做练习，造成了语文课程的繁、难、深、多，而实际收效甚微。为了改变这种状况，语文课程标准从三方面进行突破：一是强调实践性，着重培养学生的语文实践能力；二是强调学生是学习的主人；三是突出整体性。

第二节　阅读教学的基本流程和方法

一篇课文怎样安排教学流程，是教学设计中很实际的问题。科学、合理、灵动、富有创意的教学流程可以提高课堂教学效率，对教师和学生来说都是一种美的享受。

一、阅读教学的目标原则

（一）顺序渐进，合乎规律

我们进行阅读教学的设计，考虑阅读教学的流程，要有理论支撑，这个理论基础就是学习心理和阅读的心理。世界上不同的心理学家，提出了很多有关学习心理的理论，美国教育心理学家加涅的认识过程论概括得简单而又明白。他把认识过程分为三步：第一步叫"是什么"，第二步叫"怎么样"，第三步是"为什么"。学习一篇课文，我们首先要知道它写的是什么，接着我们仔细地去研究一下，作者是怎样写的，然后我们可以再去研究作者为什么要写这些、这样写。加涅所讲的一般认识过程，也适用于阅读教学过程，因为阅读过程也是一个认识过程。如果把这个过程倒过来，比如说还没弄明白是什么，就先来讨论为什么，那就不符合人的认识规律。

阅读的心理过程，简单地说，就是"整体——部分——整体"。我们接触到一篇文章，如果要把这篇文章理解得比较深入，一般地说要经历从整体到部分再到整体这么一个过程。先有一个整体的初步感知，然后进入局部，细细地去体会，最后再回到整体，想想从这篇文章中我们感悟到了什么。整体和部分之间有一种互为前提的、互动的关系。"整体——部分——整体"是阅读的一般心理过程，也是我们进行阅读教学过程设计的一个原则。

（二）主线清晰，内容丰满

由于我们的课堂教学时间有限，我们教学的对象又是 6 岁到 12 岁的儿童，一节课的教学流程最好是主线清晰，头绪相对简单。有人说，小学语文姓"小"，这就是说小学语文教学一定要考虑儿童的年龄特点，不能搞得太繁复。把一节课设计得非常复杂，就不符合小学语文教学的特点。但是，如果一节课只有简简单单几根筋，而没有血肉，那么这个课必然枯燥乏味，学生也得不到多方面的发展。所以一节比较理想的课，既是主线清晰的，又是有血有肉、内容丰满的。

阅读教学比较好的做法，是在课文的一个或几个点上展开，通过朗读、思考、体验、感悟、表达等多种活动，使学生在语言、思维、情感、认识等方面获得多方面的发展。

（三）板块结构，机动灵活

我们在设计教学流程时，不少老师喜欢采用一种"直线式"程序，就是把一节课的教学流程用一条线串起来，先做什么，再做什么，一环扣一环。这种"直线式"教学程序便于老师把握，完成一个环节，进入下一个环节。但是"直线式程序"也有不足，主要是限制了学生的活动，使学生不能越雷池一步，课堂教学会变得机械和刻板。我们应当看到，由老师来"驾驭课堂"是一种陈旧的教学观念。建议老师们用"板块式"程序代替"直线式"程序。

"板块式"程序是把一节课的程序设计为几个大的板块，每一个板块有一组小的目标。围绕着这些小目标，开展听、说、读、写、思等活动。在这个板块内部，程序可以灵活变动。围绕着这个板块的小目标，可以先读，也可以先思考，也可以先谈谈我们的感受，做法比较灵活。不仅板块内部的程序可以灵活变动，板块跟板块之间，也可以根据教学的需要做一些调整。这种"板块式"的结构，让老师的教和学生的学都有一个比较大的空间。

二、阅读教学的一般流程

张志公先生提出："阅读教学要带领学生在课文里走一个来回。"崔峦同志将这一"来"一"回"称为阅读教学的两个环节。将阅读教学划分为两个阶段，符合学生的认识过程，符合阅读教学的规律。正如叶圣陶先生所说："要看出精读教材的写作技能，第一步在于对整篇文章有透彻的了解；第二步在于体会作者意念发展的途径及其辛苦经营的功力。"

（一）第一阶段："从形式到内容阶段"，即"处理内容阶段"

1. 这个阶段要完成的任务：

（1）认识和一般理解语言文字

在这个阶段是通过语言文字，才能了解内容，体会思想感情，但无需十分深刻、过分深入理解每个词语的意思，达到不妨碍理解上下文的内容即可。在这个阶段对于生字的发音、词语的读法、断句等工作在不单占环节的情况下给予纠正和指导。

（2）理解课文主要内容

这是本阶段的主要任务，占时间较长。课文内容的理解是重要的，如果没有主要内容的理解，势必影响中心思想的归纳和思想感情的体会。第二学段提出能初步把握文章的主要内容；第三学段把握主要内容就要有一定的速度，且比较准确。

（3）体会思想感情

这项任务是从第二学段正式提出，一二年级已经渗透、引申，不必讲明、强调。每篇课文都要求渗透在某一环节、项目中。

2. 第一阶段进行的步骤：

（1）浏览单元，掌握重点

教材中的每一单元是围绕一个主题讲的，学文前要让学生了解本单元有几篇课文组成、课文的特点。这样做的目的就是让学生对这组课文有一个总体了解，在学习之前能做到心中有数，把握住整组教材的重点。

浏览整个单元应放在学习本单元的第一篇课文之前。我们在指导学生浏览时，先出示几个问题：这组教材由哪几篇课文组成？这一组教材主要内容是什么？让学生带着这些问题浏览整组教材，然后组织交流。在自学交流的过程中，学生明确了本组教材重点内容是什么，这样能使学生在学习课文时有所侧重，知道该向哪个方向努力，怎样学好每一篇课文。

（2）预习

预习是培养学生自学能力的有效途径，必须把预习纳入阅读教学活动之中。刚开始，预习可安排在课内进行，作为精读教学的重要环节加强指导。待到学生初步掌握了预习方法，养成预习习惯后，预习再放到课下进行，课上做检查、指导。

根据年段的不同，学生预习的要求也不一样。三年级学习预习，四、五年级初步养成预习的习惯，六年级养成预习的习惯。三年级的要求是"读读课文，读准字音，不理解的词语查字典，初读课文，提出问题。"到了高年级，就要求学生学会运用"圈、画、注、写"等多种方法预习课文。预习的内容包括：通读课文，扫清阅读障碍；梳理顺序，给课文分段；写批注和心得体会；尝试回答课后问题；质疑问难，每次预习可有所侧重。除此之外，教师还要围绕"训练组"的重点训练项目，紧扣教材，精心设计预习提纲，让学生在预习中了解本课的训练重点。

课堂上要有检查预习的环节，主要意图是了解学生初步接触课文时的情况，教师得到信息，以利于指导学生学习。这个环节不一定将学生提出的疑难问题都一一解决。有些问题存疑，有些问题恰是成为激发学生积极学习的入手之处。

（3）整体感知

常用的方法（取其一种即可）：

①带着问题指名朗读课文

其目的主要是为了整体地感知课文内容，其次为了检查学生预习生字词的情况。在这个环节提名的学生，最好是该班级中等和下等的，便于暴露问题。

读时要分人分段"接力"读，不要一人读全文。学生朗读时教师不要中间插话纠正错误。

②复述课文内容或主要内容

其目的同前，主要是为促进学生掌握课文内容，其次为了得到学生的反馈信息，考虑有针对性的教学。通过自己预习的复述要求：三四年级一般复述全文，五六年级会抓主要内容简要复述。复述旨在内容，不深化为思想。

③默读课文

其目的为了带问题边读边思考。这种手段仅限于高年级课文较长而语言文字检查任务又小，需要理解的有关内容、思想的问题较多才用，平时不用。因为它同复述一样不便于了解学生读字音的情况。

（4）处理各部分内容（这是第一阶段的主体部分）

教师事前根据课文的几大部分（即课文的意义段）设计出几个问题来，一般说这些问题是指"内容"，暂时不深化为"思想、感情"方面（在高年级的后期，可在后一两个问题中涉及到"思想、感情"方面）；或者教师直接采用教科书后的问题，以这些问题作为教师引导学生学习课文的提纲，让学生带着上述问题经历一个"自学——讨论——结论"的学习过程。

在这个过程中应掌握的原则是：

①给学生留出足够充裕的活动时间（包括进一步默读自学，写写划划，酝酿回答时"打艮"的问题，质疑问难等时间）。

②尽量让学生通过自己的自学回答问题，不使学生产生"只要听老师讲解和同学讨论就行"的依赖思想。

③教师自始至终坚持不多讲，只在指引、点拨、诱导上下功夫；教师有时可以装不懂、表示异议，以激发学生争论，对于难点要经过师生深入研究，才能得出正确结论。

④教师的"讲"仅限于两点：①专业术语、历史背景等学生因知识、经验的局限而直接影响理解课文内容的资料性质的东西；②全班同学经过讨论也理解不了的认识问题。

⑤进入中高年级，教师、学生都要说"成块"的话，反对师生之间一问一答，你一句我一句，像"挤牙膏"似的所谓"谈话法"。

⑥教师开始展示的几个有关内容的问题，可以一次出现，但应分别处理。分别处理时应视问题内容的多少、难易决定处理方法与过程，不一定一律机械走"自学——讨论——结论"的步骤。

（5）回归整体

其意义在于全文经过学习之后，还必须有一道综合的功夫，以致不使学生得到支离破碎的认识（全文是一个整体，教学有总目标）。其方式有二：①从提高认识的角度说，概括课文中心思想，体会课文思想感情都是属于"整体"意义上的深化；②从进一步掌握内容的角度说，再次指名朗读课文、复述课文均可。这里的朗读和复述，不同于开始时的朗读与复述，前者重在了解内容和检查语言文字的掌握情况，后者重在检查和训练思想感情和认识的提高。

3. 第一阶段教学比较难处理的几个问题：

（1）语言文字训练处理到什么程度

《义务教育语文课程标准（2011年版）》上"能联系上下文，理解词语的意思；能借助字典、词典和生活积累，理解生词的意义（第二学段）"，"能联系上下文和自己的积累，推想课文中有关词句的意思，辨别词语的感情色彩，体会其表达效果（第三学段）"。

初次接触课文并无必要深究细讲每个词语，因为大体理解了每个词语，进而即可理解课文内容；学生由于对内容的了解，反过来，还会促进对词语的进一步理解；再者，目前课堂教学时间不容许，也不可能就每个词语句子都做到深究细讲。

这一阶段的教学，原则上字、词、句等语言文字基本功只处理到不影响上下文内容的理解即可；句子，通过朗读或其他训练方式理解它在段落中的意思。关于词语的理解，教师可把词语分为三类，分别不同处理：第一类是没有多少深刻含义的一般性生词，在第一阶段即结合上下文，不影响对所在句子的内容的理解即可；第二类是具有深刻含义的词语在"处理各部分内容"时理解它的一般意思，"概括中心"或"回归整体"时再引申、体会其深刻含义；第三类是少数表达能力强，有较深的感染力的词语，在第一阶段同第二类词语处理法，等到第二阶段，再作欣赏、鉴别、考查它起的作用等进一步认识的功夫。

（2）课文长，处理不完怎么办

处理课文所用时间多少不是课文长短所决定的，而是由被处理的具体任务的多少及要求处理的程度所决定的。目前，小学语文课本上的绝大多数课文，在课堂上用一课时就可以处理完对内容的了解及初步掌握中心思想。凡是认为时间紧的教师，都是自己给自己规定的语言文字任务过多过细，要求过高。根据实践经验，如果按上述处理词语的办法去做，教学重心放在内容的理解上，加大密度、加快速度，用一课时的时间是能够走完"从语言文字到思想内容"这个阶段的。

（二）第二阶段："从内容到表达"的阶段，即"处理形式阶段"

"培育热爱祖国语言文字的情感增强学习语文的自信心，养成良好的语文学习习惯，初步掌握学习语文的基本方法。"[1] "具有独立阅读的能力，学会运用多种阅读方法。有较为丰富的积累和良好的语感，注重情感体验，发展感受和理解能力。"[2] 换句话说，也就是学习作者是怎样观察事物、思考问题和表达思想的。我们把"课标"上述理解为"回趟"要完成的教学任务，即在"回趟"要研究作者观察方法、思想方法、表达方法以及观察事物、思考问题、表达思想感情所运用的语言形式（篇、段、句、词），这样表达的效果怎样，有什么作用。具体说，教学任务有以下5项。

1. 落实重点训练项目的训练

所谓落实，即在精读课文教学中，引导学生通过读书、思考、领悟本组的重点训练项目——读写方法，以便把重点训练项目贯穿于整组课文的阅读教学中，引导学生把在精读课文中学到的读写重点训练项目验证验证，读写例话教学中把精读、略读课文中学到的重点训练项目的感性认识进行总结，整理上升为理性认识；并在基础训练的短文阅读和作文中实践运用。

2. 学习本课布局谋篇的表达方式

理解这样的表达方式对反映客观事物及其意义起什么作用。如引导学生讨论分段、归纳段落大意，欣赏课文的开头结尾方法、组段方法、行文思路、脉络层次等。

3. 落实词句训练

"回趟"的词句训练不再是理解句子的意思或含义，而是理解少量的有代表性的词句对表达思想内容所起的作用及表达效果。"少量"是说有代表性的词句要选准，要少而精，多而杂没有代表性。"有代表性"是说所抓的少量的词句应是理解课文内容、体会思想感情的重点词句。

---

① 中华人民共和国教育部《义务教育语文课程标准》（2011年版）. 北京：北京师范大学出版社，2012：12

② 中华人民共和国教育部《义务教育语文课程标准》（2011年版）. 北京：北京师范大学出版社，2012：6

4. 落实课后练习中提出的一般基本功训练

课后练习中还有一些读背课文、抄写词语、用带点的词语造句、填空等题目，有的应放在"去趟"进行训练，有的放在"回趟"专门训练。例如造句，理解课文过程中不宜让学生理解后马上就来造一个句子。这样做，一来不符合学生的认知规律，二来也影响理解课文的思路。再如对生字词的处理，不能一下子把音、形、义三者一次处理完，而应分阶段来完成。这些一般基本功训练项目的教学，也应发挥学生的积极性和主动性，自觉动口、动手、动脑练，教师应大胆放手，适时点拨。

5. 运用重点训练项目指导读写

该组的重点训练项目如果是指导读的，就运用它指导阅读自读课文或其他读物；如果是指导写的，就运用它指导小练笔活动或作文。

总体来说，"回趟"的教学任务一是通过欣赏作者的语言来深入理解语言、积累语言，二是通过小练笔等语文训练来运用语言。

怎样完成"从思想内容到语言文字"的教学任务呢？

一要理解、二要激发。

所谓"理解"，我认为可按"整体——部分——整体"的顺序指导学生理解语言文字是怎样表达思想感情的。"回趟"的第一个"整体"应是全组重点训练项目和课文的篇章结构；"部分"应是本篇课文构段组句、选词用语的方法；第二个"整体"应是通过朗读，欣赏全篇文章精妙的构思和美妙的表达形式，并通过课外自读、小练笔等语文学习活动来巩固学到的表达方法，进而在学生头脑中形成一篇课文内容和表达形式完美统一的整体。所谓"激发"，可以在回趟："整体——部分——整体"的教学过程中，采取感情投入的朗读、欣赏品味等方式方法使学生对祖国的语言文字生发美感，达到热爱祖国的语言文字之目的。"回趟"施教要考虑语文基本功训练的综合性、阶段性和连续性，统筹安排这5项任务，切不可重复啰嗦或面面俱到。低年级讲读课文"回趟"的教学要抓好词句训练。首先，指导字的书写要形式灵活多样。其次，词的训练要在"去趟"理解词义的基础上进行扩词、辨析词义（换词等方式）的训练，再从词义的演变发展、词义的轻重、感情色彩和使用范围的大小、合理搭配等角度来考虑，指导学生说话、造句。其三，句子训练应抓句型（陈述句、祈使句、感叹句、疑问句）、句式（记叙、描写、抒情、议论、说明）、句子结构（单句、复句）和常用修辞（比喻）以及童话寓言的训练。词句训练形式主要是仿说、仿写，而不是语法知识的直接传授。

"回趟"的教学时间安排：

"回趟"教学时间的长短要根据课文的难易及训练点的多少而定。一般来说，讲读课文的"回趟"要安排较充裕的时间。

"来回趟"阅读教学全过程的认识：

"来回趟：语言文字——思想内容"的教学，能比较正确地处理"形式与内容"的关系，克服片面性。

教科书所选课文虽然是表达形式和思想内容完美统一的，但表达形式和思想内容毕竟是完美统一的文章的两个方面。当前语文教学只有"去趟：从语言文字到思想内容总结了文章主要内容、中心思想便结束教学（我们把这种现象称之为"半截课"），而没有"回趟：从思想内容到语言文字"的训练，不去研究作者是怎样观察事物、思考问题、表达思想感情的，不进行文章表达形式的教学，这是语文教学的片面性之一。语文教学过程中机械地识字、解词、抄背段意、中心思想，或只讲开头结尾方法，不管课文的思想内容，不引导学生理解课文的思想意义，不重视提高学生的认识能力，这是语文教学的片面性之二。在阅读教学过程中边讲课文思想内容边讲语言表达形式，二者掺杂，零乱无序，既影响学生理解课文内容，又影响学生学习文章的表达方法，这是语文教学的片面性之三。"来回趟：语言文字——思想内容"这一阅读教学过程，则能克服上述三种片面性，从而使"形式和内容"达到完美统一。有人可能认为，"去趟"研究文章内容，"回趟"研究文章形式，形式和内容二者不是割裂了吗？不对，我们认为，"去趟"从课文内容的角度，引导学生"整体——部分——整体"地理解词句段篇表达的是什么，然后在"回趟"中从文章结构语言表达方面，再引导学生经历"整体——部分——整体"的过程，理解课文内容是用什么样的篇章结构、段落层次、词句来表达的。这样通过两个"整体——部分——整体"的综合，让学生从文章内容和表达形式两方面统一的认识课文的完美，进一步热爱祖国的语言文字。

三、小学语文"探究体验式"阅读教学法——"六模块十环节"通用操作模式[①]

课前引导自主复习——创境导入，激情诱趣——自主阅读，整体感知——细读批注，问题质疑——合作探究，释疑品读——美读体验升华，拓展延伸运用。

---

① 小学语文"探究体验式"阅读教学法．青岛出版社，2012：6

（一）预习导学模块

通过三段式预习方法和导学卡策略，指导自主预习课文，完成预习表，一般安排在第一课时。

（二）创境导入，激情诱趣模块

教师选择不同课型谈话法，创设情境，导入新课。

（三）自主阅读，整体感知模块

这一模块拟设计两大环节：

1. 先引导学生与文本直接对话，自主解决生字新词，初步感知文章大意。

2. 全班交流整体感知的情况，教师了解学生是否真正学会了生字新词、把握了文章大意。教师指导概括大意的基本方法。

（四）细读批注，问题质疑模块

这一模块是本节课的重点，也是落实教学目标的一个重要模块。本模块拟设计以下环节：

1. 方法引导：学习本课时，请同学们关注本文的细节，感受语言。细细地品读课文，画出你印象深刻的地方，做上标注。注意"读悟结合，标画批注"。

2. 引导质疑或教师提出探究的有价值的问题。

这一环节的学习，可采用的教学策略：比较法；删减法；运用有效信息；借助已有经验；角色转化；展开想象；借助音乐。

（五）合作探究，释疑品读模块

本模块有以下环节：

1. 自主默读，合作探究。

2. 全班交流释疑品读：在交流的过程中，引导学生运用已有的学习方法理解文章，体会情感，学会学习。通过交流圈画的重点句子，交流自己的阅读感悟，引导学生体会感悟，教师相机进行重点指导、点拨。此环节不仅要知其然，还要知其所以然。内容与表达完美结合，不仅感悟到作者的思想感情，还感悟到作者表达思想感情的方法。

这一环节的学习可采用的教学策略有：在词语学习中探究体验；在想象中探究体验；在情景创设中探究体验；在角色表演中探究体验；在有感情朗读中

探究体验；在辩论中探究体验；在比较中探究体验。

（六）美读体验升华，拓展延伸运用模块

本模块主要有以下环节：

1. 体会出情感之后，重点引导读好以上重点内容，读出感情。

2. 回归正题，理解全文。

3. 体验本节课的学习内容，引导学生领悟"作者的表达方法"，收到美好情感的熏陶。

4. 由课内拓展到课外，与学生的生活实际联系，体现学习的生活化原则。拓展阅读、拓展习作，举一反三，迁移运用。

第三节　高效阅读教学的常用方法

一、"以读为本"教学策略

（一）通用模式

初读
整体感知 → 议读
以学定教 → 精读
品词析句 → 美读
升华情感 → 诵读
积累语言

（二）操作程序及教学策略

1. 初读，整体感知

（1）放手让学生自行扫清阅读障碍，自己尝试着掌握字音，读通句子，能将课文读得正确、流利。为下一步读好书打下基础。

（2）要求学生运用已学到的读书方法，如：抓重点词句、一边读一边想、圈画标记、联系上下文、联系生活实际等，对课文内容有大致的了解，让学生一边读一边想，读懂了什么，还有什么没有读懂。为"以学定教"做好铺垫。

（3）这一环节的设计着眼于发挥学生的主观能动性，教师不用问题诱导，而是让学生自己通过读书去理解、体会、感受。

（4）这一环节在时间的掌握上，不应机械规定，而应依课文的难易程度、学生的反应灵活程度控制，给足学生自主阅读的时间，不但要让学生尽情地、充分地读，还要给学生留出思维活动的空间，让学生真真切切地自读感悟。

2. 议读，以学定教

（1）让学生认读生字新词，朗读课文，获取读书反馈信息。

（2）交流自己的读书所得，交流时教师要鼓励学生发表独立见解，敢于争辩，在争论中解决问题，在争论中培养创新意识。

（3）鼓励学生大胆质疑，把读不懂的词句和问题提出来。这样有利于师生共同制定教学目标，做到以学定教，教为学服务，加强了教学的针对性。

3. 精读，品词析句

（1）这一环节是整个模式中最为关键、最为重要的一步。找准深入理解、探讨课文内容的切入口，引起全班同学的共振，引导大家互助合作，全体参与。

（2）在这一环节中，教师要充分发挥自己的主导作用，调动学生的积极性，把学生带入课文的重点段落、具体词句之中，有目的、有计划、有选择地咬文嚼字，品评炼字用词的恰当，品味语言表达的美妙，揣摩语言的含义，体会字里行间蕴含的感情。读说结合，读写结合，解决疑难问题，突破重点难点，是体现语文学科有别于其他学科的本质特点。教师要研讨的问题应从学生当中来。

（3）在这一环节中，教师充当的角色不仅仅是组织者，更应该是在学生思路阻滞、理解不当、方法欠妥、表达失误时的引导者和点拨者。

（4）"一千个读者心中，就有一千个哈姆雷特。"阅读教学要遵循"阅读的个性化行为"这一规律，在评读的过程中，尊重并张扬学生阅读活动中独特的感受和见解。

4. 美读，升华情感

（1）与前一环节中的朗读相比，此环节中的朗读应上层次、上台阶，应看出提高和发展。此时，学生的朗读应是身临其境，绘声绘色，声情并茂，与作者的情感产生共鸣，达到"人书"合一的境界，使学生的情感得以升华。

（2）朗读是十分个性化的活动，如何来读，取决于朗读者个人对文章的解读。教师没有必要用一个标准把学生的朗读规范起来。

5. 诵读，积累语言

（1）这里的诵读是指在美读基础上的熟读成诵，是对美读的深化和巩固，这里主要指背诵。《义务教育语文课程标准（2011年版）》对背诵的篇数作了明确规定，小学阶段背诵优秀诗文160篇（段），目的是让学生有比较丰富的语言积累。在学习语言过程中，积累是"内化"的归宿，是"外化"（表达运用）的基础与前提，积累是提高学生语文能力的保证。

（2）最好的办法是让学生当堂背诵，让学生在背诵中唤起情感，体味语言运用，增强感悟能力。

二、"抓重点段精读品悟"教学策略

（一）通用模式

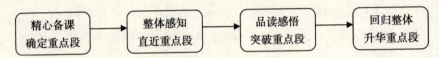

（二）操作程序及教学策略

1. 精心备课，确定重点段

所谓重点段，就是在教材中举足轻重，最主要、最关键的内容，最精华的部分。这些段落或绘景，或状物，或言情，或说理，纵横捭阖，气象万千，是作者思想感情、审美情趣、内心志向纯真的表露。这种表露没有丝毫矫揉造作，给人的是美感。教师在备课时，首要工作就是要深入理解教材，把握教材的基本思想内容，确定引导精读的重点段落。

确定重点段，应该结合单元的教学要求、课文的特点以及学生的实际情况来进行。重点段可以是一个，也可以是几个，要做到具体情况具体分析。《夜莺的歌声》是高年级的一篇精读课文，文章篇幅长、内容繁杂，既有敌人的表现，又有苏联红军和苏联小男孩的刻画。基于文章要着力表现的是苏联小男孩在凶神恶煞的敌人面前机智勇敢的爱国精神，教学时就应该把品悟小男孩的表现作为教学重点，抓住刻画小男孩的语言、动作的段落引导学生进行精读品悟。《再见了，亲人》一课，前面三个自然段呈并列式结构，分别写志愿军与老大娘、小金花、大嫂话别。三段的内容大体相同，都是通过回忆某些事来抒发中朝人民用血肉凝成的深情。结合学生学习迁移的规律，就可以把第一段作为重点段精读，其余各段则略加指点读好即可。

2. 整体感知，走近重点段

整体——部分——整体，综合——分解——综合，这是阅读活动中理解文章内容、把握文章框架、感悟文章内涵、领会文章写法的基本规律和方法。我们在教学中抓整体，特别在初读时的整体把握最重要。

中高年级学生已经具备了课前预习课文、搜集资料的能力，因此，课堂伊始，教师就要引导学生在初读课文的基础上，整体把握课文内容。具体操作可以运用以下方法：

（1）问题感知法。教师可以提出恰当的问题，如果是写事的文章，教师可以问："文章写了一件什么事？你有什么感受？"如果是写景、写物的文章，可以问："这个景或物有什么特点？"如果是写人的文章，可以问："这个人给你留下什么印象？"在这样的提问引导中，很自然地引导学生走近文本，走近文章的思想感情，走近文章的重点段落。

（2）质疑感知法。在学生对课文有了初步感知之后，可以引导进一步提出自己阅读过程中的疑问，并引导学生梳理疑问。一般来说，学生思维的疑点也就是我们教学要抓住的重点，疑点相对应的段落就是文章的重点段落。比如《一双手》这篇课文，大部分学生提出的疑问是"这是一双怎样的手？""这双手为什么会变成这样？"《搭石》这篇文章，学生在初读课文的基础上，会不知不觉地产生这样的疑问：一块普普通通的搭石，怎么成为家乡的一道风景呢？这些问题，都把学生引向重点段落的学习，引向对文本的品读感悟。

3. 品读感悟，突破重点段

抓住重点段，教师就要引导学生反复研读，调动学生的认知、想象和情感，含英咀华，细细揣摩、体味，落实好重点段教学。根据课文的不同特点，可以分别采用如下方式：

（1）紧扣关键词，突破重点段。许多重点段，常常有"提纲挈领"的关键词。这些关键词语，或概括了本段内容，或点明了作者情感，或揭示了本段主旨，或提示了文章思路。找准重点段中的关键词，就可以紧扣这个关键词来重点感悟，实现教学的突破。如《搭石》一文中"走搭石"段落中的"理所当然"，就是一个非常关键的词语。教学时，教师可以先引导学生学习"青年人背老人过搭石"的句子，感悟"理所当然"；接着引导学生说说"什么是'理所当然'？"然后引导学生再读课文，看看"还有哪些事情也被人们看作是理所当然的事情？"最后引导学生有感情地朗读这些句子。这里的教学，紧紧抓住"理所当然"这个词语，既引导学生感悟了文章内容，又渗透了结合上下文理解词语的方法，把文章中的几个在"走搭石"的重点段落连成了一个整体。

（2）紧扣重点句，突破重点段。有些重点段中作者常常精心安排了重点句。抓住这些重点句，如同抓住关键词一样，就能提纲挈领，突破重点段。

《一双手》一文中有几个描写林业工人的手的句子，其中"掌面像鼓皮一样硬，老茧布满每个角落，手指肥圆。一个手指似三节老干蘑。"是几个句子中的重点。教学时，教师就要引导学生抓住这个句子，仔细揣摩。具体可以经历以下流程：①提问：这里运用了打比方的手法，把掌面比作什么？把手指比作什么？②引导联系已有经验进一步体会手的硬和粗：生活中你见过鼓皮和干蘑吧，是怎样的？你从中体会到什么了？③结合自己的体会进行有感情的朗读。④出示老茧，指读。什么是老茧？见过谁长老茧？张迎善的手不仅磨出了老茧，而且布满每个角落。学生通过对关键词"老茧"的理解，并拿生活中见到的长老茧的人的手和张迎善布满老茧的手作比较，更深层地体会到底坚硬和粗糙到什么程度。⑤学生结合体会再来读这个句子。这样教学，就可以很好地引导学生感悟张迎善的特点，为下文精读探究这双手为什么会这样奠定丰厚的心理基础。

（3）紧扣思维点，突破重点段。学生抓住重点段以后，教师可以提出恰当的问题引导学生再认真阅读文本，引发学生对文章内涵的思考。在学生有了感悟以后，再引导抓住具体的词语句子深化自己的感悟。《记金华的双龙洞》一文中对于孔隙的描写很精彩，是一个教学的重点段。进行这个段落的教学可以这样进行：①请学生再来认真阅读这篇课文，思考：你觉得孔隙有什么特点？从哪些地方看出来的？②引导学生结合具体的语句谈出自己的体会，其间教师引导学生运用抓住重点词语、结合生活实际、想象等手段加深感悟。③看音像资料，深化学生的感悟。④引导学生结合自己的体会进行有感情的朗读。这样教学，能够很好地引导学生感悟孔隙的特点。从学生的感悟入手，引导学生进行理解品读，是突破重点段教学的有效策略。

4. 回归整体，升华重点段

整体——部分——整体，是阅读教学要坚持的基本规律。在重点段教学结束时，一定要引导学生回归文章的整体。可以经历这样几步：

（1）引导学生通读全文。

（2）引导学生谈一谈自己的收获。

（3）教师对照板书总结课文内容，深化对课文的理解。这里的整体，犹如画龙点睛，是关键之笔。收束之笔既要干净利索，又要点到要害，即文章的主旨，从而升华学生在重点中感悟到的思想情感以及学习到的感悟方法。

"抓住重点段精读品悟"阅读法，是提高中高年级阅读教学效益的一条有效途径，运用得当，必将收到事半功倍的效果，学生也一定会感受到语文学习的乐趣、情趣，从而爱好语文，全面提高语文素养。

三、"巧抓文本空白"教学策略

（一）通用模式

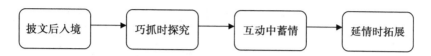

披文后入境　→　巧抓时探究　→　互动中蓄情　→　延情时拓展

（二）操作程序及教学策略

优秀的文本都存在着很大的张力空间，存在着很多的"空白"。教学中巧妙地抓住并利用这些"空白"，不仅能够发挥学生的想象力，还可以唤起蕴藏在学生心中的丰富情感，起到促进深入感悟课文，学会运用的作用，真正实现"在发展语言的同时，发展思维能力，激发想象力和创造潜能"。

1. 巧抓题目空白，启发思考

题目是文章画龙点睛之笔，是思维的窗口。教学时我们就可抓住课文题目这一"空白"，精心地设计揭题解题思路，就能调动学生思维的积极性。如在教学《草帽计》时，我们可以引导学生读课题，用质疑课题的方法来整体感知文本，诱发学生将"谁实施的草帽计？""为什么要用草帽计？""怎样用的？""结果怎么样？"等一系列问题抓出来，牵一发而动全身。

2. 创设描写空白，加深理解

文学语言的模糊性表现在不直抒胸臆，而是将喜、怒、哀、乐完全融合于景物描写之中，创设出一种有情之景，所谓"一切景语皆情语也"。在《秋天的怀念》中，课文末尾有这样一段描写："又是秋天，妹妹推着我去北海看了菊花。黄色的花淡雅，白色的花高洁，紫红色的花热烈而深沉，泼泼洒洒，秋风中正开得烂漫。"这段描写简笔勾勒了菊花的色彩，造成了艺术空白，给读者留下揣摩回味的余地。特级教师窦桂梅在上这段时，引导学生对"简笔画"进行画面后的探索，让学生从菊花想到生活。有的学生说，黄色的花淡雅，就是母亲希望儿子能平平淡淡地活着；有的说，白色的花暗示要活得有尊严，要高贵不卑贱；紫色的花意味着要对生活充满激情，永远不在挫折面前爬不起来……学生通过对侧面景物的意象把握，创造了景物的语言，使作品中"好好活着"的意蕴具体化，更为生动丰满，从而对本文的理解也更加深刻。

3. 挖掘标点空白，深入研读

关于标点符号，不仅把它当作一种知识，还要把它当作理解内容，体会感情的一种手段。在阅读教学中，巧妙地抓住标点辐射出的讯息能给我们带来更多的收获。《荔枝》中有这样一段话：母亲一见荔枝，脸立刻沉了下来："你财主了怎么着？这么贵的东西，你……"此处可设置问题：这里为什么要用省略号？起到什么作用？细读前文，我们就不难看出母亲是一个非常节俭的人，她买的沙果每斤只有5分或1角，而儿子买的荔枝却几元钱一斤，母亲自然会觉得儿子浪费，但同时，面对儿子的一片孝心，她又怎能不感动？"此时无声胜有声"，正是这个省略号所产生的巨大感染力。

4. 填补心理空白，把握形象

"人以事显，事在人为"。小学课文虽然以写人叙事为主，但由于感情抒发、表现方法等因素的限制、影响，有些课文对人物的描写形成了"空白"。例如《生死攸关的烛光》一课中，儿子雅克年仅12岁，作为家中唯一的男子汉，文本运用大量的篇幅对他进行了刻画，留出大片心理活动的空白。利用这一空白设计了这样的训练：当被德国军官厉声喝住时会想：（   ），当走出这个可怕的房间后会想：（   ），又回到房间，默默坐待最后时刻时会想：（   ）。创设的这个情境，缩短了学生与文本的距离，就不难理解雅克在危急时刻表现出来的男子汉的勇敢、从容，再来读读对雅克的描写，一定会入情入境。

5. 深究背景空白，扫清障碍

在阅读教学中创设合理的背景空白点，可引导学生充分感受内容，理解语言，体会感情，扫清认知上的障碍，促进教学目标的达成。例如，教学《长征》，特级教师李吉林为了突破"金沙水拍云崖暖"中"暖"的理解疑难，提供了这样一段背景资料："1935年5月，红军主力在毛主席的率领下，浩浩荡荡地向云南进发。面对金沙江的悬崖峭壁、滚滚江水，红军战士按照毛主席灵活机动的战略战术，采取声东击西的办法扰乱敌人的视线，同时，又顺利地俘获敌人侦察用的两只船，结果我军不费一枪一弹，捉到俘虏60多人，夺取了金沙江的主要渡口。很快，红军所有大队人马全部胜利渡过金沙江，跳出了几十万敌人的包围圈，取得了具有历史意义的伟大胜利。"凭着这个背景空白点的设置，使学生脑海浮现一幅"金沙江巧渡成功，红军战士个个喜洋洋"的图景，同时体会到：这里写云崖暖，实际上写红军战士心里暖。

6. 想象结尾空白，拓展延情

优秀的文本常常让人感到言已尽而意无穷。教学中，如果能更好地挖掘文章结尾的空白点，将更有助于我们整合文本资源，激活想象力，引发更深层次的情感共鸣。如《凡卡》一课的结尾中，可以引导学生讨论：凡卡的心愿能实现吗？假如凡卡的爷爷收到了凡卡的信，凡卡的心愿能实现吗？联系上下文谈谈自己的看法。通过这种逆向思维训练点的挖掘深化了文章主题：不管爷爷是否收到凡卡的信，凡卡的心愿都不能实现，他的悲惨命运始终得不到改变。

由以上例证可见，在语文阅读教学中，教师抓住与文本有密切联系的"空白"，重视"空白"，巧用"空白"，既能帮助学生深入理解课文内容，又能潜移默化地培养学生的想象力，发展学生的创造性思维能力。

四、"批注式"教学策略

（一）通用模式

创设问题的情境确立研究专题 → 根据专题深入开展批注阅读 → 展示批注阅读成果 → 总结评价

（二）操作程序及教学策略

开展批注式阅读教学一般分为以下几个阶段：一是创设问题的情境，确立研究专题；二是学生根据专题，深入开展批注阅读；三是展示自己批注阅读成果；四是总结评价。现在谈谈自己的操作步骤：

1. 创设问题情境，确立研究专题

批注式阅读，关键是选择好进行批注探究的中心问题，即阅读探讨点。我们根据课文情、趣、理、义等特点，在引导学生充分阅读文本、整体感知的基础上，与学生一道共同议定所要研究的专题。

2. 根据专题，开展批注阅读

在阅读批注时，留给学生充足的时间，让他们切切实实地读书，品尝课文的原汁原味，并在书中写上自己的点滴感悟、思考、疑惑与收获等。同时还应

对学生进行一些方法上的指导和思路的点拨，并不失时机地发现和鼓励学生的创意解读和闪光点。批注的方法可以因文而异，不拘一格，可以是朗读，默读，圈画；可以是批注、赏析、评价、质疑；还可以是查找、翻阅、交流、讨论，特别要鼓励学生进行自己感悟和学会质疑，抓住课文重点或有价值的字词句及片断进行自悟，发表自己的感想，并能提出"价值型"的观点与问题，促进全班学生阅读的整体深入推进，提升阅读的水平与质量。

3. 展示批注阅读成果

（1）小组交流

学生在小组内充分地发言，各抒己见，使每一个学生都有畅所欲言的机会，都能表达自己读书的收获，组长随时记录下组员精彩的发言，在大组进行交流汇报。教师有重点地参与"薄弱小组"活动，并相机点拨、调整学生思路，使讨论朝更广阔的思维空间延伸。同时，要善于捕捉学生普遍性的疑点，为进一步挖掘文中有较高思维、情趣等价值的问题做好准备。

（2）个体自述批注成果

学生根据研究专题，发表自己批注阅读的收获，教师努力创设轻松、愉悦的课堂环境，激发学生畅所欲言，勇敢地展现自己的成果，展示自己，获得他人的认同。教师给予学生充分的评价，以激励他们再次阅读的信心。有选择地对学生的发言，自然、灵活地作补充，并根据学生汇报的情况做出精简的点评，使学生巩固和完善自己的认知结构，体验成功的喜悦。

4. 总结评价，拓展延伸

批注式阅读倡导自主、开放的阅读思想，将彻底改变教师"一言堂"的总结评价方式，变学生自我评价与小结评价为重视自我评价，既保证了评价的真实性，又促进了学生的自我完善和发展。总结评价不是完成任务结束式的评价，而是以此为基点，进行课堂教学的有效拓展与延伸，使学生的学习由课内拓展到课外，走向鲜活的社会生活。

五、"引导质疑"教学策略

(一) 通用模式

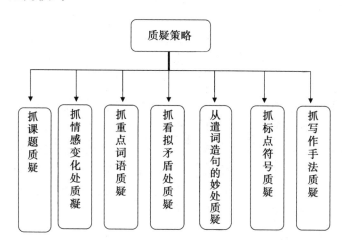

(二) 操作程序及教学策略

1. 抓课题质疑策略

课题往往能提供行文的线索，概括文章的内容，或体现课文的思想内容。教师引导学生结合文章的题目质疑，因势利导，开展教学，一下子就可以把学生推到主动探索的地位，激发了他们质疑解惑的欲望，进而调动了他们的学习兴趣。

例：《为了他的尊严》一课，课题给读者提供较大的想象空间。而"尊严"一词，对于四年级的学生来说又是一个经常会听到但又不会很理解的新名词，学生对于这样的词语往往很感兴趣。这样，教师在板书课题之后首先就可以问"看到这个题目，你想知道什么？"此时，学生可能会从各个角度进行质疑，可能会问到"什么叫做尊严？""他指的是谁？""谁为了他的尊严，做了什么事？""题目为什么要叫《为了他的尊严》"等。学生将疑问全部提出之后，教师就可顺势引导道："《为了他的尊严》到底讲了一个怎样的故事？读懂了故事，你们的疑问就会得到圆满的解决。"学生带着疑问进入课文学习，为解答自己的疑惑而读书，读书的积极性很容易被调动起来，探究的欲望就会被充分地激发出来。

2. 抓情感转变处质疑策略

写人记事的文章中，主要人物的思想情感的变化往往都是文章的线索。能够发现人物思想感情的变化，并针对变化的原因进行质疑，会帮助学生更加积极地进行思考，更好地解读文本。这一策略的基本要点就是联系上下文读书，读书过程找到情感转变处质疑，再深入研究文本。

例：《为了他的尊严》一课，引导学生了解"妇人用自己的行为启迪独臂乞丐"是本文理解上的一个难点。文章没有直接交代妇人是怎样用自己的行为启迪独臂乞丐的，但是却细致地描写了搬砖前后乞丐的变化。课文学习过程中，先引导学生画出搬砖前后描写独臂乞丐的句子，发现独臂乞丐前后的变化，然后体会人物的心情，反复诵读句子，在充分地朗读之后，学生不禁就会从人物前后对比变化中产生很多疑问，如"乞丐为什么要感激妇人？""乞丐为什么要留下毛巾做纪念？""乞丐为什么把脸和脖子仔细地擦了一遍？"等。课文学习到这里，本文的重点问题——"妇人是怎样用自己的行为启迪这个乞丐的"便层层剥笋般地露了出来。

这样，先画句子，反复诵读，然后通过句子对比发现人物情感的变化，最后再进行质疑，理解课文的难点就水到渠成了。

3. 抓重点词语质疑策略

理解词语的意思是读懂文章的基础，教学时引导学生抓住重点词语质疑，在逐层理解词语的基础上加深对文章内容的理解。针对课文中重点词语的质疑要分为两个层次：质疑词语的表面含义和质疑它在课文中的深层含义。其中，第二个层面的质疑最为重要，它可以帮助学生更深入地理解课文。

例：《七子之歌》一文，"掳去"一词对于诗歌的理解有着非常重要的意义，它写出了帝国主义惨无人道地将澳门抢掠过去这一事实。"掳去"是一个生僻的词语，开始时，学生完全不理解这个词语，教师可以引导学生针对词语的表面含义进行质疑，学生可能认为就是"占领、抢去"的意思。当学生有了初步的认知之后，教师要通过词义对比、设置情境等方式使学生对于词语的内在含义进一步地质疑，如询问学生：我们用"抢去""占领"替换掉"掳去"好不好？从而探讨词语在特定语境中的含义，此时学生就会对于"掳去"会产生深层次的质疑，进而理解"帝国主义根本不把中国人当人，而是当作一个物件一般任意的抢掠、杀戮"。

4. 抓看似矛盾处质疑策略

文中看似矛盾的地方，最能激发学生的思维积极性。引导学生读书时找出矛盾的地方，从此处质疑，从而悟出道理，提高认识。看似矛盾处可能是词语之间的矛盾，也可能是人物的性格、情感与行为上的矛盾，这一质疑策略的要点是读书联系上下文，找到矛盾深入思考。

例：《生死攸关的烛光》一课，学习杰奎琳娇声向德国军官要蜡烛这一段时，先引导学生结合前文谈谈这是一个什么样的小女孩，然后再问学生，本段中出现的"娇声"一词又说明她是一个什么样的小女孩？学生很快就发现矛盾点了：杰奎琳痛恨德国人，为什么又要娇声说话呢？学生的疑问很自然地就产生了。对比阅读中引导学生体会人物的品质，学生就会很容易地体会到杰奎琳的沉着机智、急中生智。

质疑的不同策略可以在一篇文章当中同时使用，比如在上例当中看似矛盾处质疑便和重点词语质疑结合使用了。教学过程中教师可根据自己的教学需求合理安排不同的教学策略。

六、"古诗文四步走"教学策略

（一）通用模式

初读整体感知　→　议读以学定教　→　精读品词析句　→　美读升华情感　→　诵读积累语言

（二）操作程序及教学策略

1. 创设情境渲染美——激趣导入

"兴趣是最好的老师"。上课伊始，通过讲故事、多媒体和教学环境等多种途径创设诗境，营造和渲染情感氛围，适时切入教学内容，迅速激发学生的学习兴趣。如在执教《花影》时，开课就用投影仪和配乐朗诵，把学生带入到美丽的花园中，不知不觉与诗人共享花影的动态之美和惊喜之情。学生在欣赏中对古诗的描绘展开想象，感受到古诗的意蕴，为诵读古诗奠定了良好的基础。伴随着美的享受，一种渴望学习古诗的欲望被点燃，这一步既是激趣，也是搭建。

2. 读中悟情领会美——诵读悟意

"书读百遍，熟读成诵"，诵读是学习古诗文最有效的方法。古诗文用字凝练，意境深远。教学中，针对小学生理解力和记忆力的特点，要重于导"读"，而不求讲"懂"，大体把握诗意即可。要指导学生自主读解，自主感悟，自主体会，自主解决问题。即使是疑难焦点，教师也不急于揭晓，而应巧设问题，引导学生逐步领悟。

（1）读——读准字音，读通句子。首先给学生充分的自主学习时间，自由朗读；读准题目、作者，读通每一句诗，直至将整首诗读得正确流利；然后同桌合作学习，互相检查，引导学生互教互学；然后反馈信息，采用各种趣味游戏检查学生的自学情况，让学生在游戏中获得自主学习的成功体验。

（2）看——图文结合，画中会意。古诗是十分注重形象描绘的，正所谓"诗情画意"。古诗教学也要运用课件或挂图，引导学生想象诗歌描述的情境。

（3）议——探究协作，读中悟情。古诗教学中，要按新课标倡导"自主、合作、探究的学习方式"，给学生自主探究的时间，让学生在组内读读议议，借助已有的知识和经验学习，猜猜字义句意，并质疑问难，开展讨论，弄懂诗意，体会诗人的情感。

（4）评——多元评价，激励探索。在评价内容和形式上，要通过背诵、默写、猜谜、赛诗会等多种形式，综合评价学生对古诗文的理解掌握和对诗人情感的体会。在评价主体上，要着重引导学生进行自评、互评，还可根据教学内容适时邀请家长共同参与，使评价成为师生和家长共同交互的活动，让学生在评价中体验成功，品尝快乐。

（5）诵——积极展示，深情诵读。通过前面的读读、看看、议议、评评，学生对古诗朗朗上口了，教师再创设情境，采用"对诗""诗句接龙"等灵活多样的游戏形式让学生反复吟诵，给学生提供积极展示的舞台，达到熟读成诵的境界。

3. 揣摩品味欣赏美——品味欣赏

古诗文无论描景记事还是写人表意，无不悦人目、动人心、触人思，让人感知美的情愫，产生心灵的共鸣。那么要从哪些方面来指导学生品味古诗的美呢？

（1）体味古诗的韵律美。古诗无论是五言还是七言，不管是何种句式，他们都平仄有序、简短精炼、风格明朗，读起来琅琅上口，儿童非常喜欢。应抓住这一特点，让学生在多读多背中，细细品味古诗文的韵律之美。

（2）品位古诗的语言美。古诗语言精炼含蓄优美。通过朗读、美读等形式引领学生体会诗人用字遣词造句上的精心选择和设计，对他们的写作无疑有很大的启迪与帮助。

（3）领略古诗的哲理美。小学课本中的古诗，很多都是千古传诵的名句，无不具备一定的哲理性，如"欲穷千里目，更上一层楼""不识庐山真面目，只缘身在此山中"等。教师要在教学中让学生感悟诗句的哲理美，学生的鉴赏能力和再创造能力才会得到不断提高。

（4）领悟古诗的意境美。诗人往往把自己的感情、愿望寄托在所描写的客观事物之中，使自然事物赋予人的感情，从而创造出情景交融的艺术境界。在古诗教学中让学生在反复朗读、感悟、想象中悟出诗的意境，从而受到情感美的熏陶。

4. 教学延伸创造美——拓展练习

诗文源于生活。拓展练习时，可以开发创设各种情境，启发学生古今联系，把生活中观察到的事物用古诗文进行表达，给诗（文）句赋予一种新的内容和感受，使学生从更新、更广的角度理解、感悟和运用所掌握的古诗文，促进学生对古诗文的理解、感悟和积累，提高学生的表达能力，培养学生的创新意识。

（1）绘画古诗文。绘画是学生喜闻乐见的手段，如教《暮江吟》一诗时，教师先提出诗中描绘的画面是怎样的？再让学生讨论，联系自己平时观察到的、听到的，根据诗意在头脑中进行思维加工，用笔画出来。

（2）表演古诗文。活泼课堂教学，培养学生想象创新。如教《别董大》一诗，教师可用生动、形象的语言介绍董大此去北疆的背景，让学生感受董大临走时的失意，同时理解诗人劝勉朋友"莫愁前路无知己，天下谁人不识君"的积极豪放，再现诗人送别董大时的感人画面。

（3）改写古诗文。让学生把古诗改写成记叙文，提高学生的创新能力。如教《游园不值》，教师可以在学生熟读的基础上引导学生进入诗中所描写的意境，让学生设身处地地去想象，以"我"的口吻来叙述古诗的内容。

七、"移情体验"教学策略

（一）通用模式

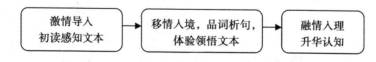

（二）操作程序及教学策略

1. 激发想象，语境体验

语文教材中的阅读文本，大多充满形象，它不具有实体性，必须借助言语这个中介诉诸于读者的想象和再创造。阅读过程中，教师要巧设情景，使学生置身于一定的情景中，就能很好地激活他们的想象，把言语对象经过再造想象，步步还原出课文中描述的人物形象、景物、场面，使其在头脑中活起来，就会使心理层面上的亲历变得真切起来，从而促进或加深体验感悟。

另外，好的文章一般不会平直浅露而是含蓄蕴藉，往往留下许多未定点给读者去补充，它们是课文潜在的创造性因素，教师应设计情景，巧妙引导学生去填补，帮助学生更深刻地理解课文，对学生的想象力、创造性思维，也大有裨益。如学习《三顾茅庐》时，一部分学生没有深入读懂《三国演义》，所以理解起来有些困难。比如：刘备在草堂外等待诸葛亮睡醒一段，教师让学生想象，为什么诸葛亮前两次不见刘备？难道他真的是在睡觉吗？一石激起千层浪，学生立刻争论起来，想象诸葛亮在考验刘备，看刘备是不是值得自己辅助。这与原著又不谋而合。这样的激活想象，学生的思维就活跃了，人物形象也就丰满了。

2. 品味语词，细节体验

(1) 写批注体验

如教学《天游峰的扫路人》一课时，引导学生抓住人物语言、动作、外貌、神态等语句体会人物品质，并及时地在文章的段落或句子旁边写下自己读书过程中的心情变化及心灵感悟，自然地培养了学生"不动笔墨不读书"的好习惯。

(2) 在诵读涵泳中体验、感悟

特级教师于漪说："要反复诵读，把无声的文字变成有声的语言，读出感情，读出气势，如出自己之口，如出自己之心。"因此，语文课应以读为本，要让学生进行有情味的朗读、有思味的默读、有韵味的赏读、有深味的诵读。让学生在"读"中循路入境，与作品人物同行，与作者心灵同在；在"读"中体味文本的情理，领悟作品的内涵，感受心灵的震撼。一句话，在读中进行体验与感悟，并以朗读来表达所体验与感悟到的，情动于中，而声传于外。如《春光染绿我们双脚》一课，采用读中对比的方法，让学生感悟"染绿"，通过"荒山野岭""青山碧岭"激励学生寻找变化的原因。通过尽情地读，想象情景来读，对比着读，带领学生走进诗歌的场景中，感受欢快，感受诗歌的韵律美，感受春光的美妙，感受大自然的生机，感受主人公的自豪。

(3) 点拨促体验

体验感悟是学生的主体性活动，但教师的点拨也在其中发挥着重要的作用。如在学生语塞时进行提示型点拨，可以引导学生进行思考，培养学生回答问题的思路；学生交流遇到困顿时进行启发型点拨，可以帮助学生梳理思路，引导学生实现自己的创造愿望；当学生不敢大胆发表自己的看法时，要对学生进行鼓励型点拨……

实践也证明，引导、点拨常常会让学生茅塞顿开、豁然开朗，呈现出柳暗花明的教学境界。

3. 移情入文，"换位"体验

在阅读教学中，教师应当引导学生移情，进行"换位"体验，即让学生走进文本，设身处地地将自己化为其中的人物，联系生活实际，联系个人的体验阅读课文，对文中人物的喜、怒、哀、乐感同身受，以获得更加深切的阅读感受和情感体验。如《记金华的双龙洞》，文中有一段话描写经一个孔隙从外洞进入内洞的感受。在阅读这段文字时，教师可提示学生：你就是"作者"，船就要拉动了，老师朗读课文，学生闭上眼睛凭借老师的描述展开想象，体验作者的感受。

这种设身处地的角色体验，缩短了学生与对象的距离，不仅易于领悟对象的言行所内蕴的情感，对描写对象言行的语言形式也易于领悟其妙处。

4. 联系实际，从生活中体验

语文的外延是生活，因而教语文不应该局限在课本上，应该充分调动学生的生活经验来领悟语言文字的深刻含义，引导他们联系生活实际，解读文本内涵。

教师要善于寻求文本与学生生活的相通处，打开学生的记忆仓库，使语言文字与生活中的真实形象和真切情感联系起来。一是感知生活现象，感悟词义。让词语与生活现象联系起来，才能让学生形象、深刻地理解、感受词义。二是想象生活情景，领会句意。引导学生借助自己的生活经验展开想象来揣摩语句，能使学生更真切地领会句意。三是回忆生活形象，体验情感生活。如诗歌《雨后》描绘了雨后孩童踩水嬉戏的有趣情景。由于年龄特点，许多孩子喜爱玩水、踩水，那快乐的感觉常留心中。因此教学时，引导学生回味自己在雨后或在广场喷泉边玩水、踩水的快乐情景，谈自己的快乐体验，与文中角色换位体验，学生就能细致入微地体会人物的心理和情感。

只有把孩子引向生活，让他们联系生活实际，融入自己的生活经验，才能真正领悟语文的内涵，真正学会语文。

5. 组织表演，在再现与创作中体验

小学生活泼好动，有较强的表演欲望，在表演中学习是他们喜欢的学习方式。因此在教学中，可以根据课文特点，组织表演，让学生进入文本，进入

"角色"，和作品里的人物同呼吸、共命运，在表演中体验、思考、理解，那我们的言语品味必将是非常到位的。

表演的方式很多，有时是集体表演，学生一边读课文，一边根据自己的理解做动作。有时是分角色表演，让学生选择自己喜欢的角色演一演。这有助于将一些深奥的道理解析得浅俗，便于学生领悟。

第六章 习作素养与教学指导

最新修订的《义务教育语文课程标准》（2011 版）在第二部分"课程目标与内容"中提出了有关习作的总体目标与内容："能具体明确、文从字顺地表达自己的见闻、体验和想法。能根据需要，运用常见的表达方式写作，发展书面语言运用能力。"习作作为语文课程的重要组成部分，现实教学实践中，尚存在着较严重的弊端——脱离生活，脱离真实，编制假话，套用模式。习作能力是语文素养的综合体现。习作教学应贴近学生实际，让学生易于动笔，乐于表达，应引导学生关注现实，热爱生活，积极向上，表达真情实感。

第一节 习作基本知识

一篇好文章的产生必须要经历审题、立意、选材、谋篇、成文、修改、定稿的过程，方能形神兼备。要想写好作文，就必须先了解习作的基本知识，掌握作文的基本程序，再在写作技巧上进行系统训练，将有助于提高学生习作的能力。

一、审题

审题，就是对题目进行分析。审题正确，习作就能围绕题目展开，文不离题；相反，审题不认真，对题目的分析判断有误，习作就容易跑题，即所谓的"下笔千言，离题万里"。所以，审题是习作的第一关。

（一）"审"文体

审题，首先要弄清楚所要写的文题应该是什么文体。文体如果弄不清楚，作文就会跑题，也就必然导致全文失败。因此，作文审题首先要"审"文体。

小学阶段常用文体。主要包括记叙文、议论文、说明文、应用文等。

1. 记叙文

是以记叙、描写为主要表达方式，以记人、叙事、写景、状物为主要内容的一种文体。从写作对象的不同，记叙文分为：①以写人为主的记叙文；②以叙事为主的记叙文；③以写景为主的记叙文；④以状物为主的记叙文。

2. 说明文

以说明为主要表达方式，用来介绍或解释事物的状态、性质、构造、功能、制作方法、发展过程和事理的成因、功过的一种文体。

3. 应用文

应用文是一种切合日常生活、工作及学习的实际需要，具有一定格式、篇幅短小、简明通俗的实用文体。小学阶段接触到的应用文有：一般书信、感谢信、表扬信、倡议书、日记、读书笔记、演讲稿、板报、新闻等。

4. 议论文

以议论为主要方式，通过讲事实、摆道理，直接表达作者的观点和主张的常用文体。小学阶段常见的是读后感和观后感。

（二）明确要求

小学以写记叙文为主，过好审题关的第一步是要把握题目的记叙要求：是以写人为主还是叙事为主；是写景为主还是状物为主。不同的作文需要明确不同的要求。

1. 命题作文的审题立意

审题时，先找出题目的中心词，也叫"题眼"，再细细体会这个中心词和题目中其他词的含义。比如《难忘的一件事》这个题目，中心词是"事"。根据这个中心词，我们可以确定文章的内容是记事。题目中"难忘"一词说明所记的事是令人难忘的；"一件"表示只能写一件事，不能写几件事。

有些题目，初看好像差不多，但只要找出每个题目中的关键词，也就是找出"题眼"进行比较，就会发现每个题目的要求是有区别的。比如《我喜欢的课》《我喜欢的一节课》两个题目，都写课，但是写的重点却不尽相同。第一个题目的题眼是课，重点是写这门功课自己喜欢；第二个题目的题眼是"一节"，重点是写一节留下深刻印象的课。找准题眼，才能弄清记叙对象、题材范围，写出切合题意的文章。

2. 半命题作文的审题立意

半命题作文是指只给一半题目，另一半由学生自行确定，如《第一次___》《___的一件事》等等，要领是先补充完整题目，然后作文。这类作文比命题作文的限制要小得多，题材也就相应地宽得多，其审题立意的要领同命题作文相同。

3. 给材料作文的审题立意

给材料作文的审题立意与命题作文的审题立意有着较大的区别，关键在于这里多出了材料，审题立意必须依据所给材料进行。

在作文过程中，有些材料标明要写成什么文体，但许多并不标明所要求写的是记叙文，还是议论文、说明文，这就要求在审题过程中，要认真分析材料中所含的写作对象的内容性质，然后确定出文体。

二、确定主题

主题或者说立意是文章的中心。中心是文章的灵魂，是贯穿全文的主线。文章的选材、结构、语言表达都受中心的约束，古人说过："意犹帅也，无帅之兵，谓之乌合。"意思是说，中心好比统帅，无统帅的士兵，只能称它为乌合之众。

1. 主题要正确

在习作中我们可以写许多尝试性的事件，如：做饭、洗衣、登山、划船、旅游、游泳等等，正面的反面的都有。可是无论从正面写还是从反面写的尝试性事件都不是问题的关键，关键在于要有正确的立意。

2. 主题要深刻

只有对所写事物的认真观察、仔细研究和反复思考，才能写出具有较深的思想和内涵，给人以启发和鼓励的好文章。鲁迅先生曾说过这样的话："血管里流出来的是血，水管里流出来的是水。"意思是说，不同的人，由于思想感情不同，写出的文章立意自然就不一样。因此，习作的立意要深刻，在生活中理解生活的真谛。

3. 主题要简洁

法国著名学者狄德罗说过："作品必须简单明了。因此，不需要加以任何闲散的形象，无谓的点缀。主题只应是一个。"习作的立意就要立足于生活，要简洁地反映生活。

4. 主题要鲜明

习作过程中要时刻把握住文章的主旨，把握命题（或材料）的特定含义而展开，思想要鲜明，中心要突出，使别人看到我们的文章知道我们在说些什么。

三、列提纲

提纲，是指文章的总体设计，具体包括：文章的题目；中心思想；习作的顺序；详写、略写的提示。

（一）拟题：就是给文章起个题目，要做到"小、实、新、趣"

"小"。标题范围尽量要小，要从自己确立的角度出发不要太大太泛，标题小容易出新意，标题一般不要超过 8 个字。

"实"。题目拟得太空，摸不着头脑，不好下笔。如《时间在流逝》拿腔作势、大而无当，不利于学生写出实在的文章。

"新"。文以新为贵，题目同样如此。这就要求在习作时，应尽量摒弃那些老生常谈、人云亦云的题目，而选用与众不同的标题，惟其如此，才能吸引人的眼球，才能给人以全新的精神享受，才能启迪人的思想和智慧。如《我的妈妈》就会令读者不感兴趣，而改为《妈妈的眼睛》《妈妈的双休日》《妈妈的手》等，就会富有新意。

"趣"。好的标题，还应该使人感到有趣。《把我的心脏带回祖国》这个标题就很吸引人，使人看了这个标题后会产生急于想读一读文章的强烈兴趣。

（二）确定中心思想

就是确立主题，前文已经讲过。

（三）习作的顺序

写记叙文，为了使读者对所写的人、所叙的事或者描绘景物有清晰的了解，就要注意叙述的顺序。只有顺序清楚了，文章才能层次分明。

1. 顺叙

又称直叙，就是按照事情发展的自然顺序来叙述，是一种最基本、最常见的叙述方法。因为这种叙述方法跟事件发生发展的实际情况相一致，所以容易把文章写得条理清楚，脉络分明。

如《半截蜡烛》一文，先写伯诺德夫人一家将装有情报的金属管藏在半截蜡烛内，再写德军突然闯入点燃了蜡烛，伯诺德夫人急中生智，点燃了煤油灯，吹熄了蜡烛；接着写德军又重新点燃，大儿子杰克想假借用蜡烛生火而端走半截蜡烛，受到德军喝止；最后写小女儿杰奎琳借上楼睡觉，端走了蜡烛，保住了情报。本文层次清楚，重点突出，生动感人。

小学阶段常见的顺叙有：

①按时间先后 写人、写事、写景时，常见的是以时间的先后为顺序记叙。如：《烟台的海》一文，开头写烟台的海有一份独特的海上景观，接着按照"冬、春、夏、秋"的顺序来描写。

②按地点变换 按地点的变换顺序写，常用于写游记、参观记。如《记金华的双龙洞》一文，是按"金华城→罗甸→路上→洞口→外洞→孔隙→内洞→出洞"的顺序，记叙金华双龙洞的特点。

③按事情发展 有的文章按事情的起因、经过、结果的顺序来写。如《卢沟桥烽火》一文是一篇典型的记叙文，课文先写了日军以搜查失踪的士兵为借口企图入侵宛平城，遭到了中国守军的顽强抗击；接着写日军向宛平城发动进攻，中国军队顽强反击，卢沟桥又回到中国军队的手中；最后写了卢沟桥事变拉开了中国人民全面抗战的序幕。

④按不同内容的类别 按事物的性质把内容分为若干类别，然后按照分类顺序记叙。这种方法常用于写带有说明性的文章和状物的文章。如《黄山奇松》一文，作者写了迎客松、陪客松、送客松，让我们感受到黄山松的神奇与秀美。

⑤按总分总或先分后总

总分总。如《夹竹桃》一文，先总写夹竹桃是最值得留恋最值得回忆的花；再写它的花期长、韧性可贵、花影迷离的特点；最后总结：这样的韧性，又能引起我许多的幻想，我爱上了夹竹桃。

先分后总。《广玉兰》一文，前五段分别描述广玉兰花的色美、形秀、香幽以及叶片的独特情趣，最后一段总结我爱广玉兰的幽香与纯洁，更爱广玉兰无比旺盛的生命力。

运用顺叙，要注意剪裁得当，重点突出。否则，容易出现罗列现象，犯平铺直叙的毛病，像一本流水账，使人读了索然无味。

2. 倒叙

把叙述事件的结局或突出的片断先写出来，然后再从事件的开头开始叙述，这种方法使人感受到叙述的波澜或悬念，产生急于寻找答案不睹不快的感觉。倒叙并不是把整个事件都倒过来叙述，而是除了把某个部分提前外，其他仍是顺叙的方法。倒叙与顺叙的转换处，要有明显的界限，还要有必要的文字过渡，做到自然衔接。不能无目的地颠来倒去，反反复复，使文章眉目不清。

3. 插叙

在叙述中心事件过程中，由于某种需要暂时中断叙述转而叙述与中心有关的另外的情节，然后再回到叙述的中心事件上去。插叙使人对原文章的原有叙述文字更加清楚、明白。在主要故事情节中插入一段相关的叙述，对主要情节起衬托和补充作用，是"插叙"最大的特征。

（四）结构安排

这是习作提纲最主要的部分，要注意做到以下几点：

1. 安排好作文的顺序。先写什么，后写什么，全文一共准备分为几大段，每段写什么，要以小标题的形式，按照一定的顺序把材料组织起来。

2. 确定好习作的主要内容。要依据表达中心的需要，确定出哪些内容是主要的，哪些内容是次要的，标明"详""次详""略"的字样；重点段又打算分几层来写，先写哪层、后写哪层，具体列出准备重点写的步骤、次序。

3. 根据习作选用的材料以及要表达的中心思想，确定好开头、结尾的方法，并在提纲中简单注明。

有了提纲作向导，目标就明确了，这样，既能避免提笔"没话说"，也能避免写时"走弯路"，还可以防止因对某些内容感兴趣就任意发挥，信笔写去，收不住笔而"偏离主题"的现象发生。

教学案例

难忘的一件事

主要内容：我的脚扭伤了，刘愉照顾我。

中心思想：关心同学、乐于助人。

结构安排：

一、在跳皮筋时，我扭伤了脚。（略）

二、刘愉同学热心照顾我。（重点段）

1. 刘愉扶我到医务室。（次详）

2. 刘愉买冰块为我敷脚。（详）

3. 我好了一些，刘愉又小心地搀我回家。（次详）

三、我非常感动，至今记忆犹新。（略，点题）

四、选材

材料积累是习作的第一步，但并非所有的材料都能进入作文，这就涉及到了材料的选择。简单地说，"选择材料就是从积累的素材中提取文章所需的部分"，即要选择最能代表一般的典型例子来说明本质的东西，这样才能给人留下清晰的印象，也会使主题更加鲜明。

1. 围绕中心选取生活材料。抓住中心，围绕主题选材，选择素材中最有代表性的准确的材料。

2. 习作要选熟悉可靠的材料。"耳听为虚，眼见为实"，只有亲身经历或亲眼目睹，得到的材料才真实可信，更接近事物的本质。

3. 习作要注意"小"中见"大"。每当老师布置一个作文题，不少同学总要搜肠刮肚去拣"大"材料。其实，生活中的小材料、小事情同样可以写出好文章，反映大主题。

五、修改

文章不厌百回改。据说，俄国作家列夫·托尔斯泰写《战争与和平》这部长篇巨著，就曾先后修改过多遍。由此可见，修改不仅是习作的一个重要组成部分，而且是写好作文的一个不可缺少的重要步骤。

1. 以读促改

学生完成初稿后，要求他们用朗读的方法，一句句反复朗读，仔细推敲，找出不通顺、不明白、不清楚的地方进行修改。改后教师阅览，充分肯定学生修改作文的进步，指出不足，并选择修改较好的范文供其他学生学习参考。

2. 交流修改

学生把自己修改的结果、原因告诉同学及老师。老师、同学评议他的修改是否恰当，老师与学生、学生与学生之间构成了信息反馈、信息接收的网络，共同影响，使学生修改能力有明显的进步。高年级同学可尝试互相修改。

六、文章的开头和结尾、过渡和照应

古人认为文章的结构应该是："凤头、猪肚、豹尾"。那意思是说，开头要像凤凰的脑袋一样，漂亮、优美；中间的主干部分，要像猪的肚子那样，充实饱满；而文章的结尾，则应该像豹子的尾巴，很有力量。

（一）写好作文的开头

高尔基说："开头第一句是最难的，好像音乐里的定调一样，往往要费好长时间才能找到它。"托尔斯泰是很重视作品的开头的，《安娜·卡列尼娜》的开头，他曾经用了十种不同的写法，最后才确定下来的。

开头的方法千变万化，常用的方法大致有以下几种：

1. 以时间和地点开头

例如《聂将军与日本小姑娘》：在抗日战争时期的一次战斗中，八路军战士从战火中救出了两个失去父母的日本小姑娘。大的五六岁，小的还不满周岁，又受了伤。

2. 以人物开头

如《莫泊桑拜师》：莫泊桑是 19 世纪法国著名作家。他从小酷爱写作，孜孜不倦地写下了许多作品，但这些作品都很平常，没有什么特点。莫泊桑焦急万分，于是，他去拜法国文学大师福楼拜为师。

3. 以文章中心开头

如《明天，我们毕业》：一想到明天就要告别美丽的校园，告别朝夕相处的老师和同学，心中就涌起了深深的眷恋之情。

4. 以景物描写开头

如《草原》：这次，我看到了草原。那里的天比别处的更可爱，空气是那么清新，天空是那么明朗，使我总想高歌一曲，表示我满心的愉快。在天底下，一碧千里，而并不茫茫。四面都有小丘，平地是绿的，小丘也是绿的。羊群一会儿上了小丘，一会儿又下来，走在哪里都像给无边的绿毯绣上了白色的大花。那些小丘的线条是那么柔美，就像只用绿色渲染，不用墨线勾勒的中国画那样，到处翠色欲流，轻轻流入云际。这种境界，既使人惊叹，又叫人舒服，既愿久立四望，又想坐下低吟一首奇丽的小诗。

5. 以设问的形式开头

先倒叙事情的结果，设置悬念，或先设问破题，引起说明或议论。这种开头方法，其目的是设置悬念，引起读者的关注，激发读者的兴趣，同时增加文章的曲折，显现文章的布局之美。如《海底世界》：你可知道，大海深处是什么样的吗？

6．以回忆往事的方法开头

这种开头，由眼前的情景，联想起以往的事情，引起回忆，沿着这个思路叙述往事，形成倒叙。如《理想的风筝》就用了回忆往事的方法。

7．以交待起因的方法开头

这种方式用在记叙文的开头，交代时间、地点、人物及事件的梗概等有关信息。如《海上日出》：为了看日出，我常常早起。那时天还没有大亮，周围很静，只听见船里机器的声音。

8．用对比的方法开头

通过对比使要表现的内容在其他事物的烘托下显得更加突出、醒目，从而给人十分鲜明和深刻的印象。比较的对象至少有两个或者两种。通过比较，来突出所写的对象，并使这个对象的特点更加鲜明，从而加深我们的印象。

如《烟台的海》：中国的沿海城市，东面或南面临海的居多，北面临海的却很少。烟台恰是北面临海，所以便有了一份独特的海上景观。

9．用叙事的方法开头

开头揭示题旨，入题快，容易引导读者把握文章的中心。如《船长》：1870 年 3 月 17 日夜晚，哈尔威船长像平常一样，把"诺曼底"号轮船从南安普敦开往格恩西岛。

好的作文开头应做到：一简、二新、三美 。

简　开头力求简洁明了，不啰嗦重复。

新　开头不落俗套，新颖别致。

美　开头力求给人以美感，让人能够得到美的享受。

（二）学会过渡和照应

一篇文章，好比一架运转正常的机器。文章里的段落需要相互照应，需要一些"小零件"，即过渡段和过渡句把它们自然、紧密地连接起来。不然，文章就会显得支离破碎。所以，写文章时，一定要注意段与段之间的过渡和照应。

1．过渡

过渡指文章层次之间、段与段之间互相连接起来的方法。它的作用是使上下文之间的意思前后连贯起来，也有助于文章层次分明，结构完整严谨，不至于使读者感到突兀和跳跃。那么，怎样架好文章过渡这个"桥梁"呢？

①用一些特殊的词语来过渡

用关联词过渡。常用于过渡的关联词有：不过、但、然而、于是、因此、可是等。

用连词过渡。常见的表示顺序的词有：首先、然后、接着等。

用时间词过渡。如早晨、中午、黄昏。

②用一些重要的句子来过渡

用提示句过渡。

用设问句过渡。

用重复句过渡。如《我们爱你啊，中国》，文章就是五次运用："我们爱你——"自然连接全文。

用承上启下句过渡。如《轮椅上的霍金》一文中，"霍金的魅力不仅在于他是一个充满传奇色彩的物理天才，更因为他是一个令人折服的生活强者。"这句话中的"物理天才"承接上文，"生活强者"引出下文。

③用一些过渡段来过渡。当两个层次的意思相隔很远，有着很大的转换或跳跃时，就应该用过渡段。这种过渡段虽然自成段落，但都是句子不多的小段，有的甚至只是一个短句子。

过渡没有固定格式，形式也不止这些。掌握过渡的形式，惟有灵活运用，方能充分发挥每种过渡方法的独特作用。

2. 照应

照应就是这种前后文之间的互相呼应。有的时候，前面说过的话，后面需要有着落，或再加以补充、发挥；有的时候，后面要说的话，前面需要先交代或暗示一下。缺乏必要的照应，文章就会显得不严密、不周到。照应得好，就能使文章结构紧凑，层次分明。

①文题照应。在叙事过程中，我们所写的内容务必切题，要和文章的标题相照应。

②首尾呼应。文章的开头和结尾遥相呼应，可以使文章结构紧凑。

（三）重视作文的结尾

一篇文章的结尾自然、生动、有力，不仅能突出文章主题，而且能深化主题，给读者以启迪和鼓舞。一篇文章应该如何结尾，要根据文章的中心、内容、结构和体裁决定。不同的文章有不同的结尾；同一题目、同一题材的文章，也可以有多种多样的结尾。

1. 自然结尾法

用事情的结果作为文章的结尾。例如《爱之链》：“她轻轻地亲吻着丈夫那粗糙的脸颊，喃喃地说：一切都会好起来的，亲爱的，乔依……”

2. 呼应法

结尾与标题相呼应、结尾与开头相呼应。这种结尾方式是极常见的收尾方法。

3. 画龙点睛法

就是在文章结束时，以全文的内容为依托，运用简洁的语言，把主题思想明确地表达出来，表明自己的观点。如《最后的姿势》一课的结尾：“谭千秋，一位普通的老师，他用自己 51 岁的宝贵生命诠释了爱与责任的师德灵魂。人们赞颂他：英雄不死，精神千秋。”

4. 引用法

引用格言、名言、成语做结尾；引用古今名人的话，或是引用书本里一段文字来做结尾。着意于引申文章，揭示某种人生的真谛，起到“言已尽，意无穷”的效果。

5. 抒情法

用抒情议论的方式收束文章，能够表达作者心中的情愫，激起读者情感的波澜，引起读者的共鸣，有着强烈的艺术感染力。好的“抒情”式结尾必然油然而生真情，给读者以真实感、充足感。

6. 评价法

对人物或事物进行总结、评价，表达作者的看法，突出文章的中心。如《船长》的结尾：“哈尔威船长一生都要求自己忠心职守，履行做人之道。面对死亡，他又一次运用了成为一名英雄的权利。”

7. 深入法。

结尾展开联想，由此及彼，由表及里，深化主题。

(四) 妥当地安排详写和略写

法国巴黎艺术馆里，陈列着一座伟大的文学家巴尔扎克的雕像，奇怪的是他的雕像却没有手。他的手呢？是被艺术家罗丹用斧头砍去了。罗丹的雕像是要表现巴尔扎克的精神、气质，现在那双手（次要部分）突出了，人们看了雕像，只欣赏手的完美，而忽略了主要的内容。所以，罗丹砍掉了雕像的双手，以突出雕像所要表现的意义。

雕塑是这样，写作文也是这样，只有围绕中心安排详写和略写，叙事的重点才能突出。

那么，在作文的过程中，怎样妥当地安排详写和略写呢？

1. 事情的发展过程要详写，事情的发生和结果要略写

事情的发生阶段，往往是交代时间、地点、人物，以及起因，而事情的结果部分，往往是写出事情的结局或点明事情的中心，仅仅是枝节部分，所以要略写。事情的发展过程是整篇文章中的主体部分，它往往具体体现中心思想，因而要详写。

2. 叙事要有"点"有"面"

"点"要详写，"面"要略写。"点"上的内容是文章的重点，直接体现中心思想，所以要详写。"面"上的内容是渲染气氛，交代背景，起烘托作用的，所以要略写。略写虽是寥寥几笔，但运用得好，可以对文章重点的突出、主题的表现，起到"绿叶映衬红花"的作用。

七、各种文体的习作要点

(一) 叙事

德国大作家歌德曾经说过："一个人只要能把一件事说得很清楚，他也就能把许多事都说得清楚了。"那么，怎样记叙好一件简单的事呢？

1. 把事情的"六要素"交代清楚

任何一件事情，都是由时间、地点、人物、起因、经过和结果等六个要素组成的。在叙述的时候，要把这些要素交代清楚，这样才会使读者对事情有一个全面的了解。

2. 要把事情经过写具体，并做到重点突出

在记叙文六个方面的内容中，起因、经过和结果，是构成事情最主要的环节。为了把事情写得清楚、明白，在记叙中一定要写好事情的起因、经过和结果，特别要把事情的经过写具体，给人留下完整而深刻的印象。

3. 记叙的条理要清晰

一件事都有发生、发展和结果的过程，按照事情发展的顺序记叙，文章的条理就会清楚明白。

4. 写出生活中小"事"的新意

生活中，惊天动地的事情是少见的，一般人所经历的大多是平凡的、细小的事情。但我们要小中见大，写出新意。

5. 抓住生活中的场面去写

事件发生的场合，人物表现的"舞台"，就是场面。比如，一场拔河比赛，有场地，有比赛的双方，有裁判，有观众。要写比赛的场面，就要把比赛双方的表现，观众的反应都写出来。

（二）写人

"人物"是文章的灵魂，但在学生的习作中常见的人物形象往往是千人一面，既无个性，又不生动，整篇文章显得干瘪乏味，缺少感染力。仔细阅读，就会发现这样一个共同的问题：往往只是一味地追求把某件事写完整，而忽略了进行生动具体、细致入微的细节描写。

常言道："听其言，观其行，知其人。"也就是说，想了解一个人的"特点"，就要留心观察他在生活中的音容笑貌、举止动作，找出他与众不同之处，也就抓住了他的"特点"。

1. 外貌描写

人物外貌描写是对人物外形特征的描写，包括对一个人的服装、打扮、相貌、神情、身材、体态等方面的描写。因为人物的喜怒哀乐、生活经历以及个性特征，常常从外貌中表露出来。恰如其分地进行外貌描写，有助于突出人的精神面貌，人物的形象才会给人留下深刻的印象。

2. 行动描写

是用描述人物具有典型意义的具体动作来刻画人物性格。人的"特点"表现在他的行动中，因此人们平时常说："看人要看实际行动"。描写人物时，道理也一样，人物的思想性格必须通过行动来体现。

3. 语言描写

人物语言的描写要符合人物的年龄、经历、身份、文化教养等特点。成功的对话描写，不仅要符合人物的身份、年龄、职业等特点，而且也要能反映出人物的思想感情，表现人物的性格特征。人物语言要力求简洁，避免有话必录和拖泥带水的现象。

4. 心理描写

是对人物内心活动的描写，深入描写人物的内心活动，是展示人物形象的重要手段。事出有因，任何心理活动的引起皆是有原因的，把心理活动的起因写清楚，对于展示人物形象是必不可少的。通过心理描写来展示人物形象，一定要把心理活动的过程展现出来。不然，人物的形象无论如何都会显得苍白无力。

5. 神态描写

就是指描写人物脸部的细微的表情和姿态。一个人心里高兴，往往就喜上眉梢；内心得意，就眉飞色舞；心里担忧，往往满脸愁容；内心痛苦，就双眉紧皱。

（三）写景

描写景物，通常指描写自然景物，但也包括对社会景物即社会环境的描写。景物描写的内容十分广泛。山川大地，风雷云电，春夏秋冬，清晨午夜……这些事物的交错组合就构成了景物描写的对象。写作的目的则因文而异，有的在歌颂祖国山河的壮丽，有的则借写景而抒发某种感情。

要写好景物，应该注意以下几个方面：

1. 抓住景物的"特"

对所写景物认真观察，抓住特点，是写好这类文章的前提。而能否抓住景物的特点，关键在于作者细心的观察，并将观察所得铭记于心。正所谓"静观默察，烂熟于心"。因此，要求在观察中，善于抓住不同季节、不同时间、不同地区中景物呈现出的颜色、形态、声响、气味等方面特有的变化，善于通过眼、耳、鼻、舌、身等感官去观察、体会。这样，才能抓住景物特征加以描写。

为此，一要注意不同季节的特征。一年有春、夏、秋、冬四季，每个季节的景物都有各自的特征。二要注意时间变化的特征。白昼、夜晚、早晨、黄昏都为景物涂上了不同的色彩。三要注意气候不同的特征。同一景物在雨中、风中、雾中、雪中所展现的景观是不同的。四要注意不同的地理特征。地各有貌，不同的环境有不同的特点。因此，我们要仔细观察景物，抓住特点写具体，让人有身临其境之感。

2. 选好观察的"角"

先确立好观察点。要根据表达的需要运用固定立足点和变换立足点观察景物的方法，或远观、或近觑、或仰视、或俯瞰。同时，要注意观察的顺序，是由近及远，还是由远而近？是由上而下，还是由下而上？这是指空间的变换。还可以时间的变化或游览的先后为顺序。这样，所描写的景物才不会杂乱无章。

3. 安排好写的"序"

景物描写的顺序一般分为空间顺序和时间顺序两种：

空间顺序，一般是取一个固定的观察点，按照视线移动的顺序依次写出各个位置上的景物。还有一种空间顺序，不取固定的观察点，而随着观察者位置的转移来描写景物，这叫做游览顺序。

时间顺序，同一个地方在不同的时间里，其景物是有变化的，按一定的时段依次写来，可以表现出景物的丰富多姿，使人产生美的感受。时段有长短之分，长时段如春、夏、秋、冬，短时段如晨、午、暮、夜。选用哪一种时间顺序，应视描写对象的特点而定。

4. 抒"情"于景

国学大师王国维曾断言："一切景语皆情语。"景物是客观的，而写景之人则是有情的，作者对任何景物，总会有自己的感情。没有感情色彩的景物只不过是苍白美丽的"躯壳"，难以达到感人的目的；同时，观察、描摹景物的过程本身也是习作主观感受的过程。因此，要在写景的字里行间，自然渗透感情，寓情于景，做到情景交融，物我一体。

5. 动静结合

只写静景，很容易使文章呆滞，而只写动景，又可能失去稳定。只有将静态描写景物形态特征和动态描写利于传神的长处结合起来，所绘景物才会具体、生动，给读者留下深刻的印象。

（四）状物

1. 比喻法

即通过比喻来说明事物或事理特征的方法。运用比喻，可以把抽象的道理具体化，枯燥的知识形象化，易于理解。

2. 比较法

运用比较的方法，可以具体细致地突出事物或事理特征。比较的对象可以是同类事物，也可以是不同类的事物，还可以将同一事物的不同时期进行比较。在比较中要注意寻找事物的不同特征，以帮助人们准确地认识事物。

3. 举例法

运用典型事例说明事物特征的一种方法。它能够将一些复杂的事物或事理说得更具体明白，易于理解。

4. 定义法

用下定义的方法对某一事物进行说明的方法，它能够使说明更科学合理、更清楚明白。但下定义要注意准确把握对象的内涵，定义项与被定义项的外延必须相等，语言必须简明、确切，具有高度的概括性。只有这样，才能使说明显得清楚明白，便于读者了解、掌握。

5. 介绍法

通过对事物的特征、性能、作用等对事物进行说明的一种方法。

6. 分类法

把说明的对象按照一定的标准分成不同的种类，然后分门别类地加以说明的一种方法，使用这种方法要求要掌握对象的全部材料，并对其进行细致的分析、研究，弄清对象的特点。只有这样，才能找到正确的分类标准，然后分类进行说明。

总之，说明的方法还有很多，如数字法、图表法、拟人法、顺序法等。但不管是哪种方法都要注意到科学性、准确性，为说明、阐释事物服务。

第二节　习作教学的要求和基本方法

一、习作教学的要求

《语文课程标准》第二部分"学段目标与内容"中对各学段的习作提出了明确的要求。

（一）低年级学段：写话

1. 对写话有兴趣，留心周围事物，写自己想说的话，写想象中的事物

兴趣是最好的老师。只有儿童喜欢写，才能写得好；只有乐于表达，才能表达好。所以，课程标准强调写话的兴趣，而"留心周围事物"则提示写话题材的源泉问题。低年级的儿童只有通过"留心"，通过"看"，才能认识世界。"写自己想说的话，写想象中的事物"，这是写话的内容，儿童想写什么就写什么，想象到什么就写什么，没有限制和束缚。儿童的想象力往往高于成年人，课程标准提出这样的要求，正是充分考虑儿童的特点，顺应他们的天性以促其发展。

2. 在写话中乐于运用阅读和生活中学到的词语

运用词语是写话的起点。词语怎么掌握？课程标准指出：一是阅读中习得的，二是生活中学会的。通过组成词语、词语搭配及组成句子，学习运用，并在运用中加深理解。

3. 根据表达的需要，学习使用逗号、句号、问号、感叹号

这四种标点，除了逗号最常用以外，其他三种是三种句型语气的表示，即陈述句、疑问句、祈使句，分别使用句号、问号、感叹号。阅读教学中结合语句的意思，感受不同句型表示的不同语意和语气，分别教给这三种标点符号，并教给标点正确书写的要求，不断进行训练，有意识培养学生注意"文必加点"。

"写话"，一般从指导学生写一句话开始，逐步过渡到写几句话、一段话，以至两三段话。

（二）中年级学段：习作

1. 乐于书面表达，增强习作的自信心，愿意与他人分享习作的快乐

作文教学不仅要培养学生书面表达的兴趣，而且要让学生感受到自己书面表达能力一步步提高的成就感。要达到这样的标准，关键是要让学生有表达的欲望，做到有话要写，有话会写，有话能写好，老师不断给予引导与鼓励。

2. 观察周围世界，能不拘形式地写下自己的见闻、感受和想象，注意把自己觉得新奇有趣或印象最深、最受感动的内容写清楚

中年级的"观察"比一开始的"留心"提高了一步，不仅是一般的"观"，还要"察"，即要求看得细，且要动脑筋去思考、去研究。"不拘形式"首先是文体不限，学生可以记叙、描写、说明，可以写童话、小故事、书信，甚至写小报道等，想怎么写就怎么写。

"注意把自己觉得新奇有趣或印象最深、最受感动的内容写清楚。"这已把习作的要求阐述得很清楚了。因此在学生动笔前，老师需引导、启发学生回忆观察的场景和过程、自己的见闻、感受和想象，然后启发学生交流，加深观察印象，使感受更加明晰，再作书面表达。

3. 能用简短的书信、便条进行交流

书信、便条是常见的应用文，要注重格式，加以训练。

4. 尝试在习作中运用自己平时积累的语言材料，特别是有新鲜感的词句

5. 学习修改习作中有明显错误的词句，根据表达的需要，正确使用冒号、引号等标点符号

修改文章是习作的一个重要环节。学生习作第一稿时，难免有一些疏忽，不那么完善，这就需要修改。而中年级，尤其是三年级，着重修改有明显错误的词语和句子。

（三）高年级学段：习作

1. 懂得写作是为了自我表达和与人交流

所谓"自我表达"，就是自己心中有话要说，自己主动地说与别人听。当然，这种"说"不是用嘴，而是用笔和纸。"与人交流"也是这个意思。

2. 养成留心观察周围事物的习惯，有意识地丰富自己的见闻，珍视个人的独特感受，积累习作素材

第二学段是要求"留心"，到了第三学段是"养成留心……的习惯"，要求更高了。所谓"习惯"，就是一种自动化的行为，是一种已经伴随个体生活起居而形成了的必不可少的部分。它的最大特点就是：不做就不舒服，做了也不会感到累。问题在于怎么养成"留心"的习惯。习惯的养成不是一朝一夕就能实现的，它需经过相当长时间的下意识的训练才能内化，变成个体的习惯。这就告诉我们，第二学段和第三学段是一个连续的整体，习作教学的一些根本性的东西，比方说"留心观察，及时记录"等练习，不可中断，否则习惯的养成就无从说起。

观察也好，见闻也好，对于个体来说都是外在的，"感受"就不同，它是内在的，是最能表现个体特性的东西。所以，教师应特别注意引导孩子"珍视"自己的感受，尤其要珍视"独特感受"。所谓"珍视"，就是要有珍惜、重视之情，要有特别注重之意；所谓"独特"感受，就是与众不同，与别人不一样的感受。对于这样的感受，就要特别"珍视"。周围的事物、自己的见闻、个人的独特感受，这些都是习作的素材。有了好的素材，才能写出好的文章。

3. 能写简单的纪实作文和想象作文，内容具体，感情真实；能根据内容表达的需要分段表述；学写读书笔记，学写常见应用文

纪实作文，关键是一个"实"字，要求写生活的真实，写自己亲眼看到的、亲耳听到的、亲身经历的，写出真实的场景和自己的真情实感，做到言之有物、言之有情。"内容具体，感情真实"就是文章的具体标准。

想象作文是写学生想象的情景、想象的事物，是通过想象展开而成文。课程标准中，从低年级"写想象中的事物"到中高年级"写想象""写想象作文"，有一个明晰的脉络，又有坡度，蕴含着特殊的意义和价值，其目的就是为了发展儿童的创造性。想象作文虽不是以写实为主，但所想象的事物又往往以生活的真实为基础。

学写读书笔记，仍然是应用文训练，还可指导学生写表扬信、招领启事、借条等，要教给学生书写的格式及要领。

4. 修改自己的习作，并主动与他人交换修改，做到语句通顺、行款正确，书写规范、整洁。根据表达需要，正确使用常用的标点符号

修改文章最简单的办法，就是文章写好后，让学生自己念给自己听，请"耳朵做先生"。文章一读，不通的、不顺的、不妥当的都可以发现。还要鼓

励学生交流习作，相互提出修改意见。

5. 习作要有一定速度。

高年级的习作要有意识地限定时间，这样才能保证一定的速度。

二、习作教学的基本方法

（一）看图说话

看图说话、写话，最适宜于一、二年级。面对单幅图或多幅图，能写上几句话或写一段话，并非是一件很容易的事。滔滔的江河就是发源于这涓涓的细流，那如何写好看图作文呢？可以从以下几个方面去训练：

1. 看仔细

先观察画面，练习用简单而完整的句式说说"谁？在什么地方？干什么？"，再把句子说具体，并巧妙地积累有关描写此幅画面内容的词语和优美词句，尽量扫除写作中的障碍后，再开始动笔写。

2. 想明白

在动笔前，再想一想自己是怎样看图画的？比如注意观察画面人物表情和动作，想象他们当时的不同表现。这样我们懂得怎样观察画中人物的不同之处，进而想明白。比如：在《我俩坐一起》中，小兔子被扎后摸着脑袋很为难，想让小刺猬留下来，却又害怕再次被小刺猬扎到。这样精细的动作都让小作者发现了真是不简单。

3. 说清楚

在想明白的基础上，去练习把话说清楚就不会很难了。说得有头有尾，要遵循一定顺序，在观察的基础上我们可以用连接词语"先……接着……再……然后……最后……"或"有的……有的……还有的……"等句式把整幅图的意思说得连贯、通顺。比如：下课了，操场上有的同学在跳绳，有的同学在打篮球，还有的同学在拔河，同学们玩得多开心啊！

4. 写完整

对于写话内容，有时候还应结合我们的生活经验和生活实际进行合理的想象，才能写具体、生动。比如：同学们看，图中小女孩踢毽子的动作多熟练啊，毽子一会儿上，一会儿下，一会儿左，一会儿右。她时而脚落踢，时而脚悬空踢，时而还能双脚交换了踢，小女孩嘴里仿佛还叨念着什么。

（二）看照片写故事

很多事情，如果不去刻意回忆，就会如过眼云烟，不留痕迹。我们要创造机会，帮助学生去回忆，去梳理。看照片说话、写话，作文就是生活的再现。学生拿来自己的照片，都迫不及待地想在同学面前"炫耀"一番，这时候让他讲讲某一张最得意的照片背后的故事，自是跃跃欲试，然后写下来，整理成一本，在班中传阅分享，学生不会感到这是在上作文课。

三年级是学习写作的初始阶段，学生开始尝试动笔去写。这个时候对于学生最重要的不是写得怎么样，而是觉得写作是件不错的事，愿意去做。怎样才能给学生建造一扇进入写作的门呢？怎样才能使学生在写的过程中慢慢地喜欢上习作，就像喜欢音乐、体育课一样呢？看照片写故事是最好的方法。积累照片，加以说明，编写个人的"童年的足迹"专辑，高山大海、小桥流水、一棵树、一朵花，记录下美好的瞬间，留下永恒的回忆。对于刚刚迈上作文之路的三年级学生来说，愿意去写便是作文课教学最大的成功。

（三）观察作文

大千世界，多姿多彩，但学生往往熟视无睹。我们应该让学生有一双善于发现的眼睛，有一颗善于捕捉的心灵，这就要结合阅读教学，教给观察方法，用心去感受生活，用笔去记录生活，积累丰富的写作素材。

1. 教给学生观察的方法

（1）有序观察
如：从整体到部分，由近到远，从上到下，由静到动等等。
（2）重点观察
引导学生抓住特点观察事物。尤其是那些易被忽略而又十分重要的细节。
（3）比较观察
引导学生在观察事物时进行比较思考，发现它们的异同或变化，从而抓住事物的特点。
（4）想象观察
引导学生在观察时产生联想和想象，运用比喻、比拟等表达方式，习作的内容就会更加丰富。

2. 培养习惯，让学生勤于观察，主动探索

（1）培养学生自主观察的习惯

通过榜样激励等多种形式引导学生形成善于观察、思考的思维品质。

（2）培养学生记观察日记的习惯

鼓励学生将所见所闻及时整理、记录下来。

（3）培养学生多种途径搜集资料、主动探索的习惯

引导学生树立"大语文观"，将学习延伸到自然与生活，善于发现其中的"奥秘"，并能通过多种途径进行积极的探索。

（四）体验作文

教师要有意识地创造情境，让学生去体验，去感受。如做一天父母，当一天老师，做一次清洁工，当一天小交警等，让学生心灵产生共鸣，得到陶冶净化。例如：盲人的生活到底是怎样的？我们只是知道肯定是不自由的，不方便的，痛苦的。那到底他们会有怎样的不方便，会有怎样的痛苦呢？我们只有用心地去体验一次才能真正地明白盲人的生活——黑暗、孤独、无助、可怕、绝望。学生在体验了盲人生活后，体会到盲人生活的不易，常人举手之劳的事，如走路、拿东西，对盲人都是困难重重的。同时，在联想到自己，联想到自己的家庭生活后，便油然而生一种幸福感。这样，我们才能真正地明白保护眼睛、保持健康是多么的重要，才能理解我们需要帮助和关心那些残疾人朋友。因为学生用心地去体验了，写出文章来自会得心应手，而且具体细腻，具有自己独特的感受。

（五）游戏作文

回想童年，什么东西留给我们的印象最深？是游戏。因此，集体、小组组织的大量的有益的活动，学校、班级适当开展的有趣的游戏等，都是学生重要的习作素材，我们开展的"超级录音机""画小孩头""吹气球""笑、笑、笑"等游戏都深受学生喜爱。游戏时很快乐，但往往出现记流水账的现象，只为热闹而热闹。因此要抓好乐点、重点、练点、评点，尤其是重点和练点。在游戏中我们让学生分解游戏过程，在需要重点观察、表达的地方及时中断游戏，定格观察人物的表情、动作等，让学生边看边议边说，抓细节，抓练点，把作文课变成师生"游乐场"。著名特级教师张化万老师倡导和坚持的"将玩进行到底"的教学理念就很值得我们学习。

让学生在游戏中经历体验，那么学生心中便会激情飞扬，胸中便会文思喷

涌，文章便会一气呵成。那就让孩子们投入地玩吧，在游戏中享受习作的欢乐，让我们将游戏作文进行到底。那应该如何做呢？

1. 比一比

小学生都喜欢成败输赢的刺激，低中年级更是如此。所以，"比一比"成为在游戏作文教学中的主要形式。创设的竞赛形式有个人的，如斗蛋、掰手腕、抢椅子等；也有团体的，如成语接龙大比拼、智力大转盘、拔河比赛等。个人竞赛往往是层层筛选，在多轮竞赛后决出冠亚军。团体竞赛往往是以小组为单位，学生不仅需要注重个人表现，还要学会团结合作，互相帮助。这两种形式都很受学生欢迎。

2. 猜一猜

小学生都有很强的好奇心，于是，老师可以利用他们的这一心理，常常"故作玄虚"，让学生猜测。例如在游戏"神奇的魔袋"中，可以事先准备好一个大大的布袋，里面装着各种各样的东西。上课时，让学生猜猜"魔袋"里会有什么，学生通过观察布袋的样子、掂量布袋的轻重、摸摸布袋的软硬分别做了不同的猜测。接下来，再让学生把手伸进布袋里去摸，学生通过感受某一样东西的大小、软硬、形状等猜测摸到的东西是什么。整个游戏过程，学生情绪高涨且不失波澜。

3. 演一演

小学生都有很强的模仿能力和表演欲望，因此老师要在游戏中给学生表演的机会。例如在游戏"成语模仿秀"中，可以让学生两两配合，一人表演动作，一人猜测对方表演的成语内容。再比如"木头人"游戏中，小朋友们为了逗乐其他同学，表演的造型千奇百怪、花样迭出，让人忍俊不禁。到了动笔习作时，孩子们在文章中纷纷表达了自己的快乐。

4. 试一试

孩子对新鲜事物都有尝试的欲望，因此，老师可创设许多新鲜的情境让学生有尝试的机会。例如游戏"画方圆"，要求学生左手画圆右手画方，但两手必须同时进行，很多孩子认为简单，但一尝试之后就大喊困难了。再如游戏"掌上明珠"，就是要求小朋友手持乒乓球拍，将球放在球拍上从教室后面跑到前面，再回头，整个过程不许用手碰到球，更不能让球落地，学生听完规则后个个蠢蠢欲动。类似的游戏还有很多，其中一些科学性小实验，既给学生提供了习作的素材，又培养了学生动手动脑自我探究的能力。

（六）辩论作文

辩论是人们对事物产生不同看法时，各自陈述理由，互相启发，共同提高认识的语言交际活动。它是人们认识问题的重要方法，是语言交际能力的综合表现。

小学阶段组织辩论活动，大体可分四步进行。

第一步，明确要求，确定辩题。

教师在进行辩论活动的前两三天，指导学生准备材料，练习辩论，使学生明确这次辩论活动的任务和要求。推选一名学生当辩论会的主持人。

第二步，自选观点，分组准备。

1. 辩题选定后，针对辩题提出完全不同的两种观点。

2. 根据每个学生赞同"正方"观点还是"反方"观点，将学生分为两组。每组推选出主辩、助辩、结辩的选手。

3. 各组学生在一起讨论，围绕本组选定的基本观点，从各个方面寻找理由。每个主辩人要认真做记录，以便集中全组同学意见，作为证明观点的材料。

第三步，展开辩论，畅所欲言。

1. 主持人宣布辩论会开始；公布辩论的题目和正、反方的基本观点；介绍正、反方的主辩人及发言次序；说明辩论会有关规则。

2. 先由正、反方主辩人陈述本方基本观点和论据，接着，各方主辩人为维护本方观点按一定顺序发言，或补充本方的支持理由，或找出对方发言的漏洞和错误进行反驳，或指出对方认识的片面，用本方观点予以纠正……经过几轮辩论，双方的陈述都比较充分了，结辩人可以归纳小结本方的理由，重申所持观点的正确。

3. 为使辩论会气氛活跃，主持人可以在辩论的过程中相机插话，或评价，或激励，或引导，把辩论不断推向高潮。所有学生注意观察并做好记录，为下一步做好充分准备。

第四步，评议总结，提高认识。

教师在主持人总结的基础上，做更全面的评价指导。帮助学生全面正确地分析所辩论的问题和双方的理由，指出正确的认识方法和结论。对辩论过程中各组学生的表现作出评价，对学生的特别精彩之处加以重点评论。指出本次辩论过程存在的问题，告诉学生一些组织辩论会的方法和进行辩论的常识。评选"最佳辩论手"。

（七）轻松写日记

写日记，对小学生来说，是引发其写作兴趣的一种极好的练笔方式，能提高学生的习作能力，训练观察力，发挥想象力，培养创造意识，形成合作交流的学习氛围。

不必每日都记，可一周两篇，有话则长，无话则短，重在真实，说真话，抒真情。也可在班级中设立循环日记，每个同学轮流写；亲情日记，家长与孩子同写；反馈日记，师生同写。每天下午课前 10 分钟进行日记交流评比，每次让学生评判出一名最优秀的，一轮结束后，再优中选优，这样每个同学都要展示自己，每个同学都要评判别人，充分调动学生写的积极性，消除记流水账现象，并在教师适时评价中学会去粗取精，去伪存真，免得有的学生把一件事当成万能素材写好几年。

比如写爸爸，不外乎忘我工作到深夜，坚持学习到永远，千篇一律，万人一面。有一个学生写了爸爸醉酒的样子："快十点了，听见敲门声，轻一下，重一下的，很不规则。我透过猫眼一看，是爸爸回来了，赶紧开门。刚开开一条缝，一股酒气迎面扑来，一只大手猛然伸了进来，在空中摸摸索索，乱抓一气，差点抓到我的脸。看那脚步踉跄，身子摇晃，像企鹅一样，肯定是喝醉了在找墙呢。"多么栩栩如生！可能有人感觉这样的文章没有意义，其实不然，它写了孩子的真实所见，也表达了孩子真诚的心声："希望爸爸不要再喝醉酒了，既影响了形象，又伤了身体。"

写好日记，要做到以下几点：

1. 仔细观察

自己身边的人和事写起来比较容易，但是要想写得详细、具体、完整，需要花时间仔细地观察。比如写自己喜欢的玩具，可以从这几个方面着笔：玩具怎么来的？它的外表是什么样的？这样就能把一个物品写得很详细、很明白。日记材料就在我们身边，但是不注意观察，也会视而不见。因此，平时要细心观察自己周围的事物，包括看到的、听到的、想到的以及自己所做的。

2. 从生活中寻找素材

生活中惊天动地的事情很少，对学生而言，每天必须做的事情，不外乎是上课、写作业、课间娱乐等等，可是，当他们学到了新知识，答对了一道题，学会了一种新玩法，发现了一个小秘密，做了一个奇特的梦……一定会很感动、很兴奋，在脑海里一定会留下很深刻的印象。这些不正是非常精彩的日记材料吗？

3. 写兴趣爱好

每个人都有自己的兴趣和爱好，有的喜欢弹琴、跳舞，有的喜欢打球、看书，有的喜欢旅游、饲养小动物……写喜欢的东西和喜欢做的事就不愁日记没有内容了。

4. 写心得感受

把自己对生活的思考，对事物的看法，以及自己在学习、生活中的优缺点等一些进步成长的过程记录下来。另外，在读书之后，还可以写写读书心得。

（八）与课内阅读结合

课堂教学应是学写作文的主渠道，要提高作文质量必须让习作训练融入阅读课，做到水乳交融。日常教学中必须充分挖掘教材的固有习作示范因素，为学生提供明晰的样板，以便学生模仿，这其中仿说仿写是最便捷的桥梁。就顺序而言，从仿说——仿说仿写结合——仿写；就方法而言，有句仿、段仿、篇仿、综合仿、创新型仿；就格式而言，有同类内容仿、法仿、神仿、创作仿。在仿写中练是关键，只仿不练前功尽弃，一仿多练则能举一反三，必然事半功倍。

1. 在模仿中练笔

这是"随文练笔"最重要的形式。因为现行的小学语文教材，大都是名家名作，文质兼美，无论是语言还是构思，都有许多独到之处，是学生习作极好的范文。在学完课文以后，可抓住课文的特点，模仿其写作方法和具体的语言表达方式，进行练笔。如学习了《青海高原一株柳》后，让学生仿写一种植物。

2. 在对比中练笔

通过对课文内容的理解，联系学生自己的生活实际进行练笔。如教学《轮椅上的霍金》，第三自然段写道："疾病已使他的身体彻底变形：头只能朝右边倾斜，肩膀也是左低右高，双手紧紧并在当中，握着手掌大小的拟声器键盘，两只脚则朝内扭曲着……"面对身残志坚的霍金，教师如果让学生以"我们的生活真幸福"为总起句介绍自己的生活，学生不仅学到了写作方法，也受到了一次精神上的洗礼。

3．在空白处练笔

课文中有许多空白的"潜台词"，可以根据内容的前后联系，凭借课文留下的语言"空白"引导学生进入角色，再现当时的情景。如《草原》一课，结尾写道："太阳已经偏西，谁也不肯走。是呀！蒙汉情深何忍别，天涯碧草话斜阳。"可让学生想象汉族客人和蒙古族主人在蒙古包前依依惜别的情景，充实语言的空白处。

4．在动情处练笔

教材中有许多课文感情浓烈，读来或感人至深，或怒不可遏，产生强烈的情感共鸣。这样的拓展既考查了学生对课外知识的掌握情况，又深化文章的主题。

5．自编小故事练笔

学完一篇文章，在学生弄懂文章内容后，根据学过的课文素材，引导学生重新构思，自编小故事，会在深化课文理解的同时，激发学生的创造力、想象力。如《赠汪伦》一诗，情节生动，在学完课文，学生脑海中的形象逐渐丰满后，提出：根据诗的内容，结合自己的想象，试着将《赠汪伦》编成故事。

6．在结尾处练笔

有不少课文结尾很含蓄，言虽尽而意犹存，给人以广阔的思考空间。学完课文后可进一步引导学生由故事的结尾想开去，引导学生展开想象的翅膀，续编故事。如《爱之链》的结尾省略了环境描写，可以让学生选取具体景物加以描写，以"清晨，乔依醒来……一切都会好起来的"进行练笔就是不错的选择。

（九）构图想象作文

想象作文创造性很强，进行想象作文一是结合儿童已有的生活体验，选取美好的事物作为想象的客体；二是创设童话，运用夸张、拟人的手法激起学生想象；三是选取适当的阅读教材改写、续写，如改变人称、体裁、补充情节等创造性活动，进行多种题材想象作文。

1．构图

根据自己的想象，用简洁的图画让其中的人、景、物跃然纸上，栩栩如生，激起习作的欲望。

2. 作文

在构图与想象的基础上，连贯成一篇完整的故事，快速地写下来。

（十）续写、缩写、扩写、改写

1. 续写

续写的一条重要原则，是不离开原文的中心思想、表达的主要意思，或预示事情的发展方向，或提示事情发生的原因及结局。注意事项有：

（1）要读懂原文，深入理解原文

对文中的时间、地点、人物、事件等都弄清楚，牢牢把握原文的中心思想，并对原文的重点词语、语言风格等深入推敲，这样写出的作文才能符合原文的脉络。

（2）要展开丰富、合理的想象

这是续写的关键。学生可以在自己听到的、见过的真事上展开想象，也可以在原文情节的基础上去构思，使续写出的作文既内容丰满，又体现小作者的创造。

（3）要注意语言的衔接

一方面同原文要有对接，一方面又要自然过渡，这样才使文章更顺畅。

2. 缩写

缩写是把一篇长文章缩成一篇短文章，但文章的题目、中心思想、主要内容、主要人物不变。注意事项有：

（1）读懂原文，抓住主要内容、中心思想、重点段和非重点段等。

（2）围绕中心，正确去留。一般是抓主干，去枝叶，抓关键，去铺陈，把细致描写变为简要叙述，把详细说明变成概括说明，把长句换成短句等。

（3）要注意记叙文的要素。时间、地点、人物、事件，这些要忠实于原文。

（4）缩写不能过分概括。那样就变成提纲，而不成为文章了。

（5）不要都用原文中的语句。可以用自己的语言去表达，有所创造。

3. 扩写

扩写就是将一句话、一段话或一篇短文加以扩展，使原文更具体、更充实，内容更丰富的一种作文训练，可开阔作文思路，发展想象能力、思维能力。

扩写最重要的是要找出"扩写点"，围绕中心，展开合理想象，添枝加叶。可先把一个简单句子扩写成一个复杂的句子，再把一句话扩写成一段话，最后把一篇短文扩写成一篇长文，这样循序渐进。

4. 改写

在小学较常用，常见的类型有：

（1）改变体裁。如把诗歌改为记叙文，把记叙文改成诗歌等。

（2）改变人称。如把第一人称改为第三人称。

（3）改变叙述顺序。把顺叙改倒叙，把倒叙改顺叙等。

另外，我们还要多开展一些对对子、编童谣、写广告、出班报等综合性实践活动，提高教学效益。每学期拿到新语文课本，也可以让学生运用其中的一些题目，串联成一个有趣的小故事，也是一种不错的训练方式，学生很感兴趣。

总之，习作方法千万种，源头活水是生活，所以要贴近生活，加强阅读，培养兴趣，减少束缚，给学生以自由表达的空间，让学生快乐地写出真正属于自己的作品。

第七章　口语交际素养与教学指导

多年来，广大语文教育工作者对口语交际教学进行了深入的研究和实践，也总结出了许多优秀的经验，但是北京大学教授，我国著名的语文教育专家张鸿苓调查了我国学生口语交际的现状，认为我国学生的说话能力普遍比较低，存在"生人面前，羞于开口""支离破碎，缺乏条理""不分场合，高声喧哗""别人谈话，随意插言"① 等问题。作为语文教育工作者，我们要直面这些问题，进一步明确口语交际的教学目标，端正教学态度，改进教学实践，更好地完成口语交际的教学任务。

第一节　交际与演讲

一、口语交际的含义

口语交际就是交际双方为了一定的目的，运用口头语言，采用一定的方法，进行信息传递、思想交流、情感沟通的交际行为，其核心的意思是"交际"二字。

因此，口语交际首先必须重视口语交际的人际交往功能；其次，重在实践，必须在交际中学会交际；最后，重在参与，要积极参加讨论，对感兴趣的话题发表自己的意见，敢于提出自己的见解。

口语交际是一种双向互动式的动态语言实践，相对于以前的"听话、说话"，口语交际更强调双向互动的特点，是信息交流与人文关怀的统一体。因此，它不仅要求具有听说技巧，还要求具有待人处事、举止谈吐、临场应变以及传情达意等方面的能力和素质。

二、口语交际的特点

口语交际是一种综合素质，它是知情意性的统一体。日常生活中，与人交往不但要会听、会说，还要讲究文明礼貌。口语交际能力包括以下五个特点：

动态性：口语交际不仅包括单向表述，也包括双向交流。话题在交互式的

---

① 张鸿苓. 言语交际指津. 语文出版社，2000（3）

交流中，在双方的配合下被逐步推进。

双向性：对于言语个体来说，在交际过程中，他是发话者，同时也是受话者。

综合性：对于言语行为来说，完成口语交际必须有多种系统参与，如思维、语言、情感、态势、语境等，各种系统互相配合，协调一致才能完成交际任务。

现实性：所有的口语交际活动都是面对特定的对象，在特定的语言环境中进行的，因此交际时必须考虑两个问题。第一，要根据具体语境进行言语交流，说话要看对象、地点、时间、合乎分寸；第二，交流过程中根据不同的反馈信息，要善于灵活采用各种交际策略，如解释、重复、停顿、迂回、猜测、转换话题等。

简散性：口语交际过程中，言语者往往来不及组织结构复杂的长句，用简略的语言表达就可以。

三、口语交际能力的构成要素

口语交际能力所包含的，绝不仅仅是听说能力的简单相加，而是包含着丰富的交际技巧、交际方法、交际策略、交际心理等因素。听说能力是交际的基础，听不明白、说不清楚，交际无从谈起；但是只会听说，也不一定能达到交际效果。要想成功交际，还要考虑交际对象，考虑语言环境，如身份、场合、时机等。

1. 辨识语音的能力

口语交际是传声的、有感情的，传声包括声音的高、低、快、慢、强、弱、长、短，需要特别注意不同语音在不同情况下所表示的不同意义。

2. 理解语意的能力

口语表达有一个过程，就是从生活到思维，再由思维外化成口语，在这个过程中，每个人所说的话，包含了这个人的生活体验、文化素质、道德水准，听其言可了解这个人。同样的稿件各人说出来的效果不一样，就是因为各人的生活阅历不同，对生活的理解不同。所以要调动知识素养、能力素养，要调动生活积累理解一定语境中的言语语意。

3. 评判话语的能力

现代汉语的口语现象十分复杂，如词义多解、双关谐音等。口语表达的方法也是多种多样的，如各种修辞手法的运用，这就需要培养对话语的评判能力。

评判能力主要包括：

（1）思辨——能确定话音的可信度和真实性，分辨信息的真伪，以获取真实有用的信息；

（2）知情——能体察发话人的感情内涵，能听出话外之音，能体会出弦外之音；

（3）体味——能理解发话人所运用的修辞手法，如一语双关，正话反说，巧用谐音，旁敲侧击等；

（4）识趣——不同的语言反映不同的人的性格，同一句话从不同的人嘴里说出来，意思却相去甚远。

4. 组织语言的能力

言语者组织的语言要具有以下特点：

（1）清楚：要人知道你说的是什么东西，当然，有时要说得幽默一点，那或是生活的玩笑，或是说相声，一般的情况一定要说得清晰，让人听得懂。

（2）有条理：口语交际切忌拖泥带水、重复啰嗦，层次要清楚，在一个话题下，先说什么，后说什么，怎么说，要有一个妥善的安排。

（3）口语化：首先，书面语中的单音节词在口语里都要变双音节词，比如，书面语"此时"，口语表述就要用"这个时候"；其次，文言词变白话词。还有一点就是书面语停顿靠标点，口语靠情感的处理、靠语气的变化。

5. 口头表达的能力

从发音方面说，言语个体出口要干净利落，每个字的"吐字归音"都毫不含糊；从表意方面说，说话要确切明达，决不模棱两可；从流畅度方面来说，说话要"知而能言、言之能顺"。它反映在两个方面：

一是说一段相对完整的话时，不"卡壳"，说得流畅，没有口头禅，出语干净。

二是答疑接话时，要应对敏捷，说得流畅。

6. 专心倾听的能力

学会倾听是能够顺利进行交际的基本保障，专心倾听的首要一点就是眼神，眼睛是心灵的窗户，不同的眼神体现不同的心理：

正视——庄重，诚恳；斜视——轻蔑；环视——与听众交流；点视——针对性，示意性；仰视——崇敬，傲慢；俯视——关心，忧伤；凝视——专注；漠视——冷漠；虚视——消除紧张。

目光自然、亲切，视线应接触交流者的眼睛这样可以让交流者感受到真诚。

7. 恰当使用态势语的能力

态势语也称"体态语""身势语""人体语言"，它用表情、手势和体态动作来交流思想感情的语言辅助工具。美国传媒学家表示：你是否认识到，你所传播的信息中只有35%是语言的。当你面对面地同某个人讲话时，他可以从你的言语之外的其他形式中接受65%的信息。

态势语的基本要求：

（1）得体：要与场合、年龄、身份等相符。

（2）自然：要随情所致，自然大方，有一定的美感。

（3）适度：要把握分寸，动作幅度不宜过多、不宜过分夸张。

口语交际时，语言、声调、态势语等要素要综合考虑，如果没有语调的变化，语言是枯燥的，如果没有态势语，语言是不生动的。由此看来，在口语交际教学的过程中不仅要注意听、说的品质，还要注意其他能力的培养，这是高信息化社会发展的需要，有利于创新型人才的培养，能够全面提高学生语文素养。

四、演讲基本要求

（一）演讲的含义

演讲又叫讲演或演说，是指在公众场所，以有声语言为主要手段，以体态语言为辅助手段，针对某个具体问题，鲜明、完整地发表自己的见解和主张，阐明事理或抒发情感，进行宣传鼓动的一种语言交际活动。

演讲具有以下性质：

1. 社会性

演讲活动发生在社会成员之间，它是一个社会成员对其他社会成员进行宣传鼓动活动的口语表达形式。因此，演讲不只是个体行为，还具有很强的社会性。

2. 现实性

所谓现实性，是指符合客观事物的现实情况的性质。

3. 艺术性

演讲是优于一切现实的口语表现形式，它要求演讲者去除一般讲话中的杂乱、松散、平板的因素，以一种集中、凝练、富有创造色彩的面貌出现，这就是演讲的艺术性。

4. 综合性

演讲只是发生在一定时间内的活动，而为这一活动，演讲者要有各方面的充分准备，同时，还需要大量的组织工作与之配合。这就是演讲的综合性。

5. 逻辑性

演讲者思维要缜密，语言应有条理，层次分明，结构清楚，这就是演讲的逻辑性。

6. 针对性

演讲主题应是众所周知的问题，要注意听众的年龄、身份、文化程度等，这就是演讲的针对性。

7. 感染性

演讲者要有鲜明的观点、自己独到的见解和看法以及深刻的思想等，要善于用流畅生动、深刻风趣的语言和恰当的修辞打动听众，这就是演讲的感染性。

8. 鼓动性

鼓动性是演讲成功与否的一个标志。没有鼓动性，就不成为演讲，政治演讲也好，学术演讲也好，都必须具备强烈的鼓动性。

（二）演讲要注意的问题

1. 演讲的语调

（1）演讲的基本语调是亲切感——扣人心弦

一忌盛气凌人、咄咄逼人，那会使听众觉得你太凶，产生抵触情绪；二忌畏畏缩缩、欲吐又吞，那会使听众认为你很没有信心；三忌旁若无人、高谈阔论，那会使听众觉得你很高傲；四忌无动于衷、说话呆板，那会使听众觉得你很冷漠。

（2）演讲的语调是一种什锦拼盘式的语调——沁人心脾

声音上有高有低，节奏上有张有弛，错落有致。不可一味地慷慨激昂，让人很累；也不可似"温吞水"一样，毫无变化，吸引不了听众。

2. 演讲的节奏变化——跌宕起伏

演讲中有带规律性的变化，叫节奏。演讲要有节奏，该快的时候快，该慢的时候慢，该起的时候起，这样有起伏、有快慢、有轻重，才形成了演讲的乐感和悦耳动听，否则话语不感人、不动人。有了这个变化，语言才生动，否则是呆板的。有位意大利的音乐家，他上台不是唱歌，他把数字有节奏地、有变化地从1数到100，结果倾倒了所有的观众，甚至有的感动得流下了眼泪，可见节奏在生活中是多么重要。

3. 演讲的音量调节要适中——感人肺腑

演讲时音量要注意：

不宜过低。声音应清楚地直达每一位听众的耳中。有时适当放低音量，会使人感到亲切，但要低得合理、合度，做到低而不虚、沉而不浊，有一定的内在力量。

不宜过高。以中音区为主，这样演讲者讲得轻松，别人听了也不觉得累。

不宜过亮。过亮的声音显得尖利、单薄，情味不浓。

4. 演讲的态势语要恰当——引人入胜

（1）表情：表情要是变化的，随着演讲内容的变化而变化，要适度，不能夸张。

（2）手势：手是第二张脸，以手势助演讲，手势的目的要鲜明、适度，克服随意性。

（3）站姿：站姿要端庄、挺直、精神饱满。

5. 克服怯场的技巧

（1）心境调节法：上台前听音乐，与人开玩笑、闭目养神或者做深呼吸。

（2）语言暗示法：要对自己充满信心。

（3）分散注意法：力求对某一事物产生兴趣。

（4）假装勇敢法：昂首挺胸，以稳健的步伐上台。

（二）撰写演讲稿的方法

1. 演讲稿的总体特征

（1）内容的现实性

演讲稿的观点要来自身边的生活或学习，材料也是如此。它得真实可信、贴近现实，是为了解决身边的问题而提出和讨论的。

（2）情感的说服性

演讲的目的和作用就在于打动听众，使听者对讲话者的观点或态度产生认可或同情。演讲稿作为这种具有特定目的的讲话稿，一定要具有说服力和感染力。

（3）情景的特定性

演讲稿是为演讲服务的，不同的演讲有不同的目的、情绪，有不同的场合和不同的听众，这些构成了演讲的情景，演讲稿的写作要与这些特定情景相适应。

（4）语言流畅，深刻风趣

①要口语化

"上口""入耳"这是对演讲语言的基本要求。如果演讲稿不"上口"，那么演讲的内容再好，也不能使听众"入耳"，完全听懂。演讲稿的"口语"，是经过加工提炼的口头语言，要逻辑严密，语句通顺。

②要通俗易懂

演讲稿的语言要力求做到通俗易懂，用普普通通的语言，明晰、通畅地表达演讲的思想内容，而不刻意在形式上追求词藻的华丽。

③要生动感人

语言大师老舍说："我们的最好的思想，最深厚的感情，只能被最美妙的语言表达出来。若是表达不出，谁能知道那思想与感情怎样好呢？"由此可见，要写好演讲稿，要力求语言生动感人。

2. 演讲稿的结构

演讲稿的结构通常包括题目、开场白、正文、结尾三部分。

（1）题目新颖醒目，重点突出。题目准确形象，富有魅力，就能给人新鲜的感觉和深刻的印象，唤起听众的兴趣。李燕杰老师写的演讲稿，讲题颇具特色。如《心上绽开春花，芳草绿遍天涯》《国家、民族与正气》等。定题时，还要考虑到，一篇演讲稿着重谈一个问题，切忌面面俱到，包罗万物。

（2）开场白独出心裁，出奇制胜。应该用最简洁的语言、最经济的时间，把听众的注意力和兴奋点吸引过来。这样，才能达到出奇制胜的效果，紧紧地抓住听众的注意力，为整场演讲的成功打下基础。

（3）正文重点突出，观点鲜明。主体必须有重点、有层次、有中心语句。演讲主体的层次安排可按时间或空间顺序排列，也可以平行并列、正反对比、逐层深入，正文的选材要有典型意义、有表现力、有感染力。

（4）结尾深化主题，引人发省。演讲稿的结尾起着深化主题的作用，结尾的方法有归纳法、引文法、反问法等。

第二节 口语交际教学的基本要求与方法

一、口语交际教学的具体目标

义务教育《语文课程标准》的课程总目标中指出："培养学生具有日常口语交际的基本能力，学会倾听、表达与交流，初步学会运用口头语言文明地进行人际沟通和社会交往。"

学段	总体任务	普通话	听	语言	交际
第一学段	培养兴趣 养成习惯 夯实基础	学说普通话，逐步养成说普通话的习惯。	1. 能认真听别人讲话，努力了解讲话的主要内容。 2. 听故事、看音像作品，能复述大意和自己感兴趣的见闻。	能较完整地讲述小故事，能简要讲述自己感兴趣的见闻。	1. 与别人交谈，态度自然大方，有礼貌。 2. 有表达的自信心。积极参加讨论，敢于发表自己的意见。
第二学段	提高要求 学会共处 促进发展	能用普通话交谈。	1. 学会认真倾听，能就不理解的地方向人请教，就不同意见与人商讨。 2. 听别人说话能把握主要内容，并能简要转述。	能清楚明白地讲述见闻，说出自己的感受和想法。讲述故事力求具体生动。	（同上）
第三学段	丰富内容 提高水平 塑造形象	（同上）	听人说话认真、耐心，能抓住要点，并能简要转述。	1. 表达有条理，语气、语调适当。 2. 注意语言美，抵制不文明的语言。	1. 与人交流能尊重和理解对方。 2. 乐于参与讨论，敢于发表自己的意见。 3. 能根据对象和场合，稍作准备，做简单发言。

二、达成教学目标的要求

(一) 第一学段

俗话说："千里之行，始于足下"，第一学段是学生学习口语交际的基础阶段，需要教师在教学中重视言语和非言语行为的培养，重视夯实基础。

在口语交际的过程中，学生是交际的主体，他们的交际愿望是促成交际活动产生的基础，激发学生口语交际的兴趣，形成交际的内驱力，让他们有话可说，有话想说，呵护每一个孩子的自尊心，诱发学生的交际欲望，鼓励人人参与到交际中来。

而且在第一学段，还要注意对学生交际时的情感、态度的培养，引导学生形成良好的交际态度和习惯，为今后的学习奠定坚实的基础。

(二) 第二学段

现代教育提出了教育的四大支柱，即：学会认知、学会做事、学会共处、学会生存。第二学段的口语交际目标从不同的程度上体现了这一理念，如："交谈中能够认真倾听，并能就不理解的地方想别人请教，就不同意见与人商讨"，"努力用语言打动他人"等，这些都能为学生学会与人共处、形成合作意识、促进学生发展打下良好的基础。

(三) 第三学段

这一学段的内容更加丰富了，不仅提出了"讨论"和"转述"这两种交际形式，而且提出了"发言"这一口语交际形式，口语交际能力要求进一步提高。不仅要求学生在交际中注意语言美，而且要求学生具备一定的判断能力，形成正确的价值观，塑造良好的交际形象。

三、口语交际教学基本观点

1. 知识构建性和口语交际环境的创设

新的学习概念倡导个人对知识的构建，个人创造有关世界的意义。构建是通过新旧知识的互动实现的，与此相对应的教学理念就应当是：鼓励学生通过与环境的互动去构建对个人具有意义的知识。为了实现这一目标，教师应该提供多种认知工具和丰富的初始资讯。具体到口语交际课程，就是要求教师为学生创设一个通过会话活动获取资讯的交际环境，而不仅仅是教授一些发音方法、文体格式和演说技巧，更不是提供某种观点让学生接受和背诵。

英国的口语交际测试是这样做的：考试开始前学生会得到两份度假中心的广告，是一本旅游宣传画册中的两张彩色选页。内容包括度假中心概况、地址及实景照片、旅游设施及专案、游览日程及价目、娱乐活动详细资料的页码索引等。学生需要回答的一道题目是：一个本地公司赞助了你的学校一笔钱以资助教育类参观。选择一个你们班级想去的地方，说服你的校长同意支付一些钱用于你们的该次参观。

这个问题的设计尊重了外部世界的无限复杂性和认识主体的巨大能动性，有助于学生组织他们的经验世界。学生所拥有的初始资讯是丰富的（有可被加工的素材），知识构建的目标是明确的（交际的动机明确），知识的适用对象是肯定的（交际的语境完整）。这样，学生才有可能主动地去补足客观存在着的资讯落差，积极地创造他们自己认为有价值的会话活动。

可见，口语交际的教学目的是要引导学生学习如何从纷繁的现实资讯中构建并完善自己的认知点和认知体系，并最终实现交际的社会意图。这时的交际由于存在真实的资讯空间而不再是资讯真空型的虚假交际。

2. 知识的社会性与口语交际共同体的组织

全新的学习概念强调：学习是知识的社会协商，知识是存在于团队中的，个人只有通过团队成员之间的互动、中介和转换等张力形式才能发展自己的知识，这种知识的社会本质带有浓厚的社会取向，与口语交际强调语境构成要素之间的相互作用的观点形成共鸣。

也就是说，口语交际的教学从组织形式上来讲，就是要建立一些"学习共同体"。具体而言，就是在课堂上要组织一些小组来完成特定的会话活动，而不是单个学生的或是全体同学单方面的和同一的说话练习。要教会学生成为小组中的一员，可以让他们根据个人的特长来分工，也可以根据工序来分工，他们应该学会分析自己小组的优势，并充分利用这些优势去完成任务，获得成功。

例如：将全班同学分为四个小组，每个小组派两位同学在黑板上根据本组同学的说明作画，其他的同学负责说明。他们会从老师手中抽到一张图片。大家一起商议一下怎么说才能让黑板上的同学画出和他们手中一样的图像来。

在这个练习中，每一个小组都是一个口语交际的共同体。作画的同学和说明的同学必须充分合作、彼此协商，不断交换资讯，甚至说明的同学之间也要互相纠正和补充。这个活动不仅需要交际的技巧，也对判断和表述的严密性提出了很高的要求。

3. 知识的情境性和口语实习场地创建

全新的学习理论非常强调认知和学习的交互特征和实践的重要性,中心问题就是创建实习场。在这个实习场中,学生遇到的问题和进行的实践与当前或今后在校外所遇到的是一致的。对应与语言教学,也就是要求学生完成的语言交际练习必须具有很高的现实迫近程度,能与现实生活话题保持高度的同构关系。

英国的国家课程标准里为学生听说制定的总体目标非常强调情境的多样性:学生学习根据不同背景自信地听和说。学习在不同的场合,面对不同物件,灵活地调整说话的内容和方式。在正式场合讲话和面对观众时,能使用标准口语清晰流利地讲。

美国"伊利诺斯州语言艺术学习标准"更是对这种现实迫近程度予以具体的说明,像高中高年级要做到:作为个人和小组成员向不同的听众(如同伴、社区、商业、地方、工业组织)做有准备的或即席发言,展示专案和文献研究的结果;应用说话技巧参与领导小组讨论;自我调节交际过程中出现的焦躁和忧虑的情绪;应用言语的和非言语的策略使交流延续,解决小组、个人和工作环境中的冲突。

4. 知识的默会性与口语交际教学形式的多样化

全新的学习观念认为:隐含在人的行为模式和处理实践的情感中的默会知识可以在与他人和环境的互动中发挥作用,默会知识的复杂性与有用性会随着时间和经验的日益丰富而增加。知识的默会性与知识的复杂性之间具有因果关系。由于知识总是与认知者有关,因而它总是不稳定的、结构不良的及主观的,与稳定的、自足的、结构良好和客观的资讯不同。

正因为知识是复杂的,要在构建、协商和情景中获得,再加上口语交际的实践无处不在,这就决定了口语交际的教学形式不可能只有一种统一。

四、口语交际课堂教学的主要特征

社会口语交际的实际需求对口语能力训练的要求有所提高。以前小学语文教学中"听话·说话"训练的要求仅为"听别人讲话要专心,能理解内容。能用普通话清楚明白地表达自己的意思,养成边听边想和先想后说的习惯。听话、说话要注意文明礼貌。"[①] 这是一种内容较为单纯、固定,可以听后慢慢回味理解和说前从容组织语言,单方面活动的听说能力训练。

---

① 中华人民共和国教育部《义务教育语文课程标准》(2011 年版). 北京:北师大出版社

口语交际教学还包括针对交际环境、对象、情态和交流目的、内容、重点以及变化情况，应有的听说态度、神情等待人处事能力的培养，以及迅速、准确理解别人的意思，敏捷地思考，临场快速组织语言，清楚巧妙地表达自己的意思等灵活机智的思维能力和口语感悟、表达能力与习惯的培养。这是一种内容丰富多样且多变，思维、表达灵活机智，双向或多向互动的口语交际能力训练。在要求上显然有较大的扩展与提高。

据此，口语交际课堂教学应具有以下特征：

1. 教学内容切合学生学习、生活和今后社会交际实际，着力培养切实的基础口语交际能力，着眼口语交际能力的发展

首先，要体现出切实性、基础性和发展性。所谓切实性，就是要选择学生学习、生活交际中共同熟悉、急需又有趣的内容教学。比如：家庭生活交流，学习体会交流，课外阅读交流，手工、游戏介绍，对喜爱的动物、植物的情感的交流等，使学生有话可说，愿意交流，满足日常学习、生活交际需要。所谓基础性，就是教学内容能体现学生的基本生活，所需交际语言符合学生口语基础，通过训练，规范学生口头语言，培养其基础口语交际能力和基本正确的交际态度与语言习惯。所谓发展性，就是还要兼顾学生今后社会交际需要，适当选择一些社会生活交际必要的内容，例如：模拟择业时根据职业要求介绍自己的专业能力与特长，模拟营销活动中揣摩顾客心理介绍商品性能、特点，以及文化学习、社会生活问题辩论、采访、交涉和看病、买东西、接待客人等，训练学生社会口语交际的初步能力，以利今后的发展。

其次，还要具有可交流性，适当避免那些内容单一、确定的"看图说话"式或简单是非关系的内容，利于学生从不同角度多方面思考与表达，体现出交流的价值，激发起交流的兴趣，保证训练实效。

2. 创设多种多样的口语交际情境，形成和谐民主的氛围，让学生能无拘无束地进行口语交流

一定的情境是学生增强生活体验、激发思维与口语表达的环境条件和动力源，和谐民主的氛围则是大胆进行口语交流的前提。所以，教学中一定要依据教学内容，尽量模拟社会生活交际实际创设情境，形成良好气氛，让学生在这种情境气氛中产生交流欲望，自由地无拘无束地参与。只有这样，学生的个性与创造思维能力才能得到充分的发展，从而提高教学效率，达到口语交际训练的要求。

《照片中的故事》教学片断

（1）情境创设：照片是我们人生中某一瞬间的定格，这一瞬间也许是游览名胜古迹、也许是和亲人的团聚、也许是和喜爱的小动物在一起，但无论哪一种情形，它的背后都蕴藏着一个小小的故事，每当翻开那些照片，它都会勾起我们美好的回忆。

（2）走进话题：

①小时候的故事。首先，出示照片，组织学生进行小游戏——猜猜他是谁（猜出后请本人讲述照片中的故事）；其次，学生小组中出示照片，讲述故事。

②我和大自然。组织学生交流：你们出去玩过吗？都去过哪些地方？印象最深的是什么？（组织学生进行交流，并且交流在此处发生的故事）

③幸福的一家。人生最幸福的时刻莫过于与家人团聚，无论何时何地，只要浸润在浓浓在亲情里，我们就是快乐的，快把你那幸福的一家介绍给大家吧！

首先，学生出示照片介绍；其次，师出示集体照（我这里也有幸福的一家，大家认识他们吗?）；然后提问：看到这幸福的一家，看到那一张张笑脸，回想起我们在一起的幸福时光，此时此刻，你最想对大家说些什么？在我们共同经历的学习生活中，哪一件事令你最难忘？（引导学生交流）

3. 形成双向或多向互动的交际方式

这是口语交际训练不同于以往听话或说话训练的一个显著特征。口语交际是人与人之间往来交换思想、看法、意见，交流经验、成果、情感，或者买卖东西，寻求帮助，交涉事情等待人处事的活动，必须要有交际对象，构成交际关系，形成双向或多向互动的交际方式才能进行。因此，教师和学生在教学中要有双重的角色意识，注意角色的转换。除指导点拨时，师生之间构成教与学的双边关系外，师生之间、生生之间要像日常生活中口语交际那样互为对象，构成交际关系，并模拟生活实际双向互动地进行训练，才能体现出口语交际训练的特点，切实锻炼和发展学生的口语交际能力。

4. 口语交际实践量大、面广

口语交际是一项实践性很强的活动，必须通过大量实践锻炼才能内化为能力。俗话说："拳不离手，曲不离口。"因此，教学中要安排大量时间，并注意采取多种形式，特别是那些全班学生都能参与的形式，以提供尽可能多的机会让每个学生参与其间，在动态的口语交际实践中反复经历、体味，提高思维的敏捷性、逻辑性、深刻性和语言表达的规范性、条理性、机敏性，获得真知，增强能力，逐步形成良好的语言习惯和交际态度。

总之，如能在口语交际课堂教学中体现上述特征，通过训练培养学生形成基础的口语交际能力、良好的语言习惯和交际态度，又能利用语文教学的各个环节有意识地培养学生的听说能力，从而直接或间接地促进口语交际能力的发展。同时，鼓励学生在日常生活中积极主动地锻炼口语交际能力，那么，学生的口语交际能力就能得到迅速提高，真正实现口语交际教学的目的。

五、口语交际训练策略

口语交际教学的成功，不仅需要研究教育教学内容、教学方法，还应当重视交际的情境氛围，教师要不断创设宽松愉快的交际情境，激发学生口语交际的兴趣，使学生心情愉悦，乐于思维、敢于表达。

（一）情境创设策略

口语交际是在特定的环境中产生的言语活动，这种言语交际活动，离开了特定的环境就无法进行。在口语交际教学中，为引起学生的说话欲望，激发学生的口语交际热情，应从以下几点入手：

1. 联系生活，创设情境

学生的日常生活是丰富多彩的，其中有很多的交际情境。比如：买文具、打电话等，在学生进行交际的过程中进行及时的评价、指导以提高学生的交际能力。比如：在教学青岛出版社出版的全日制义务教育六年级小学《口语交际·习作》第十册中的《请你帮个忙》一课时，可以引导学生："同学们，生活中我们不可能仅凭一个人的力量最终获得成功，所以，必要的时候，我们非常需要别人的帮助，在生活中你有这样的时候吗？你是怎样做的？"这一问可以引导学生将课堂与生活自然联系起来，一石激起千层浪，引导学生打开话匣子就顺水推舟了。

2. 语言描述，创设情境

教学语言是教师最重要的教学手段，直接影响学生的思维能力和语言表达能力的发展。教师的语言应该符合儿童的心理特点，更生动、形象、口语化，这样就能吸引学生的注意力，达到良好的教育效果。教学《口语交际·习作》

第六册中的《学会商量》一课时，课前创设情境：现在，咱们班的同学在周末都会奔走在各种兴趣班中，在这些兴趣班中，哪些是你喜欢的？有没有你特别不想去的？在这样的时候，你是怎样做的？有没有想过和父母坐下来商量一下？究竟应该怎样做呢？寥寥数语就可以引导学生进行自然交流。

3. 角色表演，创设情境

角色表演是让学生在表演中获得角色认同感，然后以认同的角色与人对话、沟通，达到互动交际的目的。角色扮演是在口语交际中最常用也是最有效的策略，引导学生扮演不同的角色，体验不同的角色，如《口语交际·习作》第八册中的《学会安慰》一课，可以给学生创设不同的情境：比赛失败的时候、考试失利的时候、被老师批评的时候等等，让学生在不同的情境中体验被安慰者和安慰者的不同角色，提高学生的口语交际的能力。

4. 活动体验，创设情境

课堂活动是一种真实的情境，通过开展学生感兴趣的活动，使学生置身于情境之中，获得真实的情感体验，学生之间、师生之间的对话就有了富有生命力的内容。比如：约请、学会劝阻、购物、推荐或自我推荐等都可以组织相应的活动，引导学生在活动的情境中，练习口语、提高交际能力。

（二）快乐游戏策略

几乎所有的孩子都喜欢游戏，游戏深受学生的欢迎，因此，在课堂上引入游戏环节，可以引导学生在游戏中说，在说中游戏，达到寓教育于游戏之中的无形教学境界，使学生在不知不觉，在潜移默化中得到锻炼。

教学案例

《我的理想》教学片断

从问学生"见过采访吗？"开始，在师生问答中简介采访及答话要领——最重要的是要听清记者的问话，才能作出回答。语言文明，青春、态度大方，自然也很重要。

教师模仿记者，采访一名学生。

师：请你谈谈长大后想做些什么？

学：我想当一名教师。

师：长大后为什么要当教师呢？（教师点拨，指导学生把原因讲清楚）

学：老师能教给我们很多知识，教我们怎样做人。现在甘肃省许多贫困山区的孩子上不了学，他们没有学校，没有教室，更没有老师。我想去那儿当老师，把知识教给他们，让贫困山区的孩子都能上学。

师：我代表贫困山区的孩子谢谢你，你真有爱心，谢谢你接受我的采访。

学：不用谢！（同学们鼓掌给予鼓励，教师接着连续采访一两名同学）

（三）评价激励策略

教师对学生口语交际能力的评价应该以肯定和表扬为主，以自己的宽大胸怀去呵护学生在交际中的细微进步。通过类似于"你很善于倾听""你说得很完整"等激励性的语言，使学生感受到赏识，增强交际的自信心。

教学案例

《送贺卡》教学片断

学生：妈妈，新年好！我在家里经常惹您生气，让您为我操了许多心，您辛苦了。今天是春节，我祝您春节快乐！

教师：她说清楚了吗？

学生：说清楚了。

教师：她在贺卡里还承认了错误，相信在新的一年里不会再惹妈妈生气了，是吧？

学生：是的。

教师：真是个懂事的好孩子。再看看祝贺语的格式正确吗？

课堂上教师对学生的交流给予及时、充分的肯定，学生在这种轻松和谐的氛围中敢想、敢说、敢于尝试。教师主导者的作用发挥得当，学生就能够轻松打开话匣子，自如交流。

（四）阅读交流策略

语文课是培养学生积累语言、理解语言文字、运用语言文字的主要阵地，学生要在心里、头脑里组织好要说的话，这个功底是语文的功底。学会听讲，能复述课文，转述别人的意见等等。关于语文课上应该怎样培养学生的听、说、读写素养暂且不谈，我们关注一下语文课上的口语交际练习。许多语文老

师认为语文课上的回答问题，语文课上的情景对话就是口语交际训练了，所以很多老师都不上口语交际课。这是非常错误的认识。

《鹬蚌相争》一文，诵读理解之后，让学生扮演鹬和蚌的角色来对话。

例如蚌说：你快把我放了，你不放我，早晚会饿死的。

鹬说：我才不放你呢，你乖乖张开壳，让我吃掉你吧！

蚌说：你饿死了活该。

鹬：今天不下雨，明天不下雨，你肯定会干死的，还是乖乖放了我吧。

两个人争执不下，被渔夫捉走了

蚌说：唉，早知今日，何必当初啊。

鹬说：唉，与其被渔夫捉住，我们俩不如和平相处啊！

这种类型的语文课堂对话大都是老师为了帮助学生更好地理解课文而设计的，它只属于语文阅读理解的范畴，当然这种形式有利于训练学生组织内部语言，灵活使用积累语言的能力。但是这种语言在实际交往中是绝不会用到的，也就是说语文课堂上的这种对话对口语交际来说是没有任何实践意义的。

教学案例

《推敲》

韩愈：你为何冲撞我的仪仗队？

贾岛：我正在斟酌诗里的一个字眼儿，无意间冲撞了大驾，求您宽恕。

接着，贾岛就把自己写诗的事告诉了韩愈，并说自己正犹豫不决，不知道是用"推"好还是用"敲"好。韩愈也是一位著名的诗人，便很有兴致地思索起来。过了一会儿，他对贾岛说：还是敲字更好些，月夜访友，即使友人家门没有闩，也不能莽撞推门，敲门表明你是一个懂得礼貌的人，再说用'敲'字更能衬托出月夜的宁静，读起来也响亮些。

根据课文的这段内容，安排学生分角色练习对话。

韩愈：你在斟酌什么字眼儿？

贾岛：我昨天去长安城郊外拜访一个叫李凝的朋友，我沿着山路找了好久，才摸到李凝的家。这时，夜深人静，月光皎洁，我的敲门声惊醒了树上沉睡的小鸟。不巧，朋友不在家，我就留了一首小诗《题李凝幽居》，诗中有一句话是"鸟宿池边树，僧推月下门"我不知道是"敲"好，还是"推"好，所以苦苦思索。

韩愈：还是"敲"字好。月夜访友，即使友人家门没有闩，也不能莽撞推门，敲门表明你是一个懂得礼貌的人，再说用'敲'字更能衬托出月夜的

宁静，读起来也响亮些。

贾岛：听君一席话，胜读十年书。太感谢了，您真不愧是唐宋八大家之首啊！多谢多谢！

这段人物对话的朗读练习和想象对话就有了交际的实用性，请求宽恕，解释原因，表示感谢。

这样设计既帮助学生理解了课文内容，还训练学生口语表达，渗透了请求宽恕，解释原因，表示感谢的口语表达方式。语文课上的这种对话练习对口语交际学习是有实践意义的。

但是作为语文老师，心里一定要有一把语文的标尺，不能因为要理解课文，要练习口语交际而设计这样一个对话练习之后就没有下文了。语文老师在练习完对话后，一定要问问学生：我们的对话如此生动，作者为什么不写下来，重现当时的情景？

最终要让学生领会之所以概括的写"接着，贾岛把——"是因为课文前面已经把贾岛去朋友家拜访，写下《题李凝幽居》这首诗，然后苦苦思索"推"好，还是"敲"好的过程都记叙清楚了，这里就不需要再重复交待，这是写文章的技法，需要在语文课上指导学生领悟。

语文课上应该帮助学生打好口语交际的各种基础，但是语文课有语文课的目标，口语表达只是其中一部分目标。要在语文课上实现良好的口语交际指导，语文老师是要动一番脑筋的，我们可以深刻挖掘课文中的重点处、矛盾处、空白处、求异处，激活学生的思维。学生的思维一旦被激活，就能点燃他们创新的火花，产生丰富多彩的回答，出现更多的精彩，在师生交流对话的过程中，提高学生的口语交际能力。

（五）师生交往策略

每天，老师都在和学生交流，有课堂上的交流，有课间时的交流，老师给学生创造了一个怎样的语言环境，学生就会在这种语言环境中学习口语交际的技巧，形成口语交际的能力和风格。老师要给学生做一个怎样的口语交际的榜样呢？创设一个怎样的环境熏陶学生的口语表达呢？

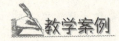 教学案例

热 情

塞缪尔·泰勒·柯勒律治说过："没有什么比热情更具感召力!"孩子是这个世界上最有活力、最热情的人,所以,请以热情的态度对待他们吧,你会收到意想不到的效果!因为热情是可以相互传染的。在课堂上显示热情洋溢的样子,是一种职业精神。

热情的语言,如"说得好极了,有一副好口才多自豪。""快来帮帮你的同伴吧,他遇到困难了。""你特别希望谁来帮助你?"……

"你刚才在桌洞里看漫画书,没有听懂我讲的重要内容,我很遗憾,也很替你着急。"

"你一直低着头没有看黑板上重要的提纲,你还好吗?需要帮助吗?"

体谅、宽容、理解……

如果一个学生在课堂上表现不好,教师当着全班同学的面批评、讽刺、挖苦他,但是这位学生在其他同学,也就是他的观众面前一定会选择尽情地表演,他的行为几乎不会有所改善。相反,这种情况会更加糟糕,因为教师让学生难堪了。同时,学生还从你身上学到了尖酸刻薄的语言表达。反之,当教师和学生一对一的处理这种问题时,用体谅、宽容、理解的语言与他交流,即便是最难对付的学生,这种行为也会逐渐消失。教师的语言风格直接影响着学生的口语表达。

"水尝无华,相荡乃成涟漪;石本无火,相击而发灵光。"只有在心灵与心灵的交流中,在智慧与智慧的碰撞中,学生才敢交际,才能产生对话的灵光。

六、口语交际教学的一般流程

(一)创设情境,导入新课

良好的学习情境可以起到拉近距离、引起共鸣、埋下伏笔的作用,因此,开课伊始,教师可以创设一个合适的情境,吸引学生注意力,引发学生学习兴趣。在良好的情境中,教师有目的地引领学生明确本节课的学习目标和学习任务,带着目标学习,增强学习的有效性。

（二）明确任务，进入交际

根据口语交际的主题要求，鼓励学生通过自主读书，明确书中对本次口语交际的要求。同时，也要从只言片语的介绍中提炼出有利于进行口语交际的方法，培养学生自主读书学习的能力。

（三）角色扮演，操练交际

通过有层次的指导，引领学生逐步学会如何进行互动交流。指导的层次性体现在从言之有物到言之有法、言之有理、言之有情、言之有度，逐渐提升，形成交际的综合能力。

在这个过程中，评价是促动交际进行的一把尺子。教师要创设能让学生自评、互评等氛围，通过评价，促动交际的深入，达成交际的效果。并力求做到评价能够自然融入交际，易于操作，保证效果。

本环节有四个学习步骤：

1. 有效引领，尝试交际

2. 自主合作，学会交际

3. 开放拓展，提高能力

4. 多元评价，立体发展

（四）全面总结，评价交际

引导学生根据课前的既定目标，回顾自己的学习过程，进行理性加工，交流本课的收获和学习体会。教师要围绕本节课学生的学习状态、学习习惯、知识的掌握、学法的运用、能力的提高等情况进行总结，表扬优点，指出不足，挖掘出学生身上的潜能。

（五）拓展延伸，扩大交际

提出希望，为学生下一步的学习提出目标，并且引导学生将课上的所学在日常生活中进行运用。

七、口语交际训练的途径

李吉林老师说过："言语的发源地是具体的情境，在一定的情境中产生语言的动机，提供语言的材料，从而促进语言的发展。"可见培养口语交际能力的途径有多种。就课内来说，主要是口语交际课和语文教学的各个环节；就课外来说，主要是日常生活中主动积极地进行锻炼。无论是课内还是课外，学生进行口语交际，知识储备是非常重要的。

（一）课内训练：

1. 巧设情境，让教材"活"起来

为了调动学生的参与热情，激起浓厚的交际兴趣，要根据每次口语交际训练要求，精心设计交际情境，活化教材内容，让学生仿佛置身于现实生活中，真正成为口语交际的主人。

2. 合理补充，让教材更加充实

教材中的口语交际内容比较简洁，给学生预留了想象和表达的空间，教学时有必要对其补充，化虚为实，化简为详，充实内容，以增强学生的知识储备。

3. 广开活动，让学校生活更丰富

"感人心者，莫先乎情"，真情是交际之本。而现代情感教育是一个盲点，造成部分学生不知道关心体贴别人，不知道互敬互爱，感情淡漠。为此，在班上开展"学会说有人情味的话"的活动，即亲友生日，会说祝福的话；探望病人，会说安慰的话；同学进步，会说祝贺的话；同学掉队，会说鼓励的话；发现别人有困难，会说关心的话；不能给予帮助，会说抱歉的话……要求学生说有人情味的话，教师的口语首先要具情感性。冬天来了，提醒学生加件衣服；学生有错，耐心教导；过马路时，告诫学生注意安全……点点滴滴，关怀备至。在教师的熏陶、感染下，学生的口语交际就会充满感情色彩。

（二）课外训练

1. 走向大自然

"见多识广谈资盛"，大自然是艺术语言的发源地，在大自然的怀抱中，学生会看到很多美妙的现象：春天万物苏醒；夏天草木葱茏；秋天硕果累累；冬天雪花纷飞……这一切，都是大自然早已准备好的说话题材。建议学生游览祖国的山山水水，去感受大自然中花草树木、虫鱼鸟兽的可爱。学生在游玩中开阔了眼界，丰富了知识储备，积累了说与写的素材。

2. 走向家庭

提醒家长重视与孩子进行口语交际，忙里偷闲地做孩子忠实的听众，及时纠正孩子口语的毛病，或者布置一些口语训练家庭作业，让学生把在学校看到的、听到的、感兴趣的事告诉父母或亲友，在多交流、多表达中，锻炼性格，积累语言，提高交际能力。

3. 走向社会

社会生活蕴藏着取之不尽、用之不竭的口语交际资源。在语文教学观的引领下，培养学生面向社会，学习交际，在实践中锻炼，在实践中提高。

教学案例

介绍世界名城

（一）创设情境，导入新课

同学们，在第四单元的学习中，我们跟随文字进行了一番旅行，走进了中国的古都西安，领略了秦兵马俑的天工巧夺；走进了音乐之都维也纳，感受异域风情的魅力；还和埃及的金字塔做了一番亲切对话。今天，我们让旅行的脚步继续，去探寻世界上的名城。（揭示课题：介绍世界名城）

（二）明确任务，进入交际

之前老师让同学们为自己喜欢的历史名城做了一张名片，我们在小组中互相进行分享。

学生们在小组中介绍自己喜欢的世界名城的简要资料。

教师：其实许多世界名城的别称也是独具一格，你能猜出来吗？一起走入名城掠影单元，老师给你几分钟时间思考下。

课件出示城市的别称，让学生说说是哪些城市的名称，电脑随机点出答案。

"对称的古都"——（北　京）；"立体都市"——（东　京）；

"花　　都"——（巴　黎）；"雾　　都"——（伦　敦）；

"佛教之都"——（曼　谷）；"绿色首都"——（莫斯科）；

"狮　　城"——（新加坡）；"水　　城"——（威尼斯）；

（三）角色扮演，操练交际

1. 集中指导，引导学生抓住特点做具体介绍

教师：在这其中，你最感兴趣的是哪座名城？能说说原因吗？

学生：（简单介绍）

教师：在刚才同学们的介绍中，你有没有需要补充的？或者是你还想要知

道些什么内容?

教师总结:看来在介绍的过程中,我们必须抓住城市的主要特点,把它不同于其他地方的特点介绍出来。

教师引导:下面我们就根据自己喜欢的世界名城进行分组,分好组之后,我们就在小组中进行模拟,找出两位同学做导游,其他同学做游客,来尽情介绍一下你们钟情的世界名城吧。

2. 小组探究,引导学生全员参与汇报交流

学生自由分成:北京、巴黎、伦敦、曼谷、威尼斯、莫斯科、东京、新加坡小组。

每个小组进行分工合作,确定角色

小组成员明确介绍的思路:先介绍名称以及由来,然后将图片进行分类,组织语言进行小组模拟导游。

3. 全班交流,引导学生突出特色谈名城

教师引导:我们的介绍词要做到言之有序,条理清晰,并能紧扣题目,选用恰当的材料,抓住城市特点进行介绍,并运用一定的说明方法,使介绍词更具体生动,介绍结束后,我们评选出最具魅力的城市,看看那座城市能够当选,关键在于我们这些小导游的水平了。

学生根据课前的分组和自己的角色进行汇报交流,并适时跟进师生的评价。

(四)拓展延伸,总结提升

师:这节课大家都学习得很认真、不仅能积极发言、认真倾听,还能用自己的语言展示城市的魅力,老师也从中感受到大家对家乡浓浓的热爱之情,让我们共同祝愿我们的家乡更加美丽富饶!

第八章　综合性学习素养与教学指导

"语文综合性学习"是语文课程一个重要的组成部分。它是以大语文教育观为指导，以全面提高学生的语文素养为宗旨，以引导学生在自主活动中获得直接经验和信息为内容，以自主、合作、探究为基本的学习方式，以实现语文知识的综合运用，听说读写能力整体发展为价值取向的主体综合性学习活动。

本章内容将带领老师们走近语文综合性学习，进一步认识它到底是怎样的一种语文学习方式，它有哪些基本种类，以及具体的教学要求、方法是什么。

第一节　综合性学习基本种类

语文课程标准强调"拓宽语文学习和运用的领域，注重跨学科的学习和现代科技手段的运用，使学生在不同内容和方法的相互交叉、渗透和整合中开阔视野，提高学习效率，初步养成现代社会所需要的语文素养"。在这样的课程理念指导下，语文综合性学习应运而生。它既符合语文教育的传统，又具有现代社会的学习特征，有利于学生在感兴趣的自主活动中全面提高语文素养，促进学生综合性发展，增强学校课程与学生社会生活的亲和力。语文综合性学习根据内容的不同，可以分为不同的活动类型，下面具体介绍几种重要的活动类型。

一、主题活动型

主题活动型语文综合性学习，是以一个个专题为纽带，把学生语文知识积累与社会生活实践有机结合起来。学生围绕专题观察生活、认识生活、创造生活，从中获得亲身经历、体验和感悟。它包括阅读交流活动、专题讨论活动、专题演讲活动、动手实践活动、竞赛展示活动等等，比如"走近李白""漫游成语王国""有趣的汉字""生日应该怎样过""记录课余生活""了解传统文化""走近世界杯""社区环境调查"等等。

如一位教师在教学中发现苏教版小学语文教材中，以月亮为主题或与月亮相关的文章不少，仅高年级就有《嫦娥奔月》《二泉映月》《月光启蒙》《望月》等。于是，便开展了一次以"月亮的情怀"为主题的综合性学习活动。具体分以下板块进行：1. 赏"月章"。首先，引导学生整理、搜集课本及课外阅读中描写"月亮"的佳句，通过朗读，感悟语言美、月色美。其次，搜集关于"月"的神话传说，如"嫦娥奔月""蟾蜍蚀月""吴刚伐桂""仙人乘鸾"等等。同学们搜集、整理、讲述，借着这些美妙的神话传说，月亮飞进了学生的心中。再次，搜集关于"月"的诗、词、曲，如"举头望明月，低头思故乡""海上生明月，天涯共此时""野旷天低树，江清月近人""望秋月，秋月光如练"……同学们在诵读、欣赏咏月诗词的过程中感悟诗人不同的审美情怀。2. 观"月景"。整合科学学科的教学，引导学生观察、记录、想象，欣赏月亮不断变化的美丽身影。3. 画"月境"。在赏月的基础上，结合诗境、美文，画出自己心中那轮最美的月亮。4. 唱"月歌"。《弯弯的月亮》《月亮船》《半个月亮爬上来》《十五的月亮》……这些童谣、歌曲让学生对月亮的内涵有了别样的感悟。5. 写"月文"。写自然界中的月，月亮的变化，月光的明暗，月食的奇观，繁星映月的美景……写童话世界中的月，自编、续编有关月亮的故事。写生活中的月，借月写意，借月抒情，丰富文章的情感。

二、课题研究型

课题研究型语文综合性学习的目标是培养学生具有现代社会所需要的语文素养。通常以现代社会课题如环境保护、资源开发与利用、健康问题、信息技术等为基础，超越学科的界限而组织起来的语文综合性学习。此类型课题具有综合性，涉及各学科内容。一般来说可分以下几步进行：

1. 指导学生选题。在教师的指导下，学生根据自己的兴趣爱好、特长或学习、生活中遇到的疑难，选择研究课题，教师对学生选题进行审查，帮助学生选好题，起好步。

2. 成立合作小组。依据学生选定课题内容的相同或相近性，成立课题研究合作小组，由学生自己聘请相关学科教师或家长、校外辅导员担任指导教师，以指导规范学生的课题研究工作。

3. 广泛搜集资料。通过阅读文献资料、实地参观考察、调查、问卷、采访、咨询、观察、实验等方式，广泛搜集、阅读、研究，从而占有全面、客观、翔实的第一手资料。

4. 整理研究资料。指导学生按资料来源以剪贴、摘记、观察日记、实验记录与报告、采访记录等多种形式整理归类。

5. 撰写研究报告。指导学生对资料进行系统分析、综合、归纳、概括，从而形成对研究对象较为全面、客观、科学的认识，找到解决矛盾的途径与方法，按要求撰写出课题报告。

6. 交流答辩。先是小组同学进行交流，而后组织全班课题研究成果答辩会。各小组向大家介绍研究过程及主要成果，师生现场提问，小组成员予以说明、解答。最后，全体同学向课题小组提出改进意见，相互促进。

7. 评优总结深化。组织课题研究征文评比，让家长参与评议孩子研究情况，学校全面总结，评选优胜合作小组并予以表彰，并提出今后研究的具体要求。

如胶南实验小学的同学们在参加社会实践活动时发现流经市区中心的一条河——小辛河河水肮脏不堪，河两岸垃圾遍地，严重影响了周边居民的生活质量，破坏了城市形象。于是他们便确立了综合性学习课题：《小辛河的污染与治理》。研究小组成员按照以上步骤开展活动，查阅资料，实地考察录像，取水样化验；去环保局收集图片资料；去污水处理站调查，采访环保局局长、小辛河附近居民、几家大公司的董事长。最终找出了造成小辛河污染的原因及其危害。于是他们就大胆探讨治理措施，向居民发倡议，写信给排污企业的领导，市委市府主要领导等。市委、市政府非常重视，对小辛河的污染进行了论证，最后彻底治理，小辛河成为市区一道亮丽的风景线。在整个研究过程中，同学们记日记、写采访提纲、发倡议书、写建议信、撰写研究报告，有力地培养了综合语文素养。

三、参观考察型

参观考察型语文综合性学习活动可以让学生接触社会、了解社会，接触大自然，增进学生对社会生活和自然环境的认识，并获得社会文化、精神文化和自然环境的认知、理解、体验和感悟。参观考察型学习的主要活动形态表现为参观、考察、访问活动。

学生社会考察和参观的内容，一般可以涉及本地区的历史、社会风俗、文化遗产和自然风光等资源，如考察某一社区的历史、文化传统、生活方式、地理、建筑和人文景观、文化古迹、文化遗产、自然风光等等。

以下是一所学校根据当地的教育资源设计的一项考察九上沟樱桃园的综合性学习活动。

活动一：根据教师提前绘制的地图路线行军。从不同方向寻找图上标示的目的地。

活动二：考察九上沟地形地貌。对樱桃园及当地环境进行细致观察。

活动三：采摘樱桃大比拼。各小队在保护好樱桃树的前提下展开摘樱桃比赛。

活动四：话樱桃。为当地特产九上沟樱桃写广告词，绘广告画，制作宣传海报（广告策划、宣传展示）。

活动五：研樱桃。了解樱桃树的生活习性、樱桃的营养价值等。

最后，各小队进行参观考察活动材料的整理、归类，拿出自己的参观考察活动专辑，在全班乃至全校展示。

四、实践应用型

实践应用型也是小学综合性学习的一种基本方式。它主要在小学高年级段学生中进行。它要求学生综合应用所学的各科知识和技能，围绕一定的目的提出解决问题过程或实际操作过程。其重点在根据问题情境提出问题解决的方法、思路、过程。比如，为小组活动制订一份计划，制订、讨论一个班级规划，为各种大型集会进行设计、筹备（包括设计活动的计划，反复商议。从筹备、策划、接待、开会过程中需要做的各项工作，准备活动的方案，设计采访的提纲、拟定会议的开场白和会议的演讲稿等等）。

以春游活动为例，具体可以这样安排：

1. 让学生搜集自己认为最合适的春游地点的资料，然后在班上进行介绍或演讲，再讨论确定春游地点。

2. 让学生自主策划春游活动，讨论制定活动计划，明确春游活动的任务、活动的安排、每个同学的分工等等。

3. 分工做好春游准备上作，包括经费预算，联系交通工具，准备要带的用品（如照相机、写生用具、食品、餐具、雨具等），分组讨论制定春游注意事项。

4. 出游。在春游过程中，可以拍照，可以写生，可以调查了解春游地点的有关情况，通过现场搜集资料或咨询获取有关知识。

5. 总结、交流、展示。可以写日记或游记，还可为自己的作品配画；可以写景点介绍，编辑小报；可以编辑含有说明文字的影集或写生画册；可以用电脑制作演示文稿。这些成果都可以班为单位汇编成册，由学生自己写前言、后记，在学校展出，邀请家长参观。还要进行经费结算，并进行活动总结。

五、课文延伸型

这类语文综合性学习不是以进一步理解课文内容为主，而是利用课文设计各种形式的听说读写练习，开展综合型的语文学习活动。学生的学习活动往往涵盖听说读写各个领域。如学习苏教版二年级上册《秋游》一课时，孩子们很想到大自然中去感受生活中的秋天，看看生活中的秋天是什么样子的。看到学生们热情高涨的样子，教师顺势布置了"走进秋天"的学习活动，要求学生利用课外时间寻找秋天。有的同学搜集了不同颜色、不同形状的美丽叶子，教师引导他们将叶子分类，粘贴，然后用一两句话介绍给大家。有的同学用图画和照片记录了自己的发现。教师引导学生用一句话说说找到的秋天。然后以小组为单位，讨论协商，互相合作，把图画和照片贴成美丽的"秋天风景图"，用几句话介绍贴图的内容。围绕"走进秋天"的主题，教师把学生由教材世界引领进多姿多彩的生活世界，在观察、画画、拍照、讨论协商、展示介绍等活动中，富有创造性地运用了课内所学的关于秋天的词汇和语句，有效地促进了语言的积累，提高了语言运用的能力。

六、专题阅读型

课外阅读活动是语文综合性学习活动最具代表性的方式之一，在各国母语课程中几乎都能找到这种综合性学习方式。课外阅读活动主要有查找文献、收集资料等环节。在此类型的综合性学习中，我们经常需要突破课时的局限，教室空间的束缚以及教材的拘囿，开设专题性课外阅读活动。通常采用下列常规程序：1. 围绕一个主题确定阅读内容，如科普读物、文学名著、科学家的故事等，一段时间安排一个专题，营造良好的读书氛围。2. 摘记或评析所读内容，并列出自己不理解的问题。3. 通过交流讨论或查阅相关资料，主体地判断、思考，合作解决问题。比如在"走进三国"综合性学习活动中，我们可以这样设计：

（1）仔细阅读少儿读本《三国演义》或有关《三国演义》的导读。

（2）"小小三国迷"竞赛活动。由学生自己主持，教师协助多媒体播放题目，以检查学生的阅读效果。

（3）说说阅读时遇到了哪些问题，现在已经解决了什么问题，是怎样解决的。提出未能解决的问题，师生共同商讨解决方法。

（4）"心目中的三国英雄"。引导学生评析书中人物，通过展开辩论，让学生学会全面评价人物。

（5）搜集由《三国演义》故事演变而来的成语或歇后语。

这样的专题性课外阅读综合性活动，不仅拓宽了学生的视野，使学生受到经典文化的熏陶。而且有利于培养学生的问题意识及主动探究、自主学习的能力。

教学案例

漫游成语王国

一、活动内容及目的要求：

帮助学生复习整理学过的成语，并适当拓展，以激发他们广泛阅读、积累成语的兴趣。同时培养学生的竞争意识和合作精神。

二、活动方法：

将班上学生分为四组进行答题比赛，分必答题、共答题、抢答题，答对了奖励小组一朵小红花。老师担任主持人，负责出题、评判。

三、活动准备：

整理已经掌握的成语，每生准备一本成语词典或词典；各组取一个成语名字，并确定一句鼓舞士气的口号。

四、活动过程：

（一）导入新课

成语是我国语言文化中的瑰宝，它内涵丰富，表现力强。通过开展大阅读活动，大家已学了不少成语。今天，我们一起来漫游成语王国，好不好？

今天的活动，我们采用小组竞赛的方式，看哪个组表现出类拔萃，夺得金奖、银奖。首先，请组长介绍一下你们小组为自己取的成语名字。

老师祝各小组一马当先，马到成功。

（二）活动过程

1. 成语大观园

成语王国里有个大观园，那里的成语分门别类，不计其数。请各组组长抽出其中一类，组内同学合作说出这一类的成语，比比哪组在一分钟内说得多。

①植物类（含有花、草、树、木及植物名称的成语）

②动物类（含有动物名称的成语）

③数字类（含有数字的成语）

④典故类（寓言、历史故事类成语）

师：平常我们也可以借鉴这种方法按类整理学到的成语。

2. 成语智慧宫

接下来让我们进入成语智慧宫，继续我们的漫游。

①有些成语是由同义字或反义字组成的，例如："千辛万苦"中的"辛""苦"意思相同，"舍近求远"中的"近""远"意思相反。下面请各小组长

抽取题目，组内同学按要求在两分钟内合作完成。如有时间，可以写出自己积累的同类成语。

A. 填同义字组成成语：

狐（　）狗（　）　　豪（　）壮（　）　　深（　）厚（　）

手（　）足（　）　　足（　）多（　）　　（　）花（　）草

B. 填同义字组成成语：

明（　）暗（　）　　日（　）月（　）　　东（　）西（　）

五（　）十（　）　　（　）盔（　）甲　　苦（　）冥（　）

C. 填反义字组成成语：

争（　）恐（　）　　温（　）知（　）　　（　）生（　）死

大（　）无（　）　　弃（　）投（　）　　喜（　）厌（　）

D. 填反义字组成成语：

扬（　）避（　）　　（　）辕（　）辙　　（　）龙（　）脉

转（　）为（　）　　（　）惊（　）怪　　承（　）启（　）

②脑筋急转弯：根据意思填成语。括号内为参考答案。

最荒凉的地方——（不毛之地）

最昂贵的稿费——（一字千金）

最难做的饭——（无米之炊）

最高的巨人——（顶天立地）

最长的腿——（一步登天）

③抢答：观察下面的一组数字，根据数字的特点说出一个成语。（组内同学可以商量）

0 1 2 5 6 7 8 9 （丢三落四）

3. 成语医院

成语王国里有许多生病的成语，成语医院的院长邀请同学们做救死扶伤的医生。请各组组长把病人领回去，组内同学合作帮他们恢复健康。（时间一分钟，每改对一个加两分）

A组：座井观天（坐）　再接再励（厉）　走头无路（投）　坚难险阻（艰）　改斜归正（邪）

B组：振耳欲聋（震）　引人入生（胜）　烂竽充数（滥）　拔苗助长（拔）　完璧归赵（璧）

C组：无是生非（事）　张冠李带（戴）　无礼取闹（理）　意不容辞（义）　咳不容缓（刻）

D组：实是求是（事）　痴心忘想（妄）　不记其数（计）　情不自尽

（禁）　换然一新（焕）

4. 我来当主持

课前各组准备了各种形式的成语谜语，下面由同学们自己来当主持，进行成语猜谜活动。（形式多样：文字、图片、动作、表演等）

5. 成语剧院

最后，老师请同学们到成语剧院欣赏短剧，并用一个成语给这个故事取个名字（写在纸上，看后交上）。

6. 小组总结：各组用上成语总结一下今天的活动情况。

（三）活动总结

1. 为漫游成语王国活动优胜小队颁奖。

2. 教师简单总结：今天，我们的成语王国之行可以说是"满载而归""受益匪浅"。我们汉语博大精深，但只要同学们博览群书，日积月累你就会厚积薄发，熟能生巧，掌握汉语的无穷奥妙。

第二节　综合性学习教学要求与方法

语文综合性学习主要体现为语文知识的综合运用，听说读写能力的整体发展，语文课程与其他课程的沟通。书本学习与实践活动的紧密结合，是知识与能力、过程与方法、情感态度与价值观三维学习目标的综合；是听、说、读、写相关知识及能力等学习内容的综合；是人文历史、自然学科和社会学科等各方面知识的综合；是各种学习形式和评价方式的综合。它既是语文课程的重要组成部分，也是实施语文课程的重要手段。

要探讨语文综合性学习的教学要求、策略，必须牢牢把握其最本质的学科特征。

一、语文综合性学习鲜明的学科性

尽管语文综合性学习涉及自然、社会、生活等各个方面的内容，但它首先而且始终是姓"语"，其鲜明的学科性主要从以下几方面可以得到体现：

1. 语文综合性学习的目标是"培养语文素养"

语文综合性学习的实质是培养学生自主学习的能力和语文综合素养，从而促进学生的可持续发展，为学生的终身学习提供一个扎实的基础。具体目标包括三方面的内容：一是通过语文综合性学习使学生现有的语文知识得到整合与拓展；二是通过语文综合性学习使学生的语文能力和语文知识在生活实践中得到充实和应用；三是通过语文综合性学习使学生形成正确的价值观，张扬个性思维，发展创新思维和可持续学习的能力。这三个方面的目标内容恰恰是最合乎语文教学对学生影响的潜在性、内化性和长期性特点的。

2. 语文综合性学习的主体内容是语文课程

语文综合性学习的内容虽然包罗万象，但主体内容只能是语文课程本身，要始终围绕语文的人文性与工具性展开。一切跨学科的资源整合都应当从所整合学科的共性出发，将其引向语文素养的提高及语文知识视野的拓展上。语文综合性学习，可以是本学科范围内的听说读写活动，目的是提高学生综合运用的能力；也可以是跨领域、跨学科的综合，使学生进入崭新的语文学习活动空间。其他学科或领域的知识介入要为语文课程活动主题服务，不能喧宾夺主，本末倒置。

3. 语文综合性学习方式要突出语文学科性

语文综合性学习方式多种多样，如观察性学习、体验性学习、合作性学习、研究性学习和实践性学习、自主性学习等，通过学生喜闻乐见的实验、竞赛、参观、游戏等活动，将语文课程与其他课程、书本知识与社会生活实际联系起来，中心必须以突出语文学科特点的学习方式为主。要注意语言的积累、感悟和运用，注意基本技能的训练，给学生打下扎实的语文基础，同时也要注重开发学生的创新潜能，促进学生可持续发展。忽略语文学科的本性，就达不到"培养学生自主学习的能力和语文综合素养"的目的，也就丢失了语文味。

二、语文综合性学习教学的具体目标

语文综合性学习具有突出的综合性。从《义务教育语文课程标准》（2011年版）对各学段"语文综合性学习"的阶段目标的阐述中，我们不难发现：在学习内容上，体现了自然、社会、人文领域与语文课程内容的整合；在学习时空上，体现了课堂学习与课外学习的有机整合；在学习方式上，体现了实践性学习、研究性学习、体验性学习、合作性学习等多种学习方式的综合。下面我们对"语文综合性学习"各学段目标进行具体分析。

（1）第一学段（1－2年级）

△阶段目标：①对周围事物有好奇心，能就感兴趣的内容提出问题，结合课内外阅读共同讨论；②结合语文学习，观察大自然，用口头或图文等方式表达自己的观察所得；③热心参加校园、社区活动，结合活动，用口头或图文等方式表达自己的见闻和想法。

△学习内容：①观察周围事物；②观察大自然；③参加校园社区活动。

△学习方式：①研究性学习：提出问题→课内外阅读→共同讨论；②观察性学习：观察→表述（口头或图文）；③体验性学习：活动→观察或体验→表述见闻或想法。

（2）第二学段（3-4年级）

△阶段目标：①能提出学习和生活中的问题，有目的地搜集资料，共同讨论；②结合语文学习，观察大自然，观察社会，用书面或口头方式表达自己的观察所得；③能在老师的指导下组织有趣味的语文活动，在活动中学习语文，学会合作；④在家庭生活、学校生活中，尝试运用语文知识和能力解决简单问题。

△学习内容：①观察大自然，观察社会；②尝试研究学习、生活（家庭、学校、社会）问题；③组织有趣味的语文活动。

△学习方式：①观察性学习：观察→表述（书面或图文）；②体验性学习：活动→观察或体验→表述；③实践性学习：实践活动→学语文用语文；④研究性学习：提出问题→搜集资料→提出见解→共同讨论。

（3）第三学段（5-6年级）

△阶段目标：①为解决与学习和生活相关的问题，利用图书馆、网络等信息渠道获取资料，尝试写简单的研究报告；②策划简单的校园活动和社会活动，对所策划的主题进行讨论和分析，学写活动计划和活动总结；③对自己身边的、大家共同关注的问题，或电视、电影中的故事和形象进行组织讨论、专题演讲，学习辨别是非、善恶、美丑；③初步了解查找资料、运用资料的基本方法。

△学习内容：①尝试研究和解决与学习、生活相关的问题；②策划简单的校园活动和社会活动；③关注和讨论周边热点问题或影视的故事与形象。

△学习方式：①研究性学习：提出问题→搜集资料→分析讨论，提出见解→尝试写简单的研究报告；②实践性学习：拟定主题→搜集资料→拟发言提纲或发言稿→组织讨论或专题演讲；③体验性学习：策划活动主题→策划活动过程→拟写活动计划→组织活动→撰写活动总结。

三、语文综合性学习教学要遵循的原则

突出的综合性、鲜明的学科性、很强的实践性是语文综合性学习的本质特征，基于此，我们在进行语文综合性学习教学时要遵循以下原则。

1. 自主性原则

综合性学习教学要充分尊重学生的兴趣、爱好，为学生自主性的充分发挥

开辟广阔的空间，让学生独立自主地完成一系列学习活动，允许他们自主确定学习目标，选择学习内容，采取学习方法，自己去设计、开发、行动、体验乃至创造，从中享受学习的愉悦、成功的快乐。教师只对其进行必要的指导，不包揽学生的工作。

2. 开放性原则

语文综合性学习的课程目标具有开放性，它面向每一个学生的个性发展，尊重每一个学生发展的特殊需要，学生享有比较充分的思想和行为自由；内容具有开放性，综合性学习面向学生的整个生活世界，它随着学生生活的变化而变化；活动时间和空间具有开放性，时间安排灵活，学生走出学校小课堂，深入社会大课堂；活动过程与结果具有开放性，允许多样的搜集资料渠道、解决问题的方法以及多种多样的答案；评价的标准同样具有开放性，应关注学生在活动过程中所产生的丰富多彩的学习体验和个性化的创造性表现。

3. 实践性原则

综合性学习必须以学生的现实生活和社会实践为基础发掘课程资源，以活动为主要形式，强调学生的亲身经历，自主参与学习，置身于广阔的大自然和丰富的社会生活，通过仔细观察，实际操作与劳动实践去接触和感知各种人和事，在真切地体验和感受生活过程中，获得与人交往，探究问题的能力以及正确的情感、态度与价值观，通过做、考察、探究等一系列的活动发现和解决问题，发展实践能力和创新能力。

4. 合作性原则

由于综合性学习的开放性、跨学科性、主题性等特点，综合性学习的实施要求语文教师与各学科教师的共同合作；要求教师与社会各界人员（如家长、社会有关机构人员等）相互配合；更重要的是师生间、生生间的共同参与，愉快合作。只有上述人员形成合力，才能保证综合性学习的顺利实施。

5. 创新性原则

与其他学科课程相比，小学语文综合性学习为学生创新品质的形成提供了更为宽松、自由的空间。它不受学科知识体系和逻辑结构的限制，在学习过程中，学生始终处于主体地位，自己发现问题，自己设计方案，自己收集资料，自己解决问题。在这一过程中，学生的想象力和创造力可以充分发挥出来。教师要尽可能地创造条件，让学生在积极探索、主动实践的过程中，不断地有所发现、有所思考、有所创新，具有独立思考问题的能力和解决问题的能力。

四、语文综合性学习的实施策略

语文综合性学习的教学，要很好地落实其突出的综合性、鲜明的学科性、很强的实践性、一定的自主性等语文新课程理念，必须立足于学生语文素养的整体提高，在充分考虑各学段学生身心发展和语言能力发展的特征及各学段综合性学习目标的基础上，探索创新综合性学习的主题选定策略、实施过程策略和评价操作策略，从而增强综合性学习的教学效率。

（一）主题选定策略

主题是语文综合性学习活动的灵魂。在综合性学习活动指导中，教师不能硬性地规定主题，而应该充分开发和利用生活中广泛的课程资源，激发学生的学习兴趣和问题意识，把握机遇、诱导启发、讨论协商，把这些兴趣和问题提升为有意义、有价值的主题，为综合性学习提供明确的方向。一般来说，在充分利用教材中设计的综合性学习主题的同时，还可采用以下策略开发：

1. 从语文课堂学习中发现主题

语文课堂是实施学校语文教育的主要途径，是实现语文课程目标、促进学生语文素养全面发展和提高的最基本和最便利的资源，其中蕴藏了丰富的语文综合性学习主题，有待教师和学生发现。

（1）课堂拓展式。语文课堂教学内容丰富多彩，富有启迪性，可以激发学生对生活的浓厚兴趣。教师可以结合教学，抓住机会开展综合性学习活动，促进语文知识、能力的运用和提高。

如苏教版六年级上册选编了老舍先生的《草原》一文，学完课文后，教师引导学生搜集老舍先生的《风》《林海》《养花》等文章阅读，学生充分感悟了老舍先生写景抒情中细腻而豪放的写作风格，热爱生活、向往美好的高尚情怀。老师又适时引导学生进行以《走近老舍先生》为主题的语文综合性学习，去了解老舍先生的生平，赏析老舍文章的精彩片断，办手抄报，写读后感等。在这则案例中，教师对课堂教学进行了拓展延伸，有效地促进了学生语文知识、能力的运用和提高。

（2）二度开发式。语文教材集中体现了编者的意图，是语文教学的重要材料。但是，教材只是教材，不等同于教学内容，也不能自动地转化为教学内容。教师在教学中还需要对教材加工处理，进行二度开发，使之适合教学的需要。语文教材的二度开发给综合性学习创造了条件和机会。

苏教版一年级下册第二组教材是以春天为主题编排的。练习二的口语交际是《春天来了》教材配有一幅美丽的春景图，提示了交际内容；"讲给大家听"的练习要求提示了交际的对象和"当众进行"的口语交际要求。如何上这堂课，才能体现"在具体的交际情境中进行"的教学要求呢？有教师是这样进行教学的：

老师牵着孩子们的小手来到校园里，笑着说："春姑娘已经悄悄地来到了我们校园里，只有仔细观察的小朋友才能找到她。你和小伙伴一起，用眼睛看，用小手轻轻摸摸，用小鼻子闻闻，找一找春天在哪里？"

孩子们叽叽喳喳地说着，指点着，一时安静不下来。

五六分钟后，老师引导："孩子们，你们找到春天了吗？"

"找到了！"一双双小手高高举起来。

"别忙，先把自己的发现说给你旁边的小朋友听一听！"小伙伴之间自由地说。

"谁来说给我们大家听？"

"树木发芽了。"

"桃花开了！"

"燕子飞回来了！"

学生们时时发出惊喜的声音。

"校园里的海棠花开了，盛开的海棠花，你挨着我，我挨着你，像蓝天下的片片彩云。"聪明的孩子活用了《春到梅花山》中的句子。

"海棠花丛中有好多小蜜蜂在采蜜，发出'嗡嗡嗡'的声音呢！"一个调皮的男孩还模仿蜜蜂飞行时的声音。

"海棠树下有好多粉红色的花瓣，是被风儿吹落的。"又有孩子补充。

"在这春意盎然的校园里，你最想干什么？"教师适时引导孩子们。

于是，有的孩子背起了关于春天的古诗，一首接着一首，从《春晓》《草》到《村居》，由单个背到齐背，到赛背；有的说起关于春天的成语，如春暖花开、春光明媚等；还有的唱起了关于春天的歌儿：《小燕子》《春雨沙沙》；有的干脆画起了春天……

在这个案例中，教师超越了口语交际的单一教学目标，不留痕迹地进行了一次生动活泼的"找春天"的综合性学习，把观察和表达结合了起来，有效地调动了学生丰富的语言积累，既达到了教材预定的口语交际教学的要求，同时也培养了学生的观察能力和语言表达能力。学生的学习主体性得到了充分的体现，才华得到了展示，个性得到了张扬。

2. 从生活实践中发现问题，提取主题

生活是语文学习的源头活水，儿童对于自然、社会具有强烈的好奇心和探究意识。但是，由于儿童生活阅历的局限，对生活的认识往往停留于事物或现象的表面，难以看清事物或现象的本质，提出有价值的问题。语文综合性学习应引导学生从生活实践中发现问题，从中提取有价值的学习主题进行探究。

如：在生活中，一次性塑料袋随处可见，但学生可能熟视无睹。于是，有教师设计了《关注"菜篮子"》的语文学习活动：（1）体验生活，调查统计。走进市场，看有多少人买菜用篮子，多少人用一次性塑料袋，大概统计一下一个菜市场一天用掉多少个一次性塑料袋。（2）采访了解。采访父母长辈、朋友、邻居等，了解过去买菜用什么，为何塑料袋取代了菜篮子。（3）查阅资料，了解危害。学生通过书籍、网络，了解一次性塑料袋的生产原料、生产过程、成本及其危害。

当学生们了解到这种一次性塑料袋对环境造成的严重污染时，他们决定围绕"唤起人们的环保意识"进一步开展活动。（1）发倡议。学习如何写倡议书，如何通过富有感染力、号召力的倡议引起人们对使用一次性塑料袋的重视。（2）搞宣传。走向社区、市场，用图文并茂的小报向人们宣传其危害。（3）自制简易"菜篮子"。找材料、请师傅学做"篮子"。把自己做的篮子送给左邻右舍，用行动唤起了大家的环保意识。（4）畅谈感受。把活动过程、活动体会、活动收获写成文、编成诗、绘成画、谱成歌，并进行交流。

此案例中，教师引领学生自己从生活实践中发现问题，形成活动主题，学生真正成为语文综合性学习活动的创造者和开发者。

3. 从学科整合中提炼主题

综合性学习提倡学科之间的整合，进行跨领域的学习。在活动中，要打破传统语文教学的学科壁垒，与音乐、美术、科学、社会等其他学科沟通，整合不同学科的力量，让学生徜徉于学科之间，汲取多方面的营养，综合性地学语文、用语文，全面提高语文素养。

如：一位教师在一个偶然的机会从报纸上看到了一幅震撼人心的画面，标题为《西部——希望的田野》。她及时捕捉到这个主题，引领孩子们走进祖国西部，关注那片希望的田野。（1）了解西部。引导学生搜集、交流有关西部的资料，初步认识西部。（2）链接语文。引导学生回顾学过的课文中有哪些与此主题相关。孩子们马上找到了《可爱的草塘》《在希望的田野上》《黄河是怎样变化的》《白杨》《高粱情》等，这些关于西部的课文强烈撞击学生的

心灵，让学生在语言文字中感受、品味西部。（3）学科融合。引导孩子们从音乐书、美术书、社会书上寻找和西部有关的内容。像社会书上的《认识行政区划》及对西部一些省份的专门介绍，对学生了解西部大开发的面貌有很大帮助。音乐课上学唱《南泥湾》这首歌，并且通过图片和音乐的组合，让学生了解西部风情、赞美西部人民。（4）西部畅想。学生展开想象，用手中的画笔描绘未来的西部蓝图。

此案例中，老师敏锐地抓住"西部"这个"整合点"，充分利用语文与其他学科中与西部相关的内容，确定了"关注西部"的学习主题。整个活动中，综合运用了搜集资料、汇报交流、读书品味、唱、说、画等多种形式，把语文学习与其他学科有机地结合到一起，促进了学生语文能力的发展和提高。

4. 从地方文化活动中发掘主题

地方文化包含了地方的节日庆典、文艺活动、民间工艺、民间习俗等内容，这些内容是学生生活的有机组成部分，为学生成长营造了良好的社会文化氛围，语文综合性学习要引导学生关心当地的文化生活，寻找儿童感兴趣的文化生活侧面进行探究，发展学生的语文素养。

如：每年四月份，胶南会迎来一年一度的杜鹃花盛会。同学们在参加杜鹃花会的过程中产生有了一个个问题："大珠山的野生杜鹃花是怎样生长起来的？为什么别的山没有呢？以前的珠山秀谷是什么样子的？"等等。老师们适时引导学生以《走进珠山秀谷》为课题开展语文综合性学习。

活动设计了以下内容：

（1）我眼中的珠山秀谷。引导学生用自己的笔写出（或画出）珠山秀谷的美，召开新诗创作会。

（2）走近杜鹃花。通过观察、搜集资料、调查访问等途径了解野生杜鹃花的生态习性、生活环境，探究大珠山野生杜鹃花的形成原因。

（3）珠山的过去和现在。走进珠山秀谷，进一步了解这一旅游景点的过去和现在，让更多的人认识到保护生态环境的重大意义。

（4）我的建议。提出开发珠山的合理化建议。给旅游局和建设局写建议书。

这样的学习活动，既有内容的综合，又有能力的综合，活动步骤层层推进，环环相扣。培养了学生搜集处理信息的能力和发现问题、解决问题的能力，听说读写综合运用，全面提高了学生的综合素养。

以上并不是语文综合性学习主题选择的全部。在日常的教学和社会生活中，语文综合性学习的资源无处不在，只要我们增强课程资源的开发和利用意识，做生活的有心人，一定能引导学生发掘出更多精彩的学习主题，为学生语文素养的发展开辟更为广阔的天地。

（二）实施过程策略

综合性学习在实施策略上既要体现其综合性、自主性特征，又要立足于体现学科性、实践性、体验性特征，把着力点放在组织、引领学生参与整个实施过程上。因此，在确立了主题内容之后，要把重点放在引导学生制订学习方案（策划）、开展学习活动（探究）、展示学习成果（交流）上。

1. 制订学习方案

制订学习方案，实质上就是组织学生进行活动策划。教师要把写活动计划（方案）作为应用文加以具体指导，逐步增强学生的活动计划能力。根据各学段学生的认知特点，学习方案的制订，一般经历一个由扶到放的过程。第一、二学段的学生主要以扶为主，第三学段的学生主要以"放"为主，扶放结合。一项语文综合性学习的方案，大致包括活动主题、研究人员、研究目的、研究的内容与方法、研究的步骤及时间安排、预期的研究结果等内容。这种学习方案一般适用于跨学科或联系社会生活的比较大的学习项目；这种综合性的学习项目一般一学期安排1－2次为宜，多适用于第二学段以上的学生。

2. 开展探究活动

探究活动是语文综合性学习的主体部分。自主、合作、探究、开放的学习方式和体验、感悟等新课程理念，要能在综合性学习中具体落实，一个很重要的途径和策略就是组织引领学生开展探究活动。教师在引导学生探究过程中要努力体现"三性"：

第一，主体性。学生是探究活动的主体，教师要鼓励学生走出学校，走向社会开展调查、访问、记录、参观等实践活动，通过活动培养学生对外界环境的主动适应性，通过观察调查、数学计算、查阅资料、协商交流，感受生动的现实生活，帮助学生发现新的知识，掌握新的技能。

第二，合作性。综合性的探究活动离不开学生之间的相互合作，在合作探究的过程中，小组成员之间既要有明确的分工，防止出现互相推诿、被动参与或唯我独尊的情况，又要注意小组成员之间的通力合作。教师要指导学生学会在合作中与人协调和施展自我，培养学生合作的意识和合作的精神，提高探究活动的效率。

第三，体验性。体验是探究性活动的重要方式，学生在探究活动中需要面对现实生活，以独特的经验，形成个性化的认识。在体验的过程中，学生往往需要对已有的知识进行改造或重组，改造或重组已有知识的过程既是学生认识能力发展的过程，也是丰富学生精神生活的过程。

3. 展示学习成果

经过一个阶段的探究活动之后，教师及时引导学生交流与分享探究成果。交流的目的不是评判探究成果的多少与优劣，而是创造一个真诚倾诉和启迪思维碰撞的机会，分享他人的成果和心得感受。交流与分享的成果内容，主要包括研究报告、改进建议、图片资料等，还包括实践活动的过程和内心体验。如在探究过程中曾遇到过哪些困难、是如何克服的、克服困难后心里感受怎样等等。另外，在交流与分享时，可以在某小组发言的基础上，让其他同学对他们的发言内容提问或提出建议，使交流的过程成为全班同学共同探究、学习、反思的过程。这一过程的关键是全体学生的参与互动。交流展示的形式，要充分考虑学生的参与面和参与的程度。

（三）评价操作策略

为了充分发挥"语文综合性学习"在"全面提高学生语文素养"方面的作用，必须构建新的评价机制，这是确保"语文综合性学习"顺利开展的保证。

1. 评价目的——由注重"甄别选拔"转变为强调"促进发展"

长期以来，由于受"应试教育"和"精英教育"思想观念的影响，语文课程的评价主要是为了从众多学生中筛选少数尖子，评价实际上成为一种终结性的甄别选拔过程。新的课程评价观认为，评价的根本目的在于为学生的终身学习和发展服务。因此，对"语文综合性学习"评价，应体现"育人为本"的思想，给每一位学生提供展示自己的机会，确保所有学生的语文素养在原有的基础上获得实实在在的发展。

2. 评价过程——由注重结论转变为强调过程

语文综合性学习是通过一个个主题来展开的，评价应侧重于学生在学习过程中形成的语文素养，而不是通过学习所获得的学习结果。语文综合性学习评价的着力点应放在过程上，既要看主题的确立是否有价值，内容设计是否具有探究性，探究的方法是否科学，又要看实践活动是否做到全员参与和全程体验，还要看学生在活动中的合作态度和合作能力，以及在活动中主动发现问题和探索问题的能力。

3. 评价主体——由单一化、单向性转向多元化、互动性

传统的评价主体是单一的，评价模式是由上而下的单向直线式的，学生作为被评价的对象而被排斥在评价主体之外。新的语文课程评价理念主张评价主体的多元化和互动性。一是要改变单一的教师评价学生的状况，实现学生自评、学生互评，师生互评的多元化评价；二是要增强评价的民主性，强调评价主体之间的双向选择、沟通和协商，使评价对象最大程度地接受评价结果，而不是把评价的结果"强加于"评价对象。

4. 评价标准——淡化班级成员参照，强化自我参照

评价标准是实施评价的首要前提和条件，传统的评价标准过分强调"班级成员参照"，而且往往以班级尖子学生作为评价的参照，严重挫伤了大多数学生的积极性。新的语文课程标准强调评价要"尊重和保护学生学习的自主性和积极性"。因此，我们在进行"语文综合性学习"的评价时，要最大限度地淡化"班级成员参照"，强化"自我参照"。"自我参照"就是"个体标准"，它以每一个个体的现实基础和条件为依据所确立的适合个体发展需要的内差性评价标准，这种评价标准因人而异，具有个体性、灵活性的特点，它能促使学生在对自己过去、现在和未来的认识中增加自信，发挥潜能。

5. 评价方式——由单一的量化评定转变为多样化的综合评定

"语文综合性学习"活动是一项比较复杂的语文实践活动。如果采用单一的"量化评定"的方式，不但不能反映综合性学习的本质，而且会在很大程度上压抑学生个性发展的丰富性。因此，我们在进行语文综合性学习的评价时，要由单一的"量化评定"转变为多样化的"综合评定"。做到定量评价与定性评价、形成性评价与总结性评价有机结合起来。通过多维度、多侧面的综合评定，全面而客观地反映学生语文综合性学习的效果。通过综合评定，既让学生分享成果的喜悦，又让他们找到自己下一步努力的方向。

第九章　写字书法素养与教学指导

第一节　写字和书法知识

一、钢笔字书写知识与方法

（一）钢笔楷书的特点

楷书是汉字的主要书体。楷，是楷模，就是标准字体。钢笔楷书有以下几个特点：

1．讲究用笔

钢笔楷书的笔画有提顿、藏露、方圆、快慢等用笔方法。不同的用笔方法产生不同的形态、质感的线条，不同的线条需要不同的用笔方法去体现。钢笔楷书字形较小，线条粗细变化不大，如果书写时用笔稍不注意，笔画就达不到要求，会出现软弱无力、僵硬死板等毛病。因此，必须经过严格训练才能掌握用笔方法。

2．笔画分明

钢笔楷书的每一个笔画的起笔和收笔都要交待清楚，工整规范，干净利落，不能潦草、粘连。但是笔画与笔画之间又要有内在的呼应关系，使笔画达到既起收有序、笔笔分明、坚实有力，又停而不断、直而不僵、弯而不弱、流畅自然。

3．结构方整

钢笔楷书在结构上强调笔画和部首均衡分布、重心平稳、比例适当、字形端正、合乎规范。字与字排列在一起时要大小匀称、行款整齐。虽然也有形态上的参差变化，但从总体上看仍是整齐工整的。

正是由于以上原因，历代许多书法家都主张把楷书作为学习书法的第一步。现行的九年义务教育小学语文教学课程标准要求，学生在小学阶段主要是学好钢笔楷书，打好基础，为上中学写行楷创造条件。实践证明，只有经过系统的楷书练习，才能了解汉字笔画和结构的特点及要求，才能掌握汉字的组合规律，为学写行楷奠定书写基础，从而练就一手合乎法度、流畅自然的行书和草书。

练习楷书应从笔画和结构两方面下功夫。练习笔画，主要解决用笔方法问题，目的是生产合格的"零件"；练习结构，主要是解决笔画和部首之间的组合方式问题，目的是学会结构方法，掌握结构规律，从而达到将字写端正、整齐、美观的要求。

（二）钢笔楷书书写要领

汉字的特点是由笔画组成的，笔画是构成汉字的最小结构单位。钢笔楷书的笔画是以单线条为其表现形式。由于汉字结构的千变万化，不同的笔画表现的线条形态不同，同一种笔画在不同字的结构中又表现为不同形态的线条。概括起来，主要有以下特点：

1. 直与弧

一般横、竖为直，撇、捺、钩为弧。书写时，做到直如线，弧如弓，直而不僵、弧而不弱。弯与折。一般带有弯的笔画，如竖弯、竖弯钩的弯处为弯；折画的折处为折。书写时，弯处要圆转，用提笔；折处要折中带圆，用顿笔。做到弯而不软，折而无死角。

2. 长与短

这是笔画之间相比较而言的，是由于字的结构需要决定的。如长横相对短横为长，短横相对长横为短；长竖相对短竖为长，短竖相对长竖为短。长撇与短撇等等也是同理。粗与纫也是笔画之间相比较而言的，是因笔尖用力大小不同而形成的。如横、竖下笔和收笔较重，线条粗；行笔较轻，线条较细，带有尖状的笔画，如撇、钩、捺、提画的下笔和行笔较重，线条较粗；收笔时（捺画的下笔处）用提笔，线条细、出尖。

3. 斜与正

这是指汉字笔画形态的可变性。同一种笔画在不同结构类型的字中形态会发生一些变化，以求得结构的平稳。比如撇画，在"人"字中写成斜撇，而在"月"字中就要写成竖撇；横画在"上"字中要平，而在"七"字中就要写成左低右高的斜横。这样"七"字的笔画才均匀，重心才平稳。

上述笔画的这些特点，反映了钢笔楷书线条的丰富性、可变性，从不同的角度体现了汉字笔画线条的动态美和力度美，为钢笔书法的艺术创作奠定了基础。

二、毛笔字书写知识与方法

（一）书写姿势与执笔方法

学书者首先应摆好正确的书写姿势和掌握正确的执笔方法。这不仅关系到今后能否练好字，而且关系到书写者的身体健康。

1. 书写姿势

毛笔的书写姿势主要有两种：一是坐书姿势，一是立书姿势。前者主要在书写字径不大的字和幅面不大的作品时采用，后者一般用于书写字径较大的字和大幅作品时采用。

（1）坐书姿势

正确的坐书姿势可以概括为八个字：头正、身直、臂开、足安。

①臂开　关键是两臂自然撑开，大小臂夹角至90°以外，使指、腕、肘、肩四关节能轻松和谐地配合，身体的力量可以畅通地传到笔尖。

②身直　要做到以上要求，身子就要尽量坐正、坐直。胸口离桌沿的距离约在3寸左右（根据所写字的大小适当调节距离的远近），不可紧贴桌面或弯腰驼背。

③头正　头部端正，略向前俯。不能歪斜，以保证视角的适度，眼睛与纸面距离大致保持在30～40厘米。左手边按纸，边调节纸的位置，使正在写的字始终在眼和手的最佳范围内。

④足安　两脚自然平放，屈腿平落。两脚平行或略有前后，双腿不可交叉（俗称为二郎腿）。

（2）立书姿势

立书姿势是为了悬腕运转灵活，同时由于居高临下，视角开阔，便于统观全局，掌握章法布白。立书姿势的具体要求为：两脚稍微分开，一脚略向前，保持好身体的平衡，上身略向前俯，腰微躬，距离不宜过远，左手按纸，右手悬腕悬肘书写。值得注意的是，桌面不应太低，以免弯腰过度，容易疲劳。

2. 执笔方法

古人十分重视执笔方法，认为"凡学书字，先学执笔"。古人的执笔方法很多，如捻管法、握管法、拨镫法、三指法、五指法等。对执笔的松紧也意见不一。王羲之主张执笔要紧，执笔紧方能贯力于笔端；苏东坡主张虚而宽，即执笔要松，这样便于转动笔杆。其实"紧"与"松"是既对立又统一的矛盾的两个方面。执笔是为了很好的运笔，所以"紧"是指要能很好地驾驭笔锋，不让其飘滑无力；"松"是指手中的笔运转灵活，笔锋能随心所欲地变化，字才有韵味。科学的执笔方法可以概括为：笔杆垂直、指实掌虚、自然放松。

（1）笔杆垂直

笔正，指笔杆应与纸面基本保持垂直，为的是保证中锋行笔，具体说是笔杆垂直，便于调节八面锋的笔锋指向。值得指出的是，在运笔过程中，随着手腕的摆动，笔杆会倒向笔锋所指的方向，如写横画时笔杆向左倾斜，写竖画时笔杆向前倾斜。这是完全合理的，但不能让笔杆倒向运笔方向而造成"拖笔"，更不可倒向笔画的两边而形成偏锋。

（2）指实掌虚

指实，用指尖捏笔，不能用指关节处勾笔。因指尖部分感觉灵敏，易于控制笔锋的细微变化。手指捏笔要松紧适度。一般地说，所写的字越小，笔就越要捏紧一点，大字则可松一些。坐书姿势捏笔要紧一些，立书姿势则可松一点。

掌虚，是指执笔时掌心要虚空。无名指、小指不得握于掌内。古人说，"虚可容卵"，即是说掌心要有一个鸡蛋大小的空间，目的是便于手指及关节的灵活运动。

（3）自然放松

执笔自然放松，指、腕、肘、肩四关节必能灵活运转，写起字来轻松自如。比如吃饭拿筷子，如果筷子抓得很紧，碗里的饭菜必然夹不到嘴里去，执笔的道理也是一样。

如果说执笔主要靠手指的话，那么运笔则主要靠手腕。宋代姜夔说，笔"执之在手，手不主运。运之在腕，腕不主执"。运腕的方式，又分枕肘枕腕、枕肘悬腕、悬肘悬腕。枕肘枕腕，是说肘部枕在桌面上，手腕下有所依托（一般书家是将左手枕在右腕下面），这种方式用于写小楷。枕肘悬腕，则是指肘部枕在桌面上，手腕呈悬空状，写中、大楷或小行书用这种方式。悬肘悬腕是指肘部和手腕全部悬空，常用于写行、草或很大的楷书。

最后还有一个执笔部位的问题。一支毛笔，手指捏在什么部位才是合理的呢？这没有绝对的答案。一般的原则是：写小字及楷书时，执笔部位可偏下；写大字或行、草书时，执笔部位可偏上一些，这样笔锋运转幅度大，笔法流转灵活。

下面，我们具体介绍一种执笔法：五指法。据说系唐代书法家陆希声所创，他以五个字分别说明五个手指在执笔时所起的作用。五个字为：擫、押、钩、格、抵。

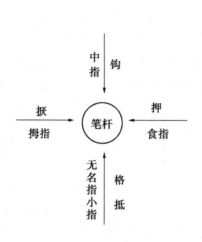

图9-2-1 毛笔指法原理解剖图　　图9-2-2 毛笔指法原理示范图

（擫）用来说明大拇指的作用。以大拇指指肚紧贴在笔杆左侧。

（押）用来说明食指的作用。以食指指肚紧贴在笔杆右侧，与拇指相对夹住笔杆。

（钩）用来说明中指的作用。中指靠在食指下方，第一关节弯曲为钩，钩住笔管外部。

（格）用来说明无名指的作用。无名指紧贴笔杆，把中指钩向内的笔杆挡住，防止笔杆歪斜。

（抵）说明小指的作用。抵是垫托的意思，指小指垫托在无名指的下面，以增加无名指"格"的力量。

（二）笔法理论

"笔法"一词的完整含义是指执笔法和用笔法。因前文已介绍过执笔方法，本节主要介绍用笔法，由于毛笔这一书写工具的性能和特点，决定了笔法在毛笔书法中的重要地位。元代大书法家赵孟頫在《兰亭十三跋》中说："书法以用笔为上，而结字亦须用工，盖结字因时相传，用笔千古不易。"

毛笔的构造，赋予其在笔画线条的书写时有非常丰富的表现力。随着书写者运笔的力度、速度、节奏、方法等的变化，汉字的笔画乃至整字也会显现出千姿百态。

1. 笔位

毛笔的笔头，主要由笔锋和副毫组成．所谓笔锋，是指笔头中心一簇长而尖的部分，所谓副毫，是指包裹在笔锋四周的一些较短的毛。在运笔过程中，笔锋与副毫发挥着不同的作用。笔锋是笔毫中最富有弹性的地方，它决定着笔画的走向和力度，所以有"笔锋主筋骨"之说。但是光有筋骨而无血肉的毛笔字是不美的，所以历代书家在书写时都不是单用笔锋的，而须兼用副毫（而且笔锋与副毫也无法截然分开）。副毫控制着笔画的粗细。副毫与纸的接触越多，笔画越显丰满。故又有"副毫丰血肉"之说。书家在运笔过程中，总是根据自己的审美观来协调运用笔锋和副毫的。看重筋骨，以瘦劲为美的人，就少用副毫；而既重筋骨又重血肉，以丰腴为美的人，就必然多用副毫。

2. 毛笔的笔头

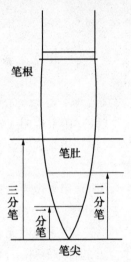

毛笔的笔头，按其部位大体又可分为三部分（见图9-2-3）：笔尖（锋颖处）、笔肚（中间部位）、笔根（与笔杆相接处）。再把笔尖至笔肚的那一部分分成三等分，靠笔尖的三分之一这一段就称一分笔，从笔肚到笔尖这一段称三分笔，中间部位到笔尖这一段称二分笔（见图9-2-3）。

显然，使用一分笔书写，笔画就显得纤细、瘦劲。如初唐时的书家褚遂良、薛稷常用此法。宋徽宗的"瘦金书"也是突出的范例。使用二分笔书写，笔画则显得圆润、俊健。如晚唐的柳公权、元代的赵孟頫多采用二分笔。使用三分笔书写，笔画就显得丰腴、浑厚。如中唐的颜真卿、宋代的苏东坡（见图9-2-4）。

图9-2-3 笔位图

褚遂良一分笔　　柳公权二分笔　　颜真卿三分笔

图9-2-4 一、二、三分笔例字

一般说来，使用三分笔写字，是用笔的极限。古人有"使笔不过腰"的说法。如"过腰"用笔，一是极易出现"墨猪"，而且笔锋提起时无法弹回；二是容易导致笔锋开叉收不拢；三是大大缩短笔的使用寿命。对于初习字者，往往易出现两个极端：一是不敢铺毫，单用笔锋书写，字显得纤弱无力；二是肆意铺毫，甚至用笔根书写，字显得臃肿、赘疣。所以，初习字者应首先注意正确地使用笔位。

（三）楷书基本笔画书写规律

笔画是构成汉字的基本元素。要想写好字，首先就要写好笔画。就像盖房子要讲究材料的质量一样，偷工减料盖起来的房子必然是"豆腐渣"工程。写字的道理也是如此，那种不认真练习笔画就直接写字的学法是不符合毛笔楷书学习规律的。王羲之说："……一点失所，若美人之病一目；一画失节，如壮士之折一肱"，这充分说明了笔画质量与字的整体美的关系。

汉字的基本笔画共有 40 余个，可分为点（斜点、竖点、左点、撇点、提点）、线（长横、短横、左尖横、悬针竖、垂露竖、短竖、长斜撇、短斜撇、短平撇、竖弯撇、竖撇、斜捺、平捺、反捺、提）、折（横折、竖折、撇折）、钩（横钩、竖提、竖钩、斜钩、卧钩、竖弯钩、竖左弯钩）及复合笔画（共 10 个，名字略）五大类，每一类笔画的写法都是有规律可循的，这些规律掌握起来并不难，以下就是我在学习和教学毛笔楷书过程中总结的规律。

1. 起笔规律：点、带、转

适用于一拓直下起笔法，之所以教这种写法是方便学生以后学习行书（见图 9 - 2 - 5）。

1点：写斜点　　　　2带：盖住点方便转　　　3转：调整锋向以便中锋运笔

图 9 - 2 - 5　横的起笔步骤图示

（1）点：任何笔画都由点起。笔杆垂直，以斜势（45°，缺省为这个角度，具体到不同风格楷体可作相应调整）下笔由轻到重写出前尖后圆的杏仁点。要求下笔要轻，角度要斜，根据笔画的粗细写出点的长短，不可一味拉长以免给下一步带来麻烦。

（2）带：是为了写出起笔轮廓，也便于转笔。以横为例，杏仁点写完后，毛笔按笔画运笔方向（横向右、竖向下、撇向左下、捺向右下、提向右上）侧锋带笔形成平形四边块面，这样做既写出了起笔的轮廓，又便于笔锋在其中不露痕迹地换向，保证下一步的中锋运笔。注意：带时毛笔不要提起，把点的头和尾盖住（以看不见点的头尾为准），写出三条直边两个方角。

（3）转：是为了调整笔锋指向以达到中锋运笔要求。平行四边形块面形成后，笔锋不须提起，接着就是靠大拇指和食指逆时针转动笔杆（横、提为逆时针转动，竖、撇为顺时针转动，捺因为下笔方向同点一致，故不须转动），带动笔锋作逆时针调锋，使原来的笔锋指向由向左前变成向左，这时向右运笔才是横的中锋行笔。注意：转笔时毛笔不要提起，直接用拇指和食指转动笔杆带动笔锋在纸上转动，像跷跷板一样，让接触纸面的笔尖和笔跟部同时向笔画中心移动，直到笔锋状态符合中锋要求为止。

以上只是以横为例说明起笔点、带、转的规律，其他笔画起笔可类推。至于横、竖、撇、提、捺五个最基本笔画的起笔点、带、转的相同和不同之处，请看表和图9-2-6。

笔画	点的方向	带的方向	转的方向	转的幅度
横	向右下 ↘	向 右 →	逆转 ↗	小
竖	向上	向 下 ↓	顺转 ↘	小
撇	同上	向左上 ↗	顺转 ↷	大
提	同上	向右上 ↗	逆转 ↗	大
捺	同上	向右下 ↘	不转0	无

五种笔画起笔的相同点与不同点表解

2. 收笔规律

行笔结束后，接下来就要收笔，收笔有两种方法：

（1）藏锋收笔：弹、挑、折、转中锋行笔到末尾收笔

第一步是笔锋反弹提起（越是弹性小的笔或按笔幅度大的情况，越要反弹提起），因为像横、垂露竖或短竖以及反捺的收笔需要较轻的笔触才能圆满完成收笔。所以反弹提起是圆满收笔的关键一步。这里我用一个"弹"字概括反弹提起这一步。

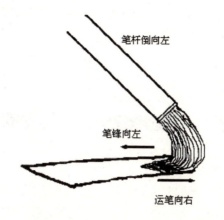

图 9 - 2 - 6　笔画起、行笔示范

　　第二步"挑"概括的是笔锋上挑（对横而言）或笔锋左挑（对竖而言），这一步的目的是同第三步"折"配合形成棱角，以强调笔画的造型效果。注意：挑时要用一分笔轻挑，不可用很重的笔触。

　　第三步"折"概括的是笔锋在"挑"之后折笔（方向与起笔点的方向保持平行）向右下形成方角，与下一步圆转形成的圆弧收笔构成方圆对比。注意：这一步依然要用一分笔轻折。

　　第四步"转"概括的是圆转回收，完成"折"后，手腕带动毛笔，使笔锋轻松一转，从下方轻轻收回，整个笔画到此圆满结束。

　　垂露竖、短竖、反捺都可以此法收笔（见图 9 - 2 - 7）。

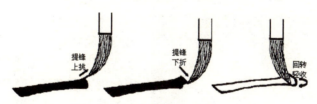

图 9 - 2 - 7　藏锋收笔关键步骤图示

　　（2）露锋收笔：弹、倾、踢

　　露锋收笔是要写出笔锋。与藏锋收笔相同的是第一步也需要反弹提起（此步也称"弹"），不过这种反弹提起是反复且连续进行，运笔一次比一次轻，直到写出笔锋为止。伴随着反复多次反弹提起，为使笔毫能渐渐收拢，笔杆必须向笔锋所指方向倾斜（此步谓"倾"），最后一步笔尖快速从纸面踢出，形成笔锋（此步谓"踢"）。基本笔画中如悬针竖、撇、捺、提及钩的收笔全用此法。需要注意的是：要想收出漂亮的笔锋，起笔时转笔就要到位，只有转笔到位，才能在收锋时将笔锋写到笔画的中心线上，从而产生美的外观（见

图 9 - 2 - 8)。

笔锋反弹之前　　　　1 笔锋反弹提起　　　　笔杆倾斜
　　　　　　　　　　　　　　　　　　　　　　2 再以较轻的
　　　　　　　　　　　　　　　　　　　　　　笔触行笔

图 9 - 2 - 8　请看笔画起、行笔示范

总而言之，练习书法要姿势端正，精神集中。执笔时，指要实，掌要虚，食指应当高钩，如鹅头昂扬微曲；运笔时，五个手指要像鹅两掌齐力拨水那样，协调得力，才能运用自如，使全部精力贯注到笔尖，呼吸均匀，心无旁骛。

三、粉笔字书写知识与方法

（一）执笔、运笔、板书的姿势

我们从小学（或者幼儿园）开始学写字，就涉及到执笔问题。但那时先是执铅笔，然后执钢笔、圆珠笔等，有时还要执毛笔。这些执笔法可能都有老师或家长示范，唯粉笔执法很少有人问津。因为少儿学习期间还用不着粉笔书法，即使有少数同学为出板报而执粉笔，恐也是"无师自通"，没有人去考察其正确与否，现在我们学习粉笔书法与板书，不能回避执粉笔问题，因为执笔的方法是否妥当，对书写的水平有直接的影响。

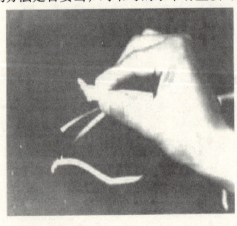

图 9 - 3 - 1

粉笔不同于毛笔和其他硬笔，自身是笔杆又是笔头，而且板书是立式书写，手腕、手臂均要悬起，因此执粉笔的方法也不同于其他笔类的执法。通常采用"三指法"，即拇指、食指、中指三者齐力握笔，其中拇指、中指对应相抵，食指在前控制行笔方向，其余二指（无名指和小指）自然弯曲相依即可。在前的食指距离粉笔头约 1.5 厘米，这样书写起采既着力又灵活，如果离粉笔头太近，执笔的手指某部位会靠在黑板上来回摩擦，影响书写的流利；如果离笔头太远，无力控制行笔，写出的笔画会太轻而不清晰，影响观者的视觉效果。执粉笔时还要指

实掌虚，"指实"即手指执笔要紧而有力量，写出的字才能刚劲有力；"掌虚"就是手心不能握拳，而要留有一定的空间，使运笔灵活，这样写出的字则流利而不呆板（见图9－3－1）。

所谓运笔，就是在写字时，粉笔在黑板上行走的运动过程。这一过程留下白色痕迹，就是点画，由点画再搭成字。因此，讲究运笔，点画就有生气，再加上结体合理，字就美观。否则，只是直通通地一画而过，点画则了无生气而且笨拙。即使结字好，也难免板滞。

请比较下列点画的优劣。

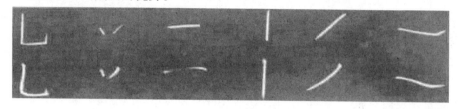

讲究运笔，就是在不同点画的书写过程中，行笔讲究提按、顿挫、转折、快慢等。

"提"，就是将粉笔从板面提起，使笔迹从粗到细（如果提笔最后离开板面，笔迹就由细到无）。

"按"，就是将粉笔在板面上重按，使笔画变粗，运笔的提按往往是在同一笔画中完成，如斜撇的写法就是先按后提，以达到右上粗、左下细的笔画效果。

"顿"，就是在"按"的基础上停顿一下，使点画的某一处圆浑而有力量。"顿"经常在点画的起笔、收笔或勾挑捺角处体现出来。

"挫"，是指转换笔尖方向的一种急促而有力的行笔方式，常和"顿"一起连用，称为"顿挫"，比如在钩画的出钩处就要用"挫"。以竖钩为例，钩画就是先顿后挫，粉笔尖扭转方向而形成的一种运笔线路，这样能收到蓄势跃出的效果。犹如踢足球，出脚时脚先向后收（蓄势）再踢出，使之强有力。如果没有"挫"笔扭转作准备，而径直出钩，其钩画则如断柴折芦，了无"精神"。

"转折"，也是改变粉笔尖书写方向的一种运动形式，但它不像"挫"那样急促而含"扭"的运笔动作，而是圆转地改变运笔方向。由于粉笔写到一定程度会磨损成扁平，于是出现线条粗细不均，我们通过转折运笔也正好能弥补这一缺陷。

"快慢"，指的是点画行笔速度。"快"便于连带而易写出气势，"慢"便于沉着而不易轻滑。有时某一笔画的运笔过程就有快慢之分。如"悬针竖"

的写法，先慢后快，将粉笔渐渐提起，以行笔惯性出锋，使笔画锋芒毕露，如针之悬。运笔在某一笔画中有三个步骤，即"起、行、收"（被称为运笔的"三部曲"）。上文说的运笔的各种方法（提按、顿挫、转折、快慢等）就应用在不同笔画的"起、行、收"中，如楷书的长横写法，可以概括为"起笔顿顿、收笔顿顿、中行速而劲"。相对而言，楷书运笔较慢且迟重，而行书多连带，运笔较快而轻盈。理解了粉笔书法的执笔、运笔方法和书写要领之后，我们便可着手在黑板上练习书写，书写时除了精神集中之外，还应该有正确的板书姿势，姿势正确能充分利用人体各部分的有利因素，还有益于身心健康。因为板书通常是站着写，且板面与人体平行（写毛笔书法和其他硬笔书法时，纸面与人体几乎垂直），所以要讲究站得稳，两脚平放地面且分开与肩同宽，执粉笔的手臂自然弯曲（有时写到高处时，也可伸直），另一手臂自然下垂（不要作舞蹈姿态），头要正，头正则视线平，板书也容易平正。一般地，板书者都是正面对黑板，背向学生，但有特殊需要也可侧向黑板，侧向学生。另外，根据板书者身高的不同，板书时亦可适当踮脚或下蹲，以适应板面高低的需要。总之，正确的板书姿势要与实践相结合。

（二）粉笔楷书的笔画形态与写法

笔画是构成汉字的基本部件，它与结体共同有机地组合成美观的书法。因此，了解并熟练书写各种形态的笔画是写好粉笔书法的重要一环。上一节介绍的运笔方法以及书写某一笔画的"起、行、收"三步骤，是从笔画运行来分析的，是"动"的方面；而笔画形态是从笔画的形象来分析的，属"静"的方面。当然，每种不同笔画的"静"的形态是通过粉笔运行的"动"的过程来完成的。虽然"静"的笔画形态是丰富多样的，但"动"的运笔却"万变不离其宗"。按照《现代汉语字典》，楷书的基本笔画有八种：即点、横、竖、撇、捺、挑、折、钩。但每种笔画又有多种形态差异，如"钩"，就可以分为"横钩、竖钩、卧钩、斜钩、弯钩、竖弯钩、横折弯钩"等。而且每一位书写者，因其师承不同、手性不同等因素的影响，对同一形态的笔画又会写出不同的面貌来，再加上结构、用笔手法的变化，从而出现多种不同风貌的板书。

下面介绍各种楷书笔画的基本写法。

1. 点

点是笔画中最小的形态，但它在整个汉字中频繁出现、举足轻重。点可分为基本点和组合点两大类。

（1）基本点

侧点：写法是左向斜侧落笔（与水平方向约成45°角）先轻后重向下滑

丶 夕 言 之 下 主 门

行，迅速停顿回锋收笔。如：垂点：如露珠垂而欲滴，故称。又因为这种点一般出现在字的最左边，所以又称"左点"。写法是右向斜侧落笔（与水平方向约成75°角）先轻后重向下滑行，迅速停顿往上收起。如：

丶 壹 心 宣 恰 写

挑点：形如短小的挑画，故称。写法是纵向落笔而顿，再提笔向上出锋挑起，动作要快而有力，如：

丶 壹 心 宣 恰 写

撇点：形如短小的撇画，故称。写法是左向斜侧落笔而顿，再提笔向左下出锋挑起，如：

丶 父 兴 六 平 米

长点：拉长侧点便是长点。写法与侧点写法相同，只是行笔的过程稍长，如：

丶 不 责 外 贡 头

（2）组合点

组合点是由基本点组合而成，书写时均要注意互相呼应。

左右点：由垂点（左点）与侧点组合而成，往往分布于某一笔画的左右两边，书写时要笔断意连，如：

八 小 办 宗 东 少

相向点：亦称"羊头点"，这是侧点与撇点的组合。书写时撇点长，而且点不要相交，如：

相背点：这是撇点与侧点的组合。书写时两点的距离不宜太近或太远，如：

八 共 六 交 其 兴

上下点：是上、下两个侧点组合而成。书写时两点要略有变化才显得生动。如：

三 斗 尽 头 枣 母

并二点：由侧点和挑点或由撇点和挑点组合而成。书写时要根据不同要求进行变化，如：

冫 或 冫 冰 壮 飞 衫

合三点：由左、中两个侧点与右边一撇点组合而成。书写时注意中侧点位置略高，使三点上方呈弧线形，撇点要衬在侧点下面。如：

⺌ 学 举 觉 兴 应

水旁点：这是由两个侧点和一个挑点组合而成。书写时，中间的侧点向外略突出，形成"（"形状，如：

氵 江 河 湖 泊 流

火底点：由一个垂点和三个侧点组成，也可由三个垂点和一个侧点组成。书写时中间两点要直一些且略小，左点要斜一些且略大，四点要撇开以托住整个字的上部为好，如：

两对点：由左上侧点、左下挑点、右上撇点和右下侧点合而成，也可以说是两个不同的并二点分布在某笔画的两旁，如：

2. 横

横画书写最能体现"起、行、收"运笔的三部曲，起笔左向斜侧（与水平夹角约45°）顿下，行笔略快，收笔往右下顿，形成中间细、两头略粗的细腰横。横画的形态有三种：即长横（在字中往往起到平衡作用）、短横（运笔可以先轻后重）、斜横（写法同长横，只是斜度大些）。无论长横还是短横，都不要写得太平，一般向右上斜约10°角，这样符合观者视线的错觉。如：

长横：

短横：

斜横：

3. 竖

竖画有悬针竖和垂露竖两种形态。悬针竖的写法是左向斜侧下顿笔，行笔逐渐上提脱离板面以惯性出锋，形成针尖状，通常于某字或某部分居中插下。垂露竖的写法，起笔同悬针竖，行笔均匀用力，收笔时右下略顿。竖画要写得不偏不倚。如：

悬针竖：

垂露竖：

竖画还有两种附属形态，即：竖弯，竖提。如：

竖弯：

竖提：

4. 撇

撇画的写法是斜向侧下顿笔，行笔逐渐上提，快速而带弧势，收笔／顷势出锋。撇的形态主要有四种：斜撇、竖撇、平撇、短撇。撇的写法都一样，只是长短、斜度各有不同，如：

斜撇：

竖撇：

月 兆 丹 周 火

平撇：

手 乎 禾 斤 反

短撇：

白 务 代 生 矢

5. 捺

捺画在一个字中往往充当主笔，是比较难写的笔画之一。其形态主要有：斜捺、平捺、反捺。斜捺的写法是起笔轻，行笔时逐渐下按，快要出锋时略顿，再扬起笔依运笔惯性飘出，写捺时要留意线条的波折。平捺写法同斜捺，只是与水平方向夹角较小，故称。反捺写法如长点，经常被用在捺画并列或重复的地方（有时是手写体的习惯，因为以长点代捺写起来方便），如：

斜捺：

大 人 天 放 水

平捺：

之 廴 远 延 走

反捺：

衣（衣）关（关）英（英）

6. 挑

挑画写法是纵向落笔顿而挫，行笔快提，依运笔惯性斜向右上挑出。挑画有平挑和斜挑两种，斜度略有不同，如：

平挑：

斜挑：

7. 折

折画在汉字中出现较多，而且形态各异。书写时关键在折处顿笔，并注意构成折画线条的夹角和相互关系。

横着：构成折画线条的夹角一般小于90°或等于90°，如：

竖折：构成折画线条的夹角一般略大于90°或等于90°，如：

撇折：先写一短撇，再顿笔右向上挑，夹角约45°，如：

横撇（折）：先写一横，于折处顿笔，再写一撇，夹角约45°至60°，如：

撒点（折）：先写一撒，于折处轻顿笔，再写一长点（或视为反捺），夹角约60°至90°，另注意两笔画向内略弯曲，如：

横折弯：先写一短横，于折处顿笔，再写一竖弯（注意竖弯处一定不能写成折），如：

8. 钩

钩画常常依附在其他笔画上，与其共同构成笔画形态，运笔出钩前一定要顿挫蓄势，这样钩锋才显得稳健有力。钩的主要形态有：

弯钩：写弯钩时要留意向右"弯"的弧度，并注意收笔处与起笔处几乎在同一条垂线上。钩法同其他，如：

卧钩：可以理解为将斜钩"卧倒"，但起笔轻，弧度更大，出钩要向左上，以求与其他笔画呼应，如：

横折钩：根据横折画的夹角，横折钩又有两种形态，写法参照横折画与钩的写法，如：

竖弯钩：先写竖画，再右转弯（如画圆），收笔时正向上轻快钩出（可略向内钩，但决不能向外钩出），如：

横折弯钩：先写横画，于横画的结尾处折向内弯，曲如画圆，收笔时向上轻快挑出。注意斜弯有几种形态，如：

横撇弯钩：横要短，撇和弯钩连接的地方不要顿笔，注意弯钩的长短和弧度，有折有弯，形成对比，如：

横折折钩：横不要长，转折的地方要轻顿，折钩要向左收，成倾斜状，如：

竖折折钩：转折处要轻顿，最后的折钩要倾斜，如：

以上是笔画的基本形态和写法。汉字的笔画组合较多，未必能尽举其美，但掌握了以上笔画的写法，其他便能迎刃而解。另外，因这些笔画是手写，不是印刷，形态可能会因人而异，甚至同一人写同一笔画也会有差异的。

第二节　写字教学要求与教学方法

小学写字教学是小学语文教学的重要组成部分，《全日制语文课程标准》（2011 版）对小学生写字提出了明确的要求，要求小学生要"养成正确的写字姿势和良好的写字习惯"，"初步感受汉字的形体美"，学会"用毛笔临摹正楷字帖"，通过书法训练达到"在书写中体会汉字的优美"，"体会书法的审美价值"等。

能否写一手好字，它不单单是一种终身受用的技能，而且是培养学生终身学习能力的基础，对学生的学习和发展都有着重要的奠基作用。写字是一门实践性很强的学科，需经过一定的训练才能掌握它的技能，我们结合平时写字教学中的一些做法和感受，谈谈自己的一些看法和观点。

一、提高思想认识

我认为要想让学生写出规范、漂亮的字来，首先要让他们在思想上有一个正确的认识，写字是一种除去语言沟通之外的另一种重要的沟通方法，因为用文字进行学习和工作、交流思想都离不开写字。其次要学生明确，写是巩固识字的手段，写好字不但能巩固学过的字，很好地完成各科作业，而且可以为将来的学习、工作打下良好的基础。最后使他们意识到，写字对提高学生的文化素养有重要的作用，因为长时间坚持不懈地练字，可以陶冶性情，提高自身涵养，受到美的感染与熏陶，提高审美情趣与能力，从而养成一丝不苟、爱好整洁的习惯。由此可见识字教学具有重要意义，而写字教学更要抓小、抓细、抓恒。要做到以习字辅德；以习字增智；以习字益美；以习字健体；以习字砺志，充分发挥写字教学的育人功能。

写字是语文教学中一项重要的基本功训练，要把字写好不是一件容易的事，需要长期不懈地努力。提高对写字教学的认识，从校长到老师，从家长到学生，都要充分认识到写好字的重要性。

二、教师榜样示范

"其身正，不令而行，其身不正，虽令不从。"教师以身作则，对于学生来说就是无声的引导。在学校里，教师的字写得好与不好，必然会影响到学生的态度和热情。因为教师是学生的重要模仿对象，教师的示范作用显得特别重要。要让学生写规范字，首先自己就要注重写字，写好字，写规范字。如：平时的课堂板书，批改作业，都应该注意书写的姿势，握笔姿势。安排好字的间架结构，注意字的笔顺，要展示给学生一个个端端正正的汉字。此外，教师的一举一动，一言一行都可能成为学生模仿的对象。学生当中还有不少人偷偷地模仿老师写的字，可以抓住机会开始有意识地进行个别辅导，放下老师的架子走到学生中去，握着学生的手写一写，让学生看着老师写一写，无形之中又把自己变成了一面镜子。正确的写字姿势是写好字的前提，也是预防近视、驼背的关键。老师在强调学生坐姿的同时，十分重视自己的写字姿势，经常提醒他们："请你们像我这样做。"这样，不仅能提高自己的写字水平，养成良好的写字习惯，对于学生来说更使他们看到了一个活生生的写字"榜样"，使学生潜移默化地受到了教育。

三、学生兴趣培养

写字并非一朝一夕所能练成的，关键在于持之以恒。要让生性好动的孩子喜欢写字，并养成良好的写字习惯，必须重视学生写字兴趣的培养。兴趣是最好的老师，根据小学生的年龄特点，可以采用以下几个方法激发学生的写字兴趣。

（一）生动有趣的故事激励法

就是说教师可根据学生的心理特点讲一些生动有趣的故事激发学生学习写字的兴趣，让他们从内心当中产生对写规范漂亮字的求知欲。使之乐写、想写一手漂亮的字，并且教师对他们所写的字给予及时的等级评定，写得规范的字可以用红花或五星的形式给予奖励。写得还不够好的，千万不能简单地批评他们，而是先要表扬他们这种认真写字的态度，然后再诚恳地告诉他们哪里还需要改进，怎样写能把字写得更好看，逐步引导学生把字写好。例如教"之"时讲王羲之每天"临池学书"，清水池变"墨池"的故事。

（二）形式多样的竞赛激励法

竞赛不但能调动学生练字的积极性，还能培养学生良好的竞争意识、同学之间互相合作的集体意识。批作业时，可以把学生写的字与范字进行比较，并把那些写得好的字给出相应红圈；对那些能日渐把字写端正的同学的作业写上表扬或鼓励性的话语。经常进行小结性评比，学期末评出星级作业，并给予一定的奖励。写字课上，可以以小组为单位进行写字比赛，写得好的同学在学习园地展出，获得进步奖的学生进行表扬。鼓励学生积极参加校内外组织的各项书法竞赛，让学生看到自己的进步，增强自信。

（三）不同形式的作业展览法

我在板报中开设"作业展厅"一栏专门展示学生的优秀作品，并定期举办作业展览，将所有的学生作业进行展示，请学生进行评价，学习别人的优点，弥补自己的不足。开学初，每位同学都准备一份优秀作业，期末时，再拿出一份优秀作业，两份作业同时展出。只要有进步的就给予奖励。各种展示让学生看到自身的价值，增强学生的自信心，提高他们对写字的兴趣。整个班级也因此形成良好的写字氛围。

（四）适合学生心理的奖励法

教师要对他们所写的字给予及时的等级评定，写得规范的字可以用红花或五星的形式给予奖励。也可以联系家长配合，给予适当的物质奖励，培养兴趣。

四、方法技能训练

写字的教学过程不仅仅是知识、技能的传授和训练，更重要的是要引导学生在对写字美的感受、认识、理解的过程中产生一种情感体验，同时受到教育。在写字课教学上，要着力抓好写字方法技能的具体指导。

（一）重视双姿的指导

写字姿势的正确与否直接影响着学生的写字质量。通过观察发现，学生握笔姿势的错误一般表现在：

1. 食指和大拇指握笔太低，距离笔尖位置小于一寸，影响了运笔，挡住视线，造成头歪的毛病。

2. 拇指、食指相碰或交叠（一个手指压在另一个手指的上面），手指阻碍了视线，迫使头部向左倾斜，拉近了眼睛与书本的距离，增加了近视的发病机会。

3. 笔杆低于虎口食指关节处而落在虎口上。

正确的握笔姿势应是：

（1）右手拇指在笔杆的左侧比食指稍靠后些，食指在前偏右，这两指紧紧夹住笔杆，中指在食指下面，用第一个关节托住笔杆，无名指和小拇指在中指之后自然地弯向掌心。

（2）笔杆向右后方倾斜紧贴在食指第三关节和虎口之间。

（3）食指和大拇指捏笔时中间呈椭圆形。

（4）手掌和手臂呈一直线。

（5）捏笔手指与笔尖的距离接近一寸。

（6）写字时手的支撑点在豌豆骨上。为此还可以和学生一起学习指导写字时正确姿势的《五指歌》，以便于学生记忆："老大老二不打架，老二喜欢弓着背。老三抵在笔杆后，老四老五抱成团。"

学生在坐姿方面的错误一般有：头距桌面太低，距离不足一尺；歪着头；胸离桌子不足一拳，上身伏在桌子上，跷二郎腿。因此学生在写字之前，必须先给他们调整好姿势，让孩子背诵《写字姿势歌》：头正身直，臂开足安，一寸一尺一拳头，正确姿势顶呱呱！要求学生的坐姿达到：头正、身直、臂开、足安。长此以往，学生自然会养成良好的写字习惯。

（二）注意力、观察力的培养

汉字是一种形体优美的文字，书写时讲究结构、笔势和神韵。实践证明，写字是一项十分精细的活动，它要求写字者神情专注，注意力集中。培养学生的写字注意力，要引导学生"静心、专心、细心"地写字。

例如：有些学生初写"刀"字，粗略视之就动笔写，结果把"刀"写成"力"。在老师没有进一步要求细看细写，而主观作出所谓辨别的指导时，向学生反复强调不要把"刀"写成"力"。不强调还好，一强调倒把学生搞糊涂了。实际上，只要让学生养成细看细写的习惯，写错字的现象就会大大减少。引导学生养成良好的写字注意力，是学生写好字的前提和基础。此外，写字指导还要通过各种方式的训练，培养学生细致敏锐的观察力。

（三）抓基本技能的训练

教师在进行写字教学过程中可以从基本笔画、字的偏旁和字的结构逐步进行写字教学指导。

1. 写好基本笔画

每一个字都由基本笔画构成。因此，写好一个字，就要写好它的每一个基本笔画，而每一个笔画都须经历起笔、运笔、收笔几个过程。我们从一年级开始就注重对学生进行严格的笔画指导，教他们如何起笔、运笔、收笔。

2. 写好字的偏旁

写好一个汉字先要写好这个字的偏旁。大部分的汉字都有自己的偏旁，而这些偏旁的书写都有其自身的特点和规律。此时，教师在讲解时要让学生对这些偏旁能够举一反三，根据情况进行适当的结构安排。

3. 眼到、手到、心到

当学生掌握所写字的比例和准确位置之后，必须让其反复训练。在练中慢慢把握好字形，最终练成一手具有个人艺术特点的好字。

　　总之，要养成学生一个好的写字习惯是非常不容易的，他们的习惯形成是一个不断积累，螺旋上升的过程。因此，良好的写字习惯不能仅靠几节写字课，必须对学生严格要求，要求学生写字课内与课外一个样，校内和校外一个样。经常向家长宣传学生良好写字习惯培养的重要性，要求家长积极配合，与老师通力协作，齐抓共管，对学生每一次的家庭作业都能认真检查，逐步达到习惯成自然的境界。

第十章　备课及板书素养与教学指导

备课是教学的重要环节之一，是教师上好课的关键。但教师应该如何备课，备课时应从哪几个方面着重考虑，在很多教师的脑海中还存在着许多误区。教师的备课应该体现学科特点、教师特色，有利于教师的提高，有利于学生的发展。同样，一堂高水平的课，一幅漂亮的板书也能唤起美的情感。课堂板书既是科学又是艺术，是课堂教学的缩影，是撬开学生智慧的杠杆，是知识的凝练与浓缩，能给人以志得神怡的艺术享受。

第一节　备课的要求与写教学设计的方法

"备课"一词在《辞海》中的解释为"教师在上课前的教学准备。一般包括学年备课、学期备课和一个课题或一节课的备课"。备课要做到"四备"，即备课程标准、备教材、备学生、备教法。

一、备课程标准

学习《义务教育语文课程标准（2011 年版）》：《义务教育语文课程标准（2011 年版）》是教学的基本依据，教师应首先认真学习领会，明确教学目的、教学原则以及各年级各学科的教学要求和任务，整体把握教学内容之间的联系和衔接。

二、备教材

（一）课前的预设备课——前奏曲

1. 看透教材

做教材的主人，从不同角度看透教材。

（1）"举例"与"范例"观念

语文教材是举例，也是范例。课文都是精选的，练习是精心编写的。在实践中学语文是必由之路，别无他途，学例就是实践，仿例、用例正是在学语文，理解、欣赏、积累、运用语言。

（2）"一粟"与"沧海"观念

语文教材与其他学科的教材有很大的不同，"文选"占了很大一部分，这些文章仅是浩如烟海语文体系中的一瓢水，语文教材仅是沧海一粟，以一粟之学游沧海之语，以少学多才是方向。

（3）"借用"与"凭借"观念

纳入语文教材的文章大多数不是专门为教材写的，即便是名家名篇，也只是选来一用，用来培养学生的语文素养。看透这一点，就会跳出教材思考。另外一方面，只有认真地凭借它，才能更好地利用它。

（4）"煤块"与"煤球"观念

《义务教育语文课程标准》指出："语文课程资源包括课堂教学资源和课外教学资源。"①语文教材犹如"煤块"，可以再利用，可变成"煤球、蜂窝煤、煤气……"，它是资源，具有弹性，旨在善于开发，综合利用。看透这一点，就会在深刻钻研教材的基础上，创造性开发、驾驭教材。

（5）"要懂"与"能懂"观念

很多老师将读懂课文作为主要教学目标，甚至是唯一目标，课堂上充斥着串问、灌输、死记，变成了学生为"文"服务，而不是"文"为学生服务，局限了教学，扭曲了教学。课文要懂，但从培养学生角度看，要着眼于过程和方法，变学会为会学，形成阅读能力及习惯。

（6）"语境"与"语言"观念

课文提供了语言环境，是生活的语言。在语境中学母语是必由之路。在语境中学语文，就不能离开语境孤立地学词法、句法、章法，要联系生活，联系上下文。为师生与文本提供了对话的话题，听说读写就有了交际的训练场。

2. 钻透教材

仅仅看透教材是不够了，还有钻透教材，若钻不透教材，就挖掘不出引起学生兴致的探究点，只在表面上游来游去，自主、合作、探究的学习就会流于形式。所以，钻透教材是预设备课的重要前提。

（1）钻"面"

要整体把握课文。不仅要抓理解每段具体内容，而且要抓全文的主要内容。

（2）钻"线"

把握整体不仅要钻"面"，也要钻"线"。它是纵向地整体把握，是深层地整体把握，犹如穿糖葫芦，要抓住穿糖葫芦的那根竹签。结构线：要善于理出文章的结构线索、结构特点。

主旨线：不仅要准确地归纳出主旨，而且要悟出体现主旨的层次。

情感线：表情达意是语文的特点。钻文要悟情，悟出主要人物及作者的情感变化。

（3）钻"体"

以文本为依托，了解文本背后的内容，了解写作背景，补充有关资料。这样钻研，有利于课内外结合，扩大阅读面，增加阅读量。

（4）钻"点"

整体由局部组成，局部又离不开整体。所以，只有从整体中抓局部，从局部中悟整体，这种钻"点"才是康庄大道。应善于抓住牵一发而动全身的"牛鼻子"，钻研反映整体的字、词、句、段……

3. 用足教材

如何把吃透教材的积淀转化为学生的语文素养呢？要让教材为学而用，为教会学生怎么学而用，善于用足教材。

（1）品点

品味语言的音、形、意、道、境、情、采。

（2）扩点

每篇课文都有省略处、简略处、概括处、延伸处，这些正是给学生练语的空间，是极好的扩点。

（3）疑点

在何处抓疑点？一般来说，应在难点处质疑，关键处质疑，疑惑处质疑，无疑处质疑……

（4）异点

学生是有差异的个体，这种差异使他们的认识不可能一样。语文课标鼓励求异，开拓创新的空间。备课就要抓住异点，开展创造性的语文实践活动。

（5）争点

备课要善于抓住教材揭示的矛盾冲突，引发学生的讨论、争论。抓住争点，有论题，有不同观点的论方，有依据的热烈争论。

（6）联点

文章都是由句段组成的整体，有着内在联系。用透教材就要找到比较点、联系点，备课就要善于在这些比较、联系点中引导学生去发现、解读、运用。

（7）移点

要让学生进入教材，与文本零距离接触，就需要学生转化角色，进行角色扮演、角色转移、情境转移、情感转移，实现与文本的真正对话。

（8）融点

将其他学科的"他山之石"融入课外有关信息，攻语文"之玉"，进行综合学习。

（9）积点

要善于利用教材让学生赏析、积累、运用语言。

（10）盲点

备课要抓住学生认知盲点，引发情趣，激发思维，引导走向光明。

（二）课后的反思备课——续曲

上完课是课堂教学的结束，但对于备课来说并没有结束，绝不能一上完课就马放南山，认为没有必要再想了。应再次对这节课进行"教学设计"，这叫做"反思备课"，在操作时需要注意以下几点：

1. 聚精会神地回忆自己的教学实践——反思备课的基础
2. 虚心好学地聆听旁人评议——反思备课的催化
3. 着眼未来地反思教学实践——反思备课的关键
4. 持之以恒地撰写反思笔记——反思备课的升华

三、备学生

要深入了解学生在学习新内容之前已经知道了什么，包括已掌握的知识和已有的生活经验。研究学生的心理特征和认知水平。预想学生在学习中可能出现的各种问题及预设解决这些问题的策略。

四、备教法

把备《义务教育语文课程标准（2011 年版）》、备教材、备学生等情况进行综合分析，重点考虑如何组织和选择恰当的教学策略实施课堂教学。即：围绕教学目标创设怎样的教学情景、通过什么方式揭示学生要探究的问题，在引导学生探究的过程中应采用何种学习方式，运用什么教学手段等等。把对《课程标准》、教材及学生的分析和研究转化为教学策略。

五、编写教案的要求

教案是教师统筹规划教学活动的设计方案，可以有多种表现形式。其内容一般包括教学目标、教学重点、教学难点、教具及学具准备、教学过程、板书设计、教学后记等。

对教案主要环节的基本要求：

1. 教学目标

目标的设置与陈述应当从学生的角度出发，要从结果性目标和体验性目标相结合的角度确立知识与技能，过程与方法，情感态度与价值观三位一体的目标体系，要选择合理的目标定位，要根据学生"最近发展区"制定明确、具体、可操作性强的当前行为目标，切忌大、空，不切实际。

2. 教学重点、难点

从确立的目标出发，认真钻研教材，分清每项具体内容的主次，确定闪光点，放在突出地位。根据学生的实际，找准疑点、难点和关键，优化教学过程。

3. 教学准备

为创设情境，保证教学效果，教师要根据现有条件，恰当选用教具，合理运用现代化教学手段。必要的演示、操作、实验，教师要提前试做，并依据教学活动需要布置（检查）学生准备相应的学具，以切实保证课堂教学的实际效果。要注重信息技术与学科教学的整合。

4. 教学过程

教学过程是教案的核心部分。教师在设计教学过程时要重点突出以下几个方面：

（1）导入环节

导入环节主要是通过教师巧妙地"导"，创设情境，让学生全身心地"入"，要求通过适当内容或简短语言，把学生尽快有效地引入问题情境，激发学生的学习兴趣和求知欲望。

（2）问题设计

问题的设计要具体、明确、适宜。要有启发性、层次性、条理性、探究性，有一定的思考价值和思维广度（即发散性、开放性）。切忌"满堂问"或"以问代讲"。设计的问题要明确反映在教案上，以防止提问的随意性。此外，教师还应创设一定的问题情境，引导学生自己发现问题、提出问题以及如何筛选问题。教案中要突出引导的方法。

（3）学生获取知识的过程

教学设计要把落脚点放在引导学生参与学习的过程上，对学生在获取知识、方法的过程中可能出现的问题、困难要有充分的估计和对策。教案中应突出师生活动的内容、形式、时间、空间的安排以及对重难点的处理。

（4）练习设计

要根据具体教学内容精心设计练习，练习的内容要精，要有针对性和适当的梯度。应根据学生的实际情况设计不同层次的练习，要紧紧围绕教学重难点，使练习真正起到巩固、深化的作用。鼓励教师自己设计具有实效性、开放性、体验性的多样化的课堂练习。

5. 板书设计

板书是整个教学活动的纲目。课时板书设计包括分板书和整体板书，要突出学科特点，要充分体现教学重点、知识网点和活动主线。板书设计要做到巧妙、精炼、准确、条理清楚。布局要合理、美观，力求多样化。语文、品德、外语、社会、自然、劳动学科和综合实践活动要求每堂课要有板书设计。数学课要求新授、复习课有板书设计（练习课除外）。

6. 教学后记

教学后记要重点写自己教学过程的得与失，教后的体会与认识，以及对教学效果的自我评价和原因分析。避免应付式的空话、套话，要注重教学后记的质量，根据具体的教学内容和实际情况，不刻意要求每节课必写，如语文课。

第二节　板书的要求与写板书的方法

一、板书的要求

运用和设计好板书，对于提高课堂教学质量意义重大。设计好板书，必须遵循以下要求：

1. 明确的目的性

书写板书是为了帮助学生了解课文的中心内容及知识的结构层次。学生通过板书可以掌握教师讲授的顺序和思维过程，了解教材的重点难点。板书又是学生课下复习的重要依据。因此，书写板书必须做到内容完整，目的明确。切不可过于简单，达不到板书的目的；也不要过于繁杂，喧宾夺主。

2. 周密的计划性

板书的内容确定之后，什么时候书写，写在什么位置，绝不能随心所欲，要根据讲课的方式而定。

3. 高度的概括性

板书的内容不能过多，既不是课本的搬家也不是教案的缩写。书写过多，教师会因忙于写板书而减弱了师生的联系，学生也因忙于抄笔记而分散注意力，影响听课效果。同时，过于详细的板书也影响了学生看书用书的积极性。因此，板书必须做到结构严谨，语言精炼，画龙点睛，富于启发性。

4. 较强的针对性

板书应具有针对性，不同的班级板书内容不尽相同，有的班可以简单些，有的班可以详细些。板书内容的繁简是由学生的接受能力、班集体纪律好坏等因素决定的。因此，板书应从学生的实际出发，符合学生的年龄特点、知识水平和实际状况。

5. 清晰的条理性

板书是一节课中教师留给学生的重要学习资料。它是教师对教材进行深入钻研后写成的，突出了知识的本质和内在联系，使教材内容条理化、系统化。为此，教师在备课时除了备大纲、备教材之外，必须反复推敲板书的结构层次，使其达到条理清晰。板书时切忌边讲边写边擦，使板书失去完整性和条理性。

6. 严谨的科学性

科学性是指板书的内容要准确无误、结构合理。板书的科学性至关重要，它对学生有潜移默化的影响。因此，凡书写内容时都必须做到知识要正确、内容要完整、用词要准确、书写要工整、字体要清晰。

7. 一定的启发性

启发学生积极思维，发展学生智力，培养学生分析问题、解决问题的能力是教学的重要任务之一。在课堂教学中，教师除了运用语言、教具等手段进行启发外，充分运用富有启发性的板书，也不失为一种重要的方法和不可忽视的途径。

8. 较强的美感性

板书要做到不空不繁，不错不杂，纲目层次清楚，内容准确无误，形式结构合理，文字工整流畅，图像符号清晰美观，布局匀称得体，大小颜色适度（适当用彩色粉笔书写）。所有这些都是板书美感的重要内容。好的板书使学生产生一种羡慕的情感，从而激发起模仿、学习的欲望。相反，那种条理不清、板面设计紊乱、内容繁杂、残缺不全的板书，必然使学生产生学习上的厌烦心理，从而失去板书在教学中应起的积极作用。

二、写板书的方法

（一）板书书写技法

1. 书写姿势：板书的书写一般采用侧身书写的姿势。
2. 字体的大小：板书字体的大小直接关系到效果问题。字体太大，写不了几个字，影响板面的利用率；太小，学生看不清，失去板书的作用。一般认为，字体的大小以后排学生能看清为标准。
3. 教师板书用正楷书写，字迹正确、清晰、认真。

（二）板书内容设计方法

板书是工具，工具是用来为"目的"服务的。教懂学生，教会学生，使学生学会、会学，是教学的目的。板书为了达到这一目的，就必须有自己鲜明的"目标"。板书目的要明确、集中、合理。

1. 摘录提纲法

教学板书是教材内容的集中反映，是教师依据一定的教学目的设计而成的服务于学生学习的书面语言。教学板书所反映的教材、课文大多有鲜明的中心句、段中主句或关键词句，因此可以采用"语句摘录"的方法设计板书。所谓"摘录提纲法"，就是摘录教材富有标志性的中心句、段中主句或关键词句而形成"提纲式板书"的方法。这种方法简便易行，但要基于教材自身内容的明确性、结构的条理性。

2. 概括归纳法

教学板书是教师钻研教材、概括课文的产物，是教师创造性思维的结晶。教科书中的内容大多较为复杂，板书却要简洁精练。因此，我们常常使用"概括归纳法"设计板书。所谓"概括归纳法"，就是用简洁的语言抽象教材内容，归纳教材知识的方法。"概括归纳法"类似学术论文前的"摘要"写法，在归纳教材内容、知识的基础上，要进行抽象、升华、深化，这样板书才有深度。这种板书设计方法，基于教师对教材的研究、分析及自身的概括能力。高度的概括能力，是抽象思维的良好品质，这种方法对培养学生的抽象思维能力也有较好作用。

3. 图形示意法

教材是知识信息有意义有规律的排列组合，往往抽象而深刻，学生难以理解，教师就有责任帮助他们"解读"教材和课文。一个简单的方法就是用板书"图形示意"，即用符号、线条、图形，配以简要文字示意教材内容，变抽象为具体、变深奥为浅显。这种方法，基于教师对教材认真的钻研、高度的概括、独到的表达，反映教师的兴趣爱好、个性特长、技艺技能及审美情趣。

4. 板画赋形法

板书就宏观来分，有板书与板画。"板书"以文字为主，有时配以线条符号；"板画"以图画为主，一般不配文字。板画，又称简笔画、黑板画，是教师在课堂上以简练的线条，在较短的时间内高度概括勾勒出各种景物、事物、人物等形象的一种绘画。板画赋形法是低年级教师常用的形象化的艺术教学方法。由于生动有趣，有利于集中学生注意力，激发学习兴趣，增强记忆效果，从而提高教学质量。

5. 表格解释法

表格是常见的教学板书形式，它几乎可以服务于任何文章和教材章节的教学，还适用于一组文章和知识信息的比较。表格不仅适用于传统的文字式板书，而且适用于电化教学演示。许多青年教师都喜欢使用多媒体进行教学，表格式板书为之提供了较好的选择。表格式板书最大的特点是信息量大、条理清楚，简约明了，有整齐、对称、均匀、清晰、简洁之美。

6. 比较对照法

比较是人们认识事物、分析事物的思维过程，是抽象思维的一种思维形式。准确地讲，比较就是运用对比的手段确定事物异同关系的思维过程的方法。如果把这一对比方法运用到教学板书上，就叫比较式板书。比较能起到深化、强化的作用，可以收到"不言而喻"的艺术效果。

7. 夸张变形法

为了突出重点、难点，增强学习的趣味性和板书的表现力，教师可以运用变形、夸张的方法设计板书，以加深学生对教材内容的印象。这种方法用"漫画"的手法、儿童的思维大胆设计创意，有强烈的艺术感染和审美价值，深受学生的欢迎。

第十一章　作业布置素养与教学指导

《基础教育课程改革纲要》对课程改革的目标做了明确的规定，要求"改变课程实施中过于强调接受学习、死记硬背、机械训练的现状，倡导学生主动参与、乐于探究、勤于动手，培养学生搜集和处理信息的能力、获取新知识的能力、分析和解决问题的能力以及交流与合作的能力"。① 因此在作业布置与评价中要注重对学生知识、技能、情感态度价值观的培养和引导。

在我们的日常教学中，仍然不难发现这样的作业设计或简单的重复抄写，或机械的死记硬背，或枯燥的题海苦练，或钻牛角尖的偏题怪题。这样形式单一、机械重复、单调封闭的作业常常使一些学生失去学习兴趣，完不成作业甚至不写作业。

作业的目的有两个：一是通过及时巩固，掌握并加深理解学过的课堂知识。二是将学过的知识融会贯通，举一反三。所以，作业的设计应当形式多样，并留有思考的余地，给学生以想象的空间。因此，教师设计作业，既要顾及作业的一般作用与功能，也要关注学生主体作用的发挥，尊重学生的个别差异。

作业应以减负增效为目的，形式灵活新颖，内容科学合理、评价多元有效。它包含以下两个层面：1. 教师在合理时间内布置有效作业，激发学生的学习兴趣，促进学生的主动发展。2. 学生在作业过程中尽量减少错误，书写规范、整洁、美观，形成良好的学习习惯。

第一节　作业布置要求

新课程理念下的作业应当让学生在完成的过程中体验幸福和快乐，使它成为学生成长的一种自觉的需要。因此，教师设计作业，既要顾及作业的一般功能，又要注重学生主体作用的发挥，尊重学生的个别差异，改革作业的形式与内容，让作业富有趣味性，具有吸引力。从而使每个学生的知识水平和学习能力得到提高，个性得到充分的发展。

常规作业制度化。在平时的校本教研和区片联动教研等各级各类教研活动

---

① 教育部关于印发《基础教育课程 改革纲要 （试行）》的通知. 教基〔2001〕17 号

中，应把"作业设计"作为一个重要的教学环节进行集体备课，科学合理地分层次设计作业。作业设计有四条基本要求：一要依据教材进行整体设计，把作业作为教学设计的一项重要内容；二要符合学生的年龄特点，作业要符合学生的认知水平，有助于巩固知识，提高学生自主学习的自觉性；三要因材施教，灵活多样，力求书面练习与口头练习兼顾，听、说与读、写兼顾，单项练习与综合练习兼顾，课内活动与课外观察、阅读、实践等活动兼顾；四要分层次、有针对性地布置作业，让不同水平的学生得到不同程度的发展和提高。作业应分必做题和选做题，使不同学习程度的学生都能得到提高，提倡布置活动性、综合性家庭作业。

特色作业自主化。为激发学生的学习兴趣，教师应该创新作业形式、作业内容，设计富有学校特色、教师特色、学生特色的个性化作业。如古诗配画、自主识字卡、阅读积累卡等。

课外作业课内化。美国作家艾尔菲·科恩也指出："家庭作业不仅是孩子的负担，也是家长的负担，而我们应该寻找更好的方式去教育我们深爱的孩子"①。"研究显示，家庭作业不起什么作用，是因为对家庭作业没有认真地设计，往往是完成在课堂上没有完成的作业。"（伦敦大学教育学院副院长戴·威谦姆）为了避免这种现象，课堂要优化，教师要少讲精讲，留出比较充裕的时间让学生自主支配，动手写写作业。特别是一二年级，要严格执行上级不留书面作业的规定，每节课要留出 10 分钟左右的时间，让学生动笔写写字词，保证不把书面作业带回家。

合理设置作业，多元评价。作业是教学的重要组成部分之一，是反馈、调控教学过程的实践活动，也是在教师的指导下，由学生独立运用和亲自体验知识、技能的教育过程。它不仅可以加深学生对基础知识的理解，而且有助于形成熟练的技能，发展学生的思维。科学合理地设计与布置作业，有助于提高教学质量，减轻学生的课业负担。

（一）作业的布置要求

1. 作业布置要符合新课程理念，符合语文课程标准，体现"三维"目标，培养学生的创新精神和实践能力，促进学生的发展。

2. 作业布置要因材施教，灵活多样，力求全面。书面练习与口头练习兼顾，听、说与读、写兼顾，单项练习与综合练习兼顾，课内活动与课外观察、阅读、实践等活动兼顾。

---

① 艾尔菲·科恩.《家庭作业的迷思》.首都师范大学出版社，2010

3. 作业布置要符合学生的年龄特点，适应学生的认知水平，有助于巩固知识，有助于提高学生自主探究的自觉性。

4. 作业要依据教材进行整体设计，作为教学过程的一项重要内容写进"备课笔记"。学校要以备课组为单位，将布置作业作为集备内容，精心研究作业设计，布置有效的作业，把布置有效作业与减轻学生负担有机结合。

5. 严格控制作业量：小学一、二年级不布置书面家庭作业；三、四、五、六年级书面家庭作业总量不超过 1 小时。

6. 精选基础性作业，以精选促精练。作业布置要分层次，有针对性，让不同水平的学生得到不同程度的发展和提高，真正体现"因材施教"的原则。作业应分必做题和选做题，使学习程度不同的学生都感到满意，都得到提高。

7. 教师要充分利用课程资源，打破单一的文本化作业形式，增加观察、实践、动手操作、调查访问等活动性作业，并使二者有机结合。

8. 合理使用教辅书。教师在布置作业之前一定要先把教辅书上的题目做一做，选择那些有效的、举一反三的题目让学生练习，或者把教辅书上同类的题目进行整合后，再让学生做。

9. 大力改进课堂教学，以探索自主、合作、探究的课堂教学模式为突破口，尽量缩减"教师讲授—学生接受"的时间，在课堂内预留部分时间给学生做作业，在教师指导下，在合作的氛围中提高作业的质量。

10. 平日作业实行等级评价与评语评价相结合，每周每名学生至少有一次评语评价。作文评价每学期每名学生至少有一次面批的机会。

11. 学校要通过自主管理作业，多元评价作业等手段，提高学生做作业的积极性，进而提高教学质量，促进每一名学生的发展。

12. 禁止用增加作业量的方式惩罚或变相惩罚学生。严禁在复习阶段加大家庭作业量。

（二）家庭作业内容设置要求

1. 总体要求

（1）每天都要有课外阅读的作业（每天阅读量最低线：低年级 1000 字左右，中年级 1500 字左右，高年级 2000 字左右）。

（2）每周至少要有 2 次小练笔，1 次实践性作业。

（3）听写生字、默写古诗、背诵课文等作业尽量安排在课堂上完成（每节课用时约 5 分钟）。

2. 低年级

（1）以口头作业为主，包括朗读和背诵课文、读课外书、背诵古诗词等。

（2）适当穿插布置实践性作业（查阅资料、观察、研究性学习等）和少量书面作业（小练笔）。

（3）"预习"作业以读课文为主。

3. 中年级

（1）预习作业：熟读课文4遍以上，做到正确、流利；在书上画出生字新词和自己不认识、不理解的字词；通过联系上下文或查字典弄明白生词意思；画出自己不理解的句子或地方，做标记；查找有关资料。

（2）读课外书，做摘抄笔记。

（3）小练笔。

4. 高年级

（1）预习作业：读课文，理解词语，查资料，归纳主要内容，质疑。

（2）读课外书，做摘抄笔记。

（3）小练笔。

（4）实践作业：每周两次以上。

（三）评价要求

1. 日评

学生作业本的首页倡导设立"学生作业评价表"，评价表的内容分两部分：

一是学生自定的目标，关注学生的纵向提高。学生按照自己的能力给自己定下目标，给自己的作业提出要求。

二是学生每天作业成绩的记录表。教师每天认真地批改作业，根据学生作业质量做出评价。学生根据教师的评价，在作业记录表上记下自己得到的等级，及时比较自己每天的表现，清楚地了解自己在一段时间内的学科学习情况。

2. 月评

教师定期组织学生进行月总结，评选月份星级作业。凡该月作业得优秀数达到作业总次数的 85%，即为三星级作业；达 75% 为二星级作业；达 65% 为一星级作业。教师在作业月评栏上盖相应的星级章。

3. 期末总评

每月都被评为三星级作业的学生被评为校级"星级作业优秀生"。

学校根据各班星级作业优秀学生人数的比例，评选"星级作业班"。

"星级作业班"的学科教师获校级"星级作业指导教师"称号。

第二节　作业类型

一、基础性作业

基础性作业是基础知识的巩固和运用，是课程标准要求达到的基本目标。但是，基础性作业不是单纯地机械重复抄写，那样对学生缺乏足够的吸引力，长此以往，这样的作业将成为孩子的烦恼。因此，教师应该根据学生掌握知识的实际情况，分层次设计一些激发学生兴趣、学生乐意完成的作业，在有趣的情境中启发学生的思维，促使学生主动地进行知识的内化和知识的运用，培养学生的审美情趣和良好的情感态度价值观，让烦恼变为期待。

1. 让基础更简单，让巩固见实效

在学生能力的建构过程中，语文学科的字词句段等知识是学生发展中最重要的一步。只有在巩固中不断内化，知识才有形成能力的可能。常见的基础性作业有读读课文、背背段落、抄抄字词、做做练习……这样的作业适量的话就有一定的作用，即着重巩固文本内容，夯实学科的知识。但是一旦过多，既使学生课业负担加重，又没能让思维得到有效的训练，就会引起学生的厌学情绪。

因此，巩固性作业要拒绝机械地重复抄写，力求巩固中有思维的生长，评价中有生命的成长。著名教育家皮亚杰说，兴趣是能量的调节剂，它的加入便发动了储存在内心的力量。我国教育家孔子说："知之者不如好之者，好之者不如乐之者。兴趣是最好的老师。"① 教师应想方设法让巩固性作业也充满乐趣、挑战与期待，让学生真正地喜欢它。

在基础知识的学习中，教师将单一的作业多样化，让孩子充分地了解课堂的学习目标，发挥其自主学习的能力，自己分析评价课堂中学到的知识点，将

---

① 孔子弟子及其再传弟子. 论语·雍也第六

不够熟练的地方进行收集整理，分析原因，通过让学生发现问题并提出改进的建议，达到对学习内容的深刻理解。例如课文的背诵与默写在语文基础性作业中比较乏味，可以让学生圈画或列出每句中的关键词，在词语的提示下背诵或默写，也可以鼓励学生按照自己对于课文的理解给它配上漂亮的图画，以加深学生文章思想感情的体会，使基础性作业变得生动有趣，激发学生的学习兴趣，使他们产生自主学习的积极性。

2. 在综合中提升，在灵活中运用

"人的智力是多元的，每一种智力在人类认识和改造世界的过程中都能发挥其重大作用，具有同等的重要性。"[①] 教学不能满足于学生获得必要的基础知识，更要注重学生在学习过程中获得一种能力，为学生的终生学习和可持续发展奠定良好的基础。如果教师在布置作业时选择基础性的识记作业过多，抄写作业多，这样的作业虽然能够为巩固学生的基础知识作好铺垫，却不利于学生综合素质的全面发展。因此在设计作业时，应注重作业内容的综合性和灵活性，从而达到全面提高学生综合素质的目的。

综合运用基础知识，把基础知识放在具体的生活情景中，放在真实再现的场景中，让学生尝试运用基础知识解决问题，真正地实现作业的综合性和灵活性，让学习知识的过程充满情趣，能够让学生逐步地爱上学习。

二、拓展性作业

传统作业以单纯重复为主，局限于学科知识与文本内容范围，作业方法手段单一，强调死记硬背和机械训练，忽视对人的发展的教育激励功能；忽视学生的情感、态度、价值观、创造能力和实践能力的培养；忽视人的主观作用；缺少学生、教师与作业的真实互动。拓展性作业体现了学习资源课内与课外的结合，体现了各个学科的整合。拓展性的作业设计可写、可读、可看、可听、可操作……它淡化学科之间的界限，拓展学生的视野，培养学生的综合素质。

拓展性作业有利于培养学生学习的自主精神。它真正把学生当作学习的主体，把作业的主动权交给学生，做什么、怎么做、什么时候做，学生根据自己的实际情况而定，教师的作用在于正确引导。例如，在语文学习中，掌握字词是必不可少的内容，但如何让学生掌握，对于中高年级，教师就不要给学生布置整齐划一的作业，可以让学生根据学习目标及自己的学习基础和能力，选择需要重点学习的内容和学习方法。再如，周记和读书笔记，教师也可以告诉学

---

① 霍华德·加德纳（Howard Gardner）. 多元智能理论. 1983

生完成的要求、数量和检查的日期，至于具体怎样做，由学生自己视情况而定。

拓展性作业打破了作业内容和形式的封闭性，单纯注重知识和智力的局限，不拘泥于教材，内容丰富多彩，形式灵活多样，重视小组的集体学习，让学生学会合作，有助于培养学生的交往合作等能力。

1. 辩论赛

如针对校园或社会的热点问题，教师可设计一场辩论比赛，让学生从正反两个论题中选择自己的观点，课后查阅相关的资料进行准备，拟定发言提纲，分组讨论交流，选拔参赛选手。这种开放性作业将课堂延伸到课外，较好地消除了作业的枯燥感，学生兴趣较高。

2. 课本剧（情景剧等）

对故事性强的课文，可通过课本剧表演这一手段再现或再创造，不仅有助于学生积极思考，学会合作，而且能让学生感受到创造的喜悦。

3. 图画作文（绘画日记等）

配图作文是学生比较喜欢的一种作文形式。学生把自己要写的内容构思成单幅或多幅画，绘画的过程其实就是文章构思的过程，将复杂的作业简单化、形象化，学生在愉悦的情境中创作，习作也成为生活中的乐趣。

三、实践性作业

新课程标准指出：语文是实践性很强的课程，应着重培养学生的语文实践能力，而培养这种能力的主要途径也应是语文实践，……语文实践性作业是将学科知识与生活体验相结合，通过开展社会实践活动及各种实验、制作，让学生亲历知识的形成和应用过程，从而丰富生活体验，培养探索精神，提升综合素质。它强调学生是作业的主体，发挥学生作业的自主性，注重实践探究，让他们在创造性的实践作业活动中，掌握运用语文的规律，获取生动、活泼的发展。实践性作业的形式多样，包括实验、参观、调查、访问、制作等活动，学生可独立完成，也可合作完成。呈现的方式可以是调查报告、手抄报、观察日记、资料集锦，也可以是实物展示、图片、视频等。在这样的作业完成过程中，学生动口、动手、动脑，多感官参与，既拓展、运用了知识，又切实培养了综合能力和创新精神。

1. 动手操作类实践作业

（1）收集性实践作业

它是指要求学生围绕某一专题利用图书馆、阅览室、网络等渠道广泛涉猎，收集整理信息，在去粗取精、去伪存真中进行筛选的基础上，精心设计外在表现形式，表达、传递相关信息。在这种信息集成式作业完成过程中，学生时刻处于"大语文"的学习状态，视界得到有效开拓，信息处理能力得到有效提高。心理学研究表明，学生动手操作，在实践中学习，在操作中学习，在游戏中学习，多种感官协同活动，不仅可以对所学的知识理解得更深刻，同时还能开发创造的潜能。例如，在学习《台湾的蝴蝶谷》这篇课文前，有老师布置学生收集关于台湾的图片、文章，甚至是歌曲歌词的作业。通过收集活动，学生不但对台湾的人文地理有更深的了解，还知道台湾是中国领土的一部分，有"米仓""水果之乡"等称号，是一个宝岛。这样，课文的许多疑难问题在课前就会得到解决，不仅大大提高课堂教学的效率，同时也提高了学生多方面获取信息的本领。这样的作业既能满足他们的求知欲，又能让他们尝到解决问题的乐趣。再比如学习《孔子游春》后，可布置如下的实践作业：①查阅资料，了解孔子的故事，讲给小组同学听。②了解孔子，办一份介绍孔子的手抄报。

（2）创作性实践作业

它是指给学生一定的主题，让学生按照各自的理解，充分发挥个性特长，自由完成对主题的理解与表达。这一类作业最为自由，上下几千年，纵横数万里，任凭学生调动丰富想象，尽情一展身手。如教学《只有一个地球》后，有老师布置制作一档集音乐、宣传语、画面为一体的关于"世界环境日"公益宣传广告的作业，让学生把自己的创意写（画）下来。通过这样的设计，学生在语文、审美、环保等多方面的潜在智能得到发展。又如，学习了古诗《宿新市徐公店》后，有老师让学生根据诗文用彩笔给古诗配画，让学生读读、画画，在读中理解，画中悟境，既训练了学生的阅读能力，又满足了学生求新的心理，更重要的是培养了学生动手、动脑、想象、观察等诸方面的能力，陶冶了学生美的情操，让学生的训练走向"综合"，让学生的创造性得以发挥。

演课本剧也是常见的创作实践作业。根据课文内容进行课本剧的演出，将文字转化为具体的形象。如学了课文《三顾茅庐》，让学生自愿组织排演课本剧。小学课文中不乏内容生动的故事，那些机智善辩的聪明人、活泼可爱的小动物让学生们难忘。课堂教学中有表演作品、演示实验的机会对他们来说无疑是一大乐事。

（3）深思性实践作业

它是指让学生就教材内容或生活实际中的某一事件进行反思，提出创造性意见。这是一种深刻的内心活动，需要动用学生全部的智慧，多数情况下，是冥思苦想的结晶。它常因个体思维品质、价值取向、情绪体验、已有经验等的差异而表现出多元化。例如学习了苏教版第12册的《夹竹桃》一课，有老师引导学生思考：世界上的事物，有的因为美丽而可爱，有的因为可爱而美丽。你认为夹竹桃属于哪一种情况？再如，《圆明园的毁灭》教学后，有老师则启发学生思索：有人提出重建圆明园，你的观点如何？

（4）操作性实践作业

它是指让学生运用课堂所掌握的知识在实践中加以验证或体验。这类作业有时是课堂知识的运用，有时是对课文描写的验证，学完课文后将所学的知识实践一下。如教学《乌鸦喝水》后，有老师让学生用自己带来的瓶子、石子做一下实验，观察水上升的过程，然后说说乌鸦是怎样喝到水的，最后请学生表演一下乌鸦喝到水的前后经过，注意加入内心的想法。这样的设计重在让学生自己动手实验，感受直观刺激，从而产生快乐情绪，在学生喜闻乐见的操作中解决教学难点，并发展学生的思维。

2. 调查研究性实践作业

教师组织学生走进丰富、鲜活、立体的社会大课堂，让他们自己去观察，去实验，去发现，把课堂学习所得运用到自己的生活中。丰富的社会实践会让他们真切地感受到处处留心皆学问。比如可组织学生进行规范汉字使用的调查；引导学生收集各行各业的对联，感受对联这一传统文化的独特魅力……

3. 小组合作性实践作业

小组合写调查报告、小组循环日记集、合编童话故事……这样的作业形式给学生搭建了交流与分享的平台，在形式多样的合作学习中，学生不仅丰富了自我，而且在实践中互帮互助，共同提高。

第三节　作业的评价

一、作业评价的意义

1. 激发学习兴趣

在教学实践中，我们会发现，如果一个学生连续得到优秀的作业评价，他学习的积极性会明显提高，期待值也会不断升高。如果教师经常按照多元性、人文性、互动性和激励性的评价原则来评价学生的作业，对学习困难的学生善于发现他们的闪光点，并及时肯定他们的进步，那么学生就会期待教师每次作业后的评价，从而积极地认真地完成作业。久而久之，学生们对学习的自信心也会逐步提高，从而全面激发他们的学习兴趣。

2. 增进师生情感

相比于课堂评价，作业评价思考的时间更加充分，作用也更加持久。教师在批改作业时面对的是每一名学生的作业，更加便于个别指导。可以说，作业是师生对话的一种方式。恰当的作业评价不仅可以起到指导学习的作用，还能拉近与学生的距离，使学生更加热爱和钦佩自己的教师，也使教师更加了解和喜爱自己的学生。

3. 密切家校联系

苏霍姆林斯基指出，教育的效果取决于学校和家庭教育影响的一致性。在许多家长的观念中存在一种误区，认为把孩子送到学校，教育的事就全归老师了。至于作业，更是如此。教师布置的作业和家长是没有任何关系的。我们应该转变家长的观念，鼓励家长翻阅孩子的作业，这样可以及时了解孩子在校的学习情况和学习进程，也可以透过作业的评价了解任课教师，了解教师的教学风格和教学方式。良好的作业评价会成为家校联系的纽带，促进家校教育的和谐一致。例如，四方区的许多学校开展了独具特色的评价方式，家长看了非常欣赏，通过当面交流和作业中留言的方式表达了自己的想法和建议，对学生的健康成长起到了良好的促进作用。

4. 示范引领学生

在批改作业的过程中，教师认真的批改态度、工整的批改格式和标准的批改姿势，都会对学生的作业起到积极的示范作用。比如，教师每个小题逐题批阅，正确的打一个对勾，但不能连勾。每次批语、等级、符号的格式、位置要统一。这样，在耳闻目睹中，学生会感受到教师工作的一丝不苟与持之以恒，并会模仿教师，学习教师。另一方面，教师积极的作业评价，一些正确的作业、美观的作业、创新的作业，会在学生中起到重要的示范作用，学生之间更容易互相学习，互相借鉴，起到良性竞争的积极作用。

5. 促进长远发展

作业的评价是日积月累的，在这个过程中，不同的评价会对学生产生不同的压力，积极的压力会成为动力，消极的压力会成为阻力。如果学生能够把压力转化为内在的动力，积极地反思自己的不足，总结自己的成功，那么，作业的评价就会成为学生长远发展的源源不断的动力，对其一生的发展都至关重要。

二、评价的原则

1. 激趣性原则

适当增加作业评价的趣味性会大大增加学生对作业的关注。如根据学生爱看的《喜羊羊与灰太狼》，可以把喜羊羊、美羊羊等作为作业评价的卡通物。

2. 互动性原则

评价过程中主体间的双向选择、沟通和协商非常重要，这就需要改变单一评价的现状，加强自评、互评、家长评和特色评，使评价成为教师、管理者、学生、家长共同积极参与的交互活动。

3. 人文性原则

教师对学生的作业评价要以关怀学生的成长为出发点，让他们在作业评价中感受到教师的人文魅力，享受到学习的快乐，增强不断进步的信心和力量。过去评价学生的作业，不管是对学困生，还是对学优生，都用一个标准去衡量，结果学优生觉得标准偏低，满足不了他们的求知欲，而学困生感到要求太高，即使付出努力，也得不到好的评价。为了改变这种状况，教师可以尝试用几个评价代替一个评价。例如，有教师这样做：对正确而字迹工整的作业打个大对勾，对正确而字迹潦草的作业打个小对勾，对错题打问号，对错题中错的主要地方用"！"点出，提醒学生注意，让学生知道错在何处，该怎样改正。当学生把作业改正后再交上来时，教师再在问号的旁边打个对勾，表明问题已经解决。这样，相信每个学生的脸上都会露出笑容，都会感受到教师无微不至的关心与呵护。

4. 多元性原则

（1）注重作业评价的综合性

作业评价时不仅关注学业成绩，而且关注学生创新精神和实践能力的发展，以及良好的心理素质、学习兴趣与积极情感体验等方面的发展；尊重学生的个体差异，注重对个体发展独特性的认可，并给予积极评价，发挥学生多方面的潜能，帮助学生欣赏自己，建立自信。

（2）注重作业设计的开放性

这是实现课内外联系，校内外沟通，学科间融合的有效方法，作业应成为培养和发展学生创新能力的一座桥梁。

（3）注重作业的隐性评价

评价也需要分层，表里兼顾。一个眼神，一个手势，都隐含着教师的期待，书面上也不乏隐性评价的方法，比如对于那些成绩较好但比较粗心的学生，教师在作业末尾批注上说明有几处错误，而不直接告诉学生错在何处，请学生自己仔细检查，然后用另一种颜色的笔把错误之处改正，这样减少了学生对教师的依赖，还培养了学生的主观能动性。将隐性评价穿插在教育教学中，能做到润物细无声。

5. 过程性原则

过程性评价原则是对学生日常学习过程中的表现所取得的成绩以及所反映出的情感、态度、策略、文化意识等方面的发展做出评价的原则。它包括学生自评、学生互评、师生互评、教师对学生的评价等。其目的是为了更好地激发学生兴趣，调动学生学习的积极性，帮助学生有效地调控自己的学习过程，培养合作意识，使学生成为教学评价活动的主体和积极参与者。

三、评价的方法

多主体评价能够从不同的角度为学生提供有关自己学习、发展状况的信息，有助于学生更加全面地认识自我。

1. 自我评价

传统的作业评价仅限于教师评价，教师是绝对的权威，学生只能被动地接受评价。但学生是学习的主体，也应是评价的主体，只有让学生参与到对自己、他人的评价中来，才真正实现了以生为本的教育理念。因此，教师要重视和引导学生的自我评价。

2. 同伴评价

心理学告诉我们，少年儿童是在他人的评价中不断调整自我的评价。学生对他人的评价过程也是学习和交流的过程，能够更清楚地认识到自己的优势和不足。在评价中，既让学生自评，又让学生互评。这样能使学生懂得赞美与欣赏别人，学会宽容。

3. 家长评价

家长是学生的第一任教师，也是终生的教师，有义务和责任参与作业的评价。学生写完作业后，家长自觉地督促并写上一段评语，或肯定学生书写认真，或表扬其学习主动，或提醒其注意事项，或与孩子进行一番思想上的交流等。这样，学生不再只接受教师的评价，而是主动地进行自我评价，加上家长的参与，能够全方位、多角度地客观评价，促使学生的学习态度上升到新高度。

4. 教师评价

（1）"等级＋简语"作业评价
这种评价方式被广泛采用，其中包含的赞赏式、激励式、指导式评价语的运用使学生更容易接受。评价语不仅仅针对作业的对错，而是把评价的眼光放得长远，培养学生自主学习的能力，开发学生的潜能，激活创造意识。比如这样的评价深受学生欢迎："你的作业令人赏心悦目""批改你的作业，老师感到真幸福"；对爱动脑的学生可这样评价："你与众不同的见解，真叫人耳目一新""你写作的角度很独特，把普通的小事写得令人感动"……

（2）温馨寄语
温馨的作业寄语体现了教师对学生学习习惯等非智力因素的关注。例如一位一年级语文教师给学生的寄语是：亲爱的同学们，打开这本本子的时候，你做好写字的准备了吗？写字习惯很重要，身正、肩平、两足安，常常记得"三个一"，提笔便是练字时，笔笔用心自然好。试试看，明天的"书写小明星"就是你！

5. 多元互动评价

新课标指出："对学生语文学习的日常表现，应以表扬、鼓励等积极的评价为主，采取激励性的评语，从正面加以引导。"[①] 多元智能理论也告诉我们，每个学生都有发展的潜力，只是表现的领域不同而已。采用以学生为主体的自我评价、学生间相互评价、小组评价、教师评价、家长评价的"一体多面"的多元互动评价方式形成合力，大大促进了学生的发展。

---

① 中华人民共和国教育部《义务教育语文课程标准》（2011 年版）. 北京：北京师范大学出版社，2012

第十二章　听评课、说课素养与指导

　　课堂教学是教师教学理念、教学能力、经验、智慧和教学的一个综合体现，而听课、评课和说课是使课改的目标、过程和效能准确定位与达成至关重要的方式之一，是有效促进教师把握教育教学理论、更新教师教学理念、转变教学方法的重要途径，如果教师只是常年在教学中闷头上课，就不易发现问题，不易突破自身的教学模式，只有当你走进别人的课堂，聆听和评析他人授课之时，你才能有体会到"旁观者清"，教师在这种互动中获取经验，提高自我课堂教学能力，实现学科专业化发展，达到优化教学、反思实践和推广经验的目标，加速教育改革的进程。

第一节　听评课基本要求

　　现在无论是平日的教学交流，还是各级各类研讨会、教研会，听课和评课都是探讨课堂教学的重要方式，它是一个发现问题、分析问题、解决问题的过程，是一个诊断、交流、合作的过程，也是一种学习、反思、研究的过程，往往会引发听评课的教师双边的深度思考，更新教学观念，改进教学行为，有效地促进教师的专业发展和职业成熟。

一、听课

　　"听课是一般教师或研究者凭借眼、耳、手等自身的感官及有关的辅助工具（记录本、调查表、录音录像设备等）直接的（也有间接的）从课堂情景中获取相关的信息资料，从感性到理性的一种学习、评价及研究的教育教学方法。"[①] 教师在聆听课堂教学的过程中通过比较、分析和研究，从而准确地评价各种教学方法的长处和短处，并结合自己的实际汲取他人的有益经验和做法，调整改进自身教学。听课是教师之间相互学习和沟通的主要方式，也是评价教师课堂教学的主要形式。那么要想提高听课的效率，就要求我们必须在听课前后，有目的性和针对性地做好相关的准备和记录工作。

---

　　① 《新课程教学问题与解决丛书》. 北京：教育科学出版社，2005：64

（一）听课要求

1. 明晰听课目的

走进课堂听课首先要弄清你所听的这节课的类型，一般分为各级各类现场比赛课、获奖课例展示、公开课、研究课，以及平日的随堂课等。大多课例都是经过了深入的研究和反复的打磨，整个教学环节设计体现着执教人诸多的独特处理方法，往往体现的都是最新的教学理念，因此要抱着观摩学习的思想，在听的过程中要认真领悟授课人娴熟的课堂教学技能，边赏析边思考研究。

2. 了解教学内容

听课中要想深入理解授课人教学设计的精髓，课前最好能对所听课例的课程标准、教材等方面有所了解，对教学内容、知识点的衔接和重难点等方面有所关注，甚至听前也可以对整个教学程序先有一个初步的构想，带着自己的思考与困惑，这样听起课来更有目的性和针对性，从而学有所获。

3. 带好相关材料

与所听课例有关的教材、听课记录本等都是我们在听课时必须要带的，有的在听课的时候，执教教师还会下发教案，这样听起课来，对教学环节的设计意图会更加明晰，边看教材边听课、边看教案边随手记录下执教教师的教学设计、策略方法、师生互动与教学效果。有的研究课在课前听课人员还要进行观课分工，甚至带着事前做好的相关记录表，依据重点研究目标来观察，收集整理研究数据。

（二）听课观察

课堂教学既是交流、探究的过程，也是师生合作、互动的过程，因此我们的课堂观察就要着眼于师生双方。

1. 看教学目标达成

教学目标的正确制订和达成，是衡量课好与坏的主要尺度。听课时要观察教学的情感态度与价值观、过程与方法、知识与技能三维目标的制定是否适宜，并且能否有效落实；看能否以课标为指导，体现年段、年级、单元教材特点，是否符合学生年龄实际和认识规律，难易适度，而且各教学环节是否为实现目标服务。

2. 看教学程序设计

教师在教学步骤的设计中常常从情境的创设、新课的导入、新知的探究，到巩固与拓展等都会环环相扣，脉络清晰。听课时我们就要关注到每一步的精心设计，学习各环节之间的自然过渡，有效激发学生的参与学习；观察课堂40分钟时间的合理分配，密度适中的教学安排；了解教师对基础知识与基本技能的训练，练习设计与知识拓展是否做到有针对性、层次性、多样性、拓展性，达到学习新知，培养能力的目的。

3. 看教学方法策略

教学策略的选择和运用是关系到教学质量的关键，无论是创设情景、小组合作重要的是符合教学内容、适合教学对象的需要，以学生的发展为本，走进学生最近发展区，让学生对其所教学科爱学、会学、善学。所以我们在听课的时候就要看看执教教师设置的问题是否具有启发性和拓展性，让学生自主学习、合作探究，真正发现问题、解决问题，从而提高学生的思维能力和解决问题的能力。看现代化教学手段的运用是否能有效发挥辅助教学的水平，适时、适当运用投影仪、课件等现代化教学手段，使课堂教学在规范、愉悦、有序的氛围下进行，切实提高教学的效率和质量。

4. 看教学机智

课堂是变化的课堂，学生是一群鲜活的生命个体，每个人的知识经验、认知水平等皆不相同，在学习过程中学生会根据自己的个性化体验生成许多新颖的、个性化的观点，有时会稍纵即逝，这就要看老师是否能够精心呵护好课堂中不断闪现的生成性资源进行巧妙处理。听课时随着教学推进，在学生学习探究的过程都会出现一些意想不到的问题和思路，我们在听课的时候要重点观察执教教师是采用什么方法灵活果断处理课堂突发事件的，他们是怎样敏捷快速地捕捉这些教学信息的，又是怎样从不断生成的资源中，挖掘广阔的教学空间，及时调整教学方案，运用生成的资源重组教学结构，激活课堂教学和学生思维，随机应变，让课堂在"生成"中焕发出真实的精彩。我们在一些优秀的课堂教学中经常会看到，因为生成性的思路让学生学意盎然，让学生成为课堂的主人，这时我们看到的不是教师一味执行自己的教案，在这个过程中听课教师就要关注教师在与学生的交流中，是如何使学生都能大胆发言、提出问题，甚至谈出与教师不同的观点的；是如何创设民主宽松的教学氛围，尊重和信任学生的；是如何保护和鼓励了学生的好奇心和自信心，对学生表现出热情与宽容；又是如何对学生的激励不形式化，具体而诚恳，对于学生出现的错误及时以恰当的方式指出纠正，点评具有发展性和指导性。

5. 看教材处理

教师对教材、教辅材料和其他教学资源的整合能力，是检验教师教学能力的一项较为重要的指标。新课标中也指出"应拓宽语文学习和运用的领域，注重跨学科的学习和现代化科技手段的运用，使学生在不同内容和方法的相互交叉、渗透和整合中开阔视野，提高学习效率，初步获得现代社会所需要的语文实践能力。"[①] 听评课时要看教师针对本班学生的认知水平，对现有教学资源的取舍，充分利用学生现有经验，对教材的把握和拓展，有效整合课内外教学资源，在这个方面我们就能看出教师的知识素养水平和专业化能力。

6. 看教学效果

课堂教学的成败最终还要看教学的实际效果，课堂充分利用 40 分钟，教学目标达成，效率高；训练形式多样，密度高；面向全体学生，参与面高；师生互动热烈，使得不同层面的学生在原有基础上都有提高。

7. 看教师评价

教师运用激励性评价、赏识性评价、发展性评价，会对学生学习发挥导向、激励、诊断和反思提高的作用。看教师在学生问答交流之后，适时、多元、及时地点评，能否激发起学生的学习热情与兴趣，增强学生的自信从而主动学习。这时的评价不仅仅是老师的话语，甚至要在听课时关注执教教师的神态、语气，可能是一个会意的微笑、一个赞许的点头、一个鼓励的目光……都会给学生以引导、提示，带领学生潜心学习，深入思考，要达到新课程标准中提出的"实施评价时要尊重学生的主体地位，面向全体学生，尊重个体差异，促进每个学生的健康发展。"[②]

8. 看学生发展变化

"以学论教"是现代课堂教学评价的指导思想，因此课堂教学应该以学生的学习为中心，激发学生的学习激情，发展学生的个性特色，鼓励学生大胆尝试和探索。

---

① 中华人民共和国教育部《义务教育语文课程标准》(2011 年版)．北京：北京师范大学出版社
② 中华人民共和国教育部《义务教育语文课程标准》(2011 年版)．北京：北京师范大学出版社

参与状态：关注学生的主动参与度，是否全员、全程和全身心地参与教学活动。

交流状态：教师是否有意识地营造民主、平等、和谐的课堂氛围，观察学生是否会认真倾听别人的意见，分工合作，互动交流。

认知状态：观察在教师的引导下学生自主学习的状态，能否激发学生的学习动机和兴趣，是否鼓励学生大胆质疑、独立思考，引导学生用自己的语言阐明观点和想法，并且勇于克服困难，解决问题。

成果状态：其实学生在课堂上的学习发展就是检验教学实效最直接的评定，我们常说教学要"以生为本""以学定教"，因此学生的学习效果就是评价课堂教学成功与否的重要指标，通过三维目标的达成度、学生注意力、学生练习完成率，我们就能了解教师的教学完成度了。

9. 看教学基本功

教学语言：要想让学生专注地学，教师就要绘声绘色地讲。流畅有感情色彩的授课，简洁明了的讲解，会生动形象有启发性。教师点拨时富有启示，引发深思；评判时似春雨润物，激发兴趣；总结时简明扼要，留下深刻印象；语调要抑扬顿挫，语速高低快慢适度，是每一位语文教师应具有的基本功，也是我们在课堂教学中不断提升自我、互相学习的方面。

教态仪表：看教师在教学中运用表情眼神、仪态手势、空间转换、仪表服饰等体态语言，与学生进行交流和沟通时所展现出来的稳健、大方、优雅、亲切，富有感染力。

教学操作：看教师操作电教媒体设备、电子白板、教具、指导学生使用学具时是否娴熟，得心应手，又恰到好处。

板书设计：板书是为教师应具基本功，我们听课时一看教师设计是否画龙点睛、科学合理、言简意赅、条理性强，二看书写是否工整美观。如果需要板画的，还要看是否娴熟到位。

二、听课思考

1. 做好过程记录

除了要记录时间、节次、执教教师、学科、课题等相关信息之外，关键就是要记录教学过程。这种记录一般分为三种：一是记实，将教师上课的过程详实地记录下来，从教师讲授到学生回答，也就是我们常说的"课堂实录"；二是详录，比较详细地把教师的教学步骤都记下来；三是简录，简要记录教学环节、策略、板书等。

2. 做好听后评析

学贵有思，要学会透过现象看本质，听课者要及时对所听课的教学进行分析与评估，并且做好记录，一般分为三种：一是旁评，也就是简评，即边记录边在旁边写下自己的思考、疑问或者问题不足；二是总评，是对整课综合分析后所形成的意见或建议，汇总记录在听课后面，留待课后与执教教师互相交流，取长补短；三是反思，正如叶澜教授说的："一个教师写一辈子教案难以成为名师，但如果写三年反思则有可能成为名师"，听后结合自身教学进行反思，谈谈对自己的所思所感所悟，会更利于自身的提高。

三、评课原则

特级教师徐世贵老师认为："评课，是指对课堂教学的成败得失及其原因做切实中肯的分析和评价，并且能够从教育理论的高度对一些现象做出正确的解释。科学正确的评课能较好发挥应有的功能。"[1] 创设宽松和谐、平等自由的评课氛围，实现执教人与评课人之间平等交流，大家畅所欲言，侃侃而谈甚至激烈争论，在交流中互相激发学习的激情、思维碰撞、释放教学的潜能，在探究和引领中充分而有效地沟通达到相互学习、共同进步的目的。我们在评课时也要注意坚持以下几个原则：

1. 参与性原则

评课的过程关键是要有参与意识，要善于倾听、主动学习，要尽可能地参与到讨论和交流之中。通过评价，大家畅所欲言互相启发，在专家领导和骨干教师的引领下，评课双方在彼此的倾听中质疑、答疑、释疑，在思考、领悟和总结过程中有所收获和提高。

2. 针对性原则

评课时不能面面俱到，也不能只谈理论，要根据授课的内容，抓住课堂教学中关键和要害，突出重点，讲究针对性，分析透彻，从现象分析到实质，透过现象查找原因，大胆提出解决问题的办法。言不在多贵在精辟，能给人以启示或顿悟，及时总结优势做法并形成经验推广。

---

[1] 《新课程教学问题与解决丛书》. 北京：教育科学出版社，2005：83

3. 实践性原则

要遵循从实践到教学理论，再由理论指导实践的原则，要透过课堂教学实际归纳出所反映教学的思想和理念，这样才能让所有的教师在评课后明白其中蕴含的道理，并将自己所汲取的新思想、新理念在教学实践中加以运用，并转化为自己的能力。

4. 激励性原则

每个教师在长期教学活动中都会形成自己独特的教学风格，不同的教师在教学中会设计不同的教法。评课教师要积极、主动和创造性地参与，要善于分析，及时肯定授课人的优点，抓住亮点进行总结评价，并取长补短，融会贯通，改进自己的教学。

5. 导向性原则

评课的目标最终是通过交流从教育思想、教学原则、教学理念等层面去发现和总结，针对教学中的问题要直接指出，对于问题要进行分析，帮助教师分析原因，提出整改方法，改进教学策略，鼓励教学创新，从而优化双方的教学手段，在这个过程中听评课双方都有所提高，为今后的专业化发展发挥导向和定位作用。

高质量的评课是促进自身的专业发展的重要途径，它是一个梳理、提升、内化的过程，也是一个多方受益、互利共赢的活动，通过互动交流，借助团队的力量与智慧，丰富和完善自己的教学理论与实践，提高自身的理论素养和学科学术素养。

附：崔峦老师在中国教育学会小学语文教学研究会成立 30 周年庆典暨教学研讨会上的评课

评《乡下人家》案例（节选）①

老师们，听了刘老师的课我感觉到，她的课流畅自然，朴实里边带着华丽，给我们展现了一道独特的迷人的风景。这个课上得是有效的，给我们一些启发。我认为这堂课总体上是成功的。我的体会有这么几个方面：

---

① 崔峦. 中国教育学会小学语文教学研究会成立 30 周年庆典暨教学研讨会. http://www.pep.com.cn/xiaoyu/jiaoshi/xyh/xyhhd/. 人民教育出版社，2010.6

第一，思路清晰。开始有段字词教学，接下来熟读课文、理解内容，稍稍帮助孩子理清一下写作顺序。再接下来初读课文、品语言、悟写法，可贵的是把品语言理解内容和悟写法结合起来，在这个基础上美读，美美地读，然后中间穿插了背诵积累，迁移读写，最后还有拓展的阅读。

第二，比较重视字词的教学。这已经是四年级的课了，但刘晶老师还是对写字教学进行了关注。她不仅重视音的问题、形的问题，而且重视词语的理解和词语的听写。但是这里边还有可以改进的地方。

第三，书读得比较充分，在读中注重积累。她好几遍读整篇的课文，让孩子自己读，边读边想。部分的读就更多了，我们在听的过程中就感受到了。另外，她对中心句反复地读，就是课文的最后一小段，她解读一个部分，让学生感悟一部分之后，就回到中心句，这样有好几次，这是说读的次数多。她读的形式也很多，我大概看了看有指名读、默读、自由读，齐读。也还有老师的泛读，根据读的需要来安排读的形式。

第四，方法策略上的研究。她的课体现了学习方法与学习策略上的研究。比如检测法，以图检测，联系句子上下文来理解词语，关注修辞手法的运用。比如：对比的写法、拟人的写法、衬托的写法等。孩子们在自读的时候，老师鼓励他们读、思、画、记，把读书跟思考，同写出自己的感受结合了起来。朗读的指导，比如对这课的写鸡和老舍先生《母鸡》一课的写鸡做了一点比较等等。时间关系，还有一些我就不一一罗列了。

但是，我们高标准要求的这位老师，给我的感觉是什么呢？老师牵引和控制的痕迹太多，也还比较明显。理解过程当中，教师的介入过多。在学生理解这篇文章的时候，老师的理解还比较多，这是一般优秀教师容易犯的毛病。一个老师水平越高，她就越容易强势。老师的强势必将导致学生的弱势，甚至失语。失掉的失，语言的语，学生不能说话了。所以在这方面，我们还要再进一步地改进。

就这篇课文我提两点建议。这课如果我来教，我可以在借鉴刘老师教法的基础上再大胆一点，再往前走得远一点。怎么教呢？

自学展现。因为这篇课文他虽然写得很美，但总归一个浅哪，我可以放手让孩子们自学。在自学的基础上，我可以给他们一个拐棍，什么自学提纲、作业单等等。给个拐棍，让他自学。不外乎你初读有什么感受啊？你最喜欢哪一段，为什么喜欢呀？你还有什么不理解的地方呀？不懂的字词句甚至其他的。学生有了疑问，这个就需要我们教了。因为心理学家说过，假如把全部的教育心理学归结为一句话的话，那么就是影响学习者唯一最重要的因素是什么？就是学生已经知道了什么？影响学生学习最重要的因素是什么？我已经知道了什么？为什么有孩子上课不爱听讲，腻着呢？就是我已经知道了，我不愿意听了。所以我们找准教学的起点是非常重要的，这样，我们可以通过学生自学反馈知道孩子们读懂了什么，还不知道什么，还想知道什么，还想懂什么。

我还可以调整一下教学的思路，进一步体现"用课文教"，而不是"教课文"。也就是说，要以课文为例，凭借着课文来加大读和写的训练的量。比如：第一个课时，我可以让学生初读课文，处理一下字词教学，然后让学生再自学课文，让他们知道这一篇课文描写了哪几幅画面，用自己的语言概括一下，在整体把握的基础上，鼓励孩子自学和与学习伙伴共同学习。干什么？来找出自己最感兴趣的一个画面，最喜欢的一个画面。来想，为什么喜欢它？作者是怎么抓住特点，来把它写得具体生动的？在自读和小组交流的基础上来全班交流。我们不一定一段一段来，学生他先讲哪一段都可以，但是一定要讲出来，课文是怎么写的？我为什么喜欢？这样写，我认为怎么好？好在哪？让学生尽情地交流，老师只在一旁作一点点拨。

第二节　说课内容与方法

"所谓'说课'，就是教师以教育教学理论为指导，在精心备课的基础上，主要用口头语言和有关教学辅助手段阐述某一学科课程或某一具体的教学设计，就教学目标的达成、教学流程的安排、重难点的把握以及教学效果与质量的评价等方面进行预测或反思，共同研究改进和优化教学设计的教学研究过程。"[①] 它是教师深入研究教材之后，把教材、教法、学法、教学过程等方面的设计思路与理论依据，同其他教师进行全面讲述的一项教研活动，是进行教学探究、交流的一种重要的研究形式，也是提高教师理论素养和驾驭教材能力的重要途径。

通过"说课"诠释一堂课师生活动全貌来体现，是教育理论、教育理念与教学实践的相互融合，体现每个教学环节的设计目的。说课人常常采取边陈述、边说明、边操作、边评论的方法，使得听者明白教学设计各个环节的同时，了解其出发点和意图。一般说课的模式分为"四说"，即说教材、说教法、说学法、说教学程序。也有"五说"，即先说教材，然后说教法、说学法、说教学程序，最后说板书设计。下面就以"四说"为例，阐述说课的内容。

---

① 《新课程教学问题与解决丛书》。北京：教育科学出版社，2005：18

一、说课内容

（一）说教材

1. 教材简析

教材是课程标准的体现，对教材了解和把握的高度和深度是说好课的重要前提。教师在"说教材"这个环节，要落实最新课程标准中的相关要求，认真分析教材、教师用书等与之有关的材料，全面阐述自己的理解。整体关注教材，分析说课的内容在整个学段、年级和单元的教材系统中所处的位置及作用，关注所教学生新旧知识点的衔接，已有知识能力以及生长点；关注教学参考用书等对教材的分析，整合所有的信息，对教材的内容进行适当的增补删略。甚至不仅关注课文的内容和思想，还要关注其体裁、结构、写作背景、作者简介等相关要素，从而全面说明教材内容。

2. 教学目标

关注教学目标对所要讲授内容的要求，着眼于学生的能力、兴趣和习惯的养成。按新课标关于目标的三个维度描述，即从"知识与能力""过程与方法""情感态度与价值观"三个方面来进行确立，并有效地落实到具体的教学环节中。

3. 重点难点

明确教学的重点环节和要突破的难点，立足于学生的需求，说出创造性的见解和处理意见，为"说教材"注入新的活力，增添新的亮点。

4. 课时安排

说明本课对于课时的安排，而自己重点要说的是第几课时即可。

5. 教具准备

也就是简单地说出讲授此课所需要的课前准备，如多媒体课件、实物教具、要下发给学生的资料表格等，以及教师为自己教学和学生学习所准备的教学辅助用具。

（二）说教法

依据教学内容的特点，说出教师要选用的教学方法和手段，以及相关的理论依据，以此体现教师在教学活动中精心组织、引导学生自主参与学习的方法，特别是如何突破难点、分散难点的措施和依据，关注学生的情感态度与价值观，形成能力的策略等简单地进行介绍，因为在"说教学程序"的环节中还会详实地讲述，所以在这里只要点到即可。

(三) 说学法

这一环节立足于学生的角度，深度分析、评估学生的年龄特征、认知规律、学习方法以及已有的知识经验等，加强对学生情况的分析研究，关注学生的能力点、学习方法和学习习惯的养成，预测学生在接受新知识时会遇到哪些困难，要说出如何运用学生已有的学习经验，如何找准新知与旧识之间转化的切入口和途径，帮助学生解决"怎样学"的问题。如关注的学习方法有：识字方法、理解词语句子的方法、阅读的方法、知识迁移的方法、搜集和运用处理信息的方法等。不断提高学生理解分析能力、概括思维能力、处理信息能力、自学能力，逐步形成学生终生学习的能力和习惯。

(四) 说程序

教学程序体现的是课堂结构，是最能体现教师设计思路的所在，就整个说课过程来看是精华所在，是最能体现出教师对教学目标的有效落实、重难点的解决，以及独具匠心的教学安排的，也是最能直接反映教师基本功、教学思想与教学风格的。通常"说程序"要注意以下几个方面：

1. 提纲挈领说框架

一般先就整体的版块提纲挈领地来说说，自己准备分几个环节进行讲解，让人对课堂教学的各个环节前期做一个全面的、大致的了解。每个版块设计提纲名称时要词斟句酌，内容与目标结合，为后面的诠释理顺思路。

2. 详略得当说过程

"教学程序"中会说到新课引入、初读感知、精读体会，以及课堂小结、巩固练习、作业布置、板书设计等这些方面，有时还要说出各环节的衔接。但是如果一一详细说来又会比较冗长，一番表述下来让人不知重点在何处。如何在有限的时间内明晰地展示设计思路，又让人印象深刻呢？那就要做到重点突出、详略适当、条理清楚、有理有据、言简意赅。基本的环节简略说，而对于突破重点、难点的部分要具体阐释，突出自己独到的教学设计环节。

3. 选准切口说设计

我们在听说课的时候，尤其是在比赛的时候，常常会出现大家都同说一节课的情况，如何找准自己的切入口来说出特点就是关键了。其实同一篇教材，因时期不同、学生自身的思想和知识能力的不同，以及教师自身的年龄、知识素养、社会阅历、教学优势等不同，对教材的处理上各有差异。教师自己应当突出特点与优势，体现教学的独具匠心之处。关键是把"说设计"与"说依据"相结合，对"重点环节"进行详实的解说。

4. 关注预设说生成

说课多是站在"预设"的角度，依据教育教学理论和经验，推测课堂上可能出现的师生双边活动。说课不能简单地只是说出"教学程序"，还应当关注到的是"预设"的问题与课堂上"生成"的关系，"凡事预则立，不预则废"，要想有精彩的课堂生成，必须作精心、较为全面的预设。这样，当面对学生的思考和回答时，教师才能应对自如，游刃有余地点拨、启发、引导，才会有效地组织教学。"预设"让课堂教学有章可循，"生成"则令我们的课堂效果精彩纷呈。

5. 资源开发说创新

结合学生知识能力点有效地使用语文课程资源，对教材实施拓展，加深对教材的理解。新课程标准中也谈到了"各地区、学校都蕴藏着多种语文课程资源。要有强烈的资源意识，去努力开发，积极利用。"[1] 运用补充材料的方法适时地链接相关资料，利于深入理解课文所要表达的情感和意义，在讲述课文结束时拓展补充阅读素材，为学生推荐有关的片段和读物，可以是网络资源的引入和利用，也可以是图片资料、声音资料、影视资料等。当然种种拓展资料的运用都要遵循着适时、适度的原则，教师说课要说清楚用的目的或想要达到的效果。

6. 精心设计说板书

板书设计能将教学内容系统化、条理化、形象化，可以是文字也可以是利用图画、版贴等手段。因为板书本身具有高度的概括性、形式的直观性等自身特点，而说课的时间又有限，在说的时候突出重点即可，不必一一展开来赘

---

① 中华人民共和国教育部《义务教育语文课程标准》（2011 年版）. 北京：北京师范大学出版社

述。如果要书写板书，一定要注意笔顺正确，字迹工整美观。板书不宜过多，以免现场耗费大量的时间，让听者处于长时间的等待中。有的时候也可以省略或一语带过，视具体的情况而定。

二、说课要求

说课是课堂教学研究一个常规性的内容，也是教研活动的一项主要的研讨方法，在整个过程中应该注意以下几个问题：

1. 突出"说"的目的

说课稿不是"教案"，与教案有联系但不能等同，教案写出了"怎样教"，而说课稿则是要说清"为什么要这样教"。教案体现的是教学具体过程，是教师进行课堂教学的操作性方案，说课稿在说清教学环节的同时阐明其理论依据，要说清楚每个环节设计的依据是什么，预定要达到怎样的教学目标。说课也不是"上课"，因此不能视听课对象为学生去说，要侧重于理性的阐述，体现的是研究的角度，突出说课特点。

2. 把握"说"的方法

说课的方法很多，应该因"材"说课，突出自己的特色，要沿着"教学思路"这一主线说，以防跑题。说课过程中要灵活地选择说法，把课说"活"，说出该课的特色，课说得有条有理、有理有法、有法有效、生动有趣，同时要发挥个人的特长，说出自己的风格。

3. 注意"说"的语气

说课不等于"背"课，不能简单只字不漏地背诵；说课不等于"读"课，不能拿事先写好的说课稿去读；说课更不是"上课"，说课的对象或是评委领导，或是同行，说课的语气、称呼要得体。说态要自然大方，过渡语要流畅，不要一直盯着稿子，能不看稿最好，要体现一种交流的状态，要使听课者感受到说课者的自信和能力，在表达中引发共鸣。语言的表达时要做到简练精到，避免啰嗦。

4. 注重"说"的仪态

说课时往往是一个人综合素养的展现，要注意衣着大方，服饰得体，体现干练自信。从进入到说课现场，就应当注意自己的体态仪表。要运用准确熟练的普通话进行交流，流畅而富有感情，注意描绘性语言、叙述性语言、抒情性语言、角色性语言和说理性语言之间的区别，自如地转换，声情并茂地表达出来。

5. 注意"说"的呼应

前面的"说教法""说学法"等要与后面的"说教学程序"部分有效结合，要相互呼应，不要使前后脱节。

6. 关注"说"的时间

做到详略得当、简繁适宜、准确把握"说"度，更好地调控说课的时间。说得太详太繁，时间不允许，也没必要；说得过略过简，说不出基本内容，听众无法接受。如果是比赛就会有时间的限制，事先就要做好时间上的合理分配。

说课能促使教师从理性上审视教材，是帮助教师更好地吃透教材，优化教学设计的过程，也是一个集思广益的活动，大家在评议说课中切磋教艺，交流经验，不断地完善教案。这一活动不仅使说课教师及时得到反馈，不断调整完善自己的教学方案，也会使得听者在学习范例中得到借鉴，获得理论滋养，从中提高专业素养和执教水平。

除了每课、每课时的说课之外，还有单元说课，可以依据每个单元的特点进行阐述。下面附上青岛市崂山区实验小学孔晓音老师参加"全国第三届和谐杯'说课标、说教材'"比赛的说课稿，她就是从单元课程目标、单元内容标准、教材的编写特点、教材的体例和目的、单元内容结构、知识与技能的立体式整合、教学建议、评价建议、课程资源的开发与利用等方面进行的特色说课。

附说课案例：

"树"立目标，有效教学

——苏教版小学语文三年级下册第一单元

青岛市崂山区实验小学　孔晓音

尊敬的各位评委，各位老师，大家下午好。

今天我说课标、说教材的内容是苏教版小学语文三年级下册第一单元。下面我将从说课程标准、说教师用书、说建议三个大方面，九个小层面进行分析梳理。

首先我们来看课程标准：三年级隶属第二学段，2011 版《语文课程标准》

从识字与写字、阅读、习作、口语交际和综合性学习五个方面提出了第二学段的课程目标。

　　整体看来各方面的要求有所调整，调整较大的是识字写字方面要求学生多识少写，降低了写字数量。培养学生识字能力方面，加入了会运用音序检字法和部首检字法查字典、词典，特别提出了培养学生正确写字姿势和良好的书写习惯这一要求。

　　一、单元课程目标

　　根据课标要求，不同于以往的目标设计，本单元的课程目标设计如下：

　　1. 识字写字方面：培养学生掌握一定的识字方法，写字姿势正确，书写习惯良好。

　　2. 阅读方面：培养学生能用普通话正确、流利、有感情地朗读课文，学会默读，联系语境理解词语的意思，把握文章内容。

　　3. 习作方面：学会观察，乐于进行书面表达，并能做到表达条理清晰，格式规范。

　　4. 口语交际方面：能用普通话主动与别人进行交流，认真倾听并能转述。

　　5. 综合性学习方面：能提出学习中的问题，有目的地搜集资料，在语文活动中学会合作学习。

　　二、单元内容标准

　　基于这样的课程目标，本单元的内容标准涵盖了如下方面：

　　1. 在识字写字上：准确认读48个汉字，能按笔顺正确书写、默写汉字29个，在书写时做到匀称整洁。写字姿势正确，书写习惯良好。

　　2. 在阅读上：朗读课文，背诵指定课文和段落，学会默读课文；学习写作方法，积累优美文辞。

　　3. 在习作上，结合例文学会看图，学会分段，语意流畅，标点符号使用规范。

　　4. 在口语交际上：锻炼学生在口语交际中做到语句完整，意思连贯；并能学会倾听，主动与别人进行交流。

　　5. 在综合性学习上：鼓励学生提出问题，搜集课文中的相关资料，通过组织课堂讨论等有趣味的活动学会合作学习。

　　三、教材的编写特点

　　下面我们来看教材的编写特点。通观本册教材，不难发现如下特点：

　　1. 指导思想与时俱进。本册教材符合课程标准要求，体现时代特点和现代意识，重视培养学生的学习习惯，重视学生语文素养的整体提高。

　　2. 教材内容丰富多样。从阅读教材的选定到习作教材的安插，从练习教材的创设到口语交际的设定体现了教材编者的智慧与创新，富有浓郁的趣味性。

3. 能力培养科学合理。本册教材紧扣语文课程标准，符合学生的身心发展特点，适应学生的认知能力，对学生能力的培养科学合理，在递进中实现整合。

4. 版式设计图文并茂。教材文字与图片巧妙结合，插图有的美感十足，有助于激发学生的想象力，有的生动有趣，有助于调动学生的学习兴趣。

四、教材的体例和目的。

本册教材的体例灵活多样，内容适度，由"培养学生良好的学习习惯""课文""习作"和"练习"组成。全册安排了8个单元。每单元安排3—4篇课文，共26篇。每单元安排"习作"1篇，共8篇。每单元安排练习1个，共8个。

教材采用这样的体例编排凸显了这样的目的：

1. 通过课文中的字词积累和练习题的巧妙设计来夯实学生的基础知识。

2. 教材挖掘中国传统文化和自然人文精华，普及科学知识，展示正确审美观念，潜移默化地陶冶学生的人文素养。

3. 教材在积累的基础上强调语文知识的运用，如每篇习作和口语交际的意图正是为了锻炼和提升学生的语文应用能力。

五、单元内容结构

借助这棵知识树我们可以直观地看到本单元的内容构成。

1. 在课文教材上，本单元共安排了三篇课文——《长城和运河》《美丽的南山群岛》《庐山的云雾》。这三篇描写风景名胜的课文都具有语言美、情感美和表达方法美三种因素，可以有效地帮助学生感受景物魅力，积累优美的文辞，学习写作方法。

2. 习作1。看图习作，充满童趣，有助于培养学生的观察能力，锻炼语言表达和组织能力，适当激发学生的想象力。

3. 练习1。练习1主要由省市简称歌，读读背背成语古诗和口语交际"聊聊春节"组成。练习1实践性强，为学生语言词汇的积累提供了非常丰富而实用的素材。特别是口语交际——聊聊春节。结合学生的生活实际，具有浓郁的风俗民情。

六、知识与技能的立体式整合。

下面说到知识与技能的立体式整合。横向来看，第一单元在本册书中具有极强的引路性。以习作教材为例，看图习作这类题目本册教材共安排了3处，分别是习作1、习作4和习作8。虽然都是看图写话，但各自要求不同，习作1

要求学生学会分段。习作4要求学生根据图画展开想象写一段对话，并能正确使用标点符号。习作8要求学生根据图画编写童话故事。其实习作8是对习作1和习作4的写作能力整合，将两次学到的习作方法综合使用，体现了对学生习作能力培养的阶段性和整体性。

纵向来看，本单元具有极强的承上启下性。以阅读教材为例，本单元的课文主要是风景类文章，在整个第二学段中，呼应了三年级上册第二单元的《西湖》等三篇写景佳作，并且衔接了四年级上册第三单元的《九寨沟》等写景文章，让学生充分感受风景名胜的魅力，体现了对学生阅读能力培养的连续性和完整性。

结合第一学段和第三学段来看，本单元的阅读教材架设起了一道桥梁，二年级上册第七单元安排了《夕阳真美》等小巧的景物文章，五年级上册第五单元提供了《黄山奇松》等精美文章，经过这样的巧妙衔接，可以看出本单元既是对第一学段的阅读能力提升，也是迈向第三学段的一个有力踏板。

如此看来，本单元的内容安排实现了知识的有效续接，也达成了对学生能力培养的连续性和整体性。

七、教学建议

下面我们来看教学建议：

语文课程标准从五个方面提出了综合的和具体的教学建议，对比修订前，其变化主要表现在：

1. 明确指出：学生是语文学习的主体，语文教学应为学生创设自主、合作、探究的学习环境；

2. 要求教师注重听说读写之间的有机联系，重视学生读书、写作、口语交际等语文实践，提倡多读多写；

3. 重视培养学生的创新精神和实践能力，提高语文综合应用能力；

4. 对比修订前的课程标准，在具体的教学建议方面更为详尽、全面。

因此，本单元的教学应结合课程目标，从课程标准的教学建议出发，合理创设教学方式。

在识字写字教学中，教授学生音序和部首检字法，培养学生独立识字能力。创设新颖方式，巧用预习卡，设计识字写字栏目，字形方面，关键处笔画要求学生用红笔描出。课堂教学中，设计识字写字环节，合理安排时间，切实指导学生书写，并通过听写和游戏的方式巩固记忆。重视正确的写字姿势和良好的书写习惯培养。

在课文教学中要做好两方面，一是课前有效预习和课堂教学紧密结合，二是将注重积累、及时运用。具体说来，要做好以下方面：

一要利用预习卡，查阅资料，课前几分钟进行小组交流，做好课文学习前的铺垫。

二要是抓好关键词理解，切实指导学生读背。如学习《庐山的云雾》，让学生充分理解"千姿百态"和"瞬息万变"的意思，从而体会庐山云雾的特点，从文眼入手整体把握文章内容。

三要结合图片扩充想象。让学生利用课文图片和教师补充图片想象景物之美，并自己组织语言进行交流展示。

四要做好词汇积累和拓展阅读。课文的语言极具美感，让学生在理解的基础上做好读书笔记，读好课外阅读教材中的《油菜花开》等文章。

五要落实写法运用，迁移运用。第二课和第三课作者使用了总分构段方式，值得学生学习效仿。我将补充《大海的浪花》场景让学生进行总分构段方式学习的小练笔。

习作教学要注重从两方面着手。一要结合课文，激活资源，二要指导到位，讲究方法。

学生在课文中学到了一定的写作方法，学会看图，善用词汇，活用比喻，点亮文章。为锻炼学生看图能力和语言组织能力，第二课课文学习完成后又提供了水母和海洋鱼群的图片进行小练笔，这些图片五彩缤纷、色彩斑斓，学生有词可谈、有话可说。除此之外，让学生发挥想象力，做好说话练习，也是一个非常有效的习作热身锻炼。

在习作课堂中，按照题目要求要指导学生学会看图，并能用一些词句来描述图片的意思。学习例文，尝试把握图片的内在逻辑。

图上有的，用语言表达出来，图片上没有的，发挥想象力，填补空白。结合原先说的词句，连缀成篇。

当然，习作的讲评与修改必不可少，先以一篇作文为例，在班内组织评议，学习优点，指出不足，共同进步。再让学生以小组为单位，进行自主修改，将学到的评改方法迁移运用，达到举一反三的效果。

在练习教材的教学中，针对省市简称不易理解的问题，创设多种教学形式，让学生利用地图拼图和认识车牌号等方式记忆省市简称，并采用灵活形式巩固记忆。读读背背的教学让学生结合词典和现实生活理解成语和诗文，可适当让学生利用成语造句，提高学生的语言运用能力。

口语交际。口语交际的内容是聊聊春节，三年级下册恰好是学生寒假归来之后要学习的，因此假期之前就已布置学生留心做好春节资料收集整理，在课时的安排上会做一个调整，将口语交际作为第一课时，并创设一定的情境，组织学生分组进行口语交流。

概括看来，在本册教材中，第一单元的学习能够为学生整册书和今后的学习开启好的方法之门。

八、评价建议

谈到评价建议，对比修订前的课程标准，2011 版《语文课程标准》对评价建议有了更为系统、清晰的表述。

充分发挥语文课程评价的多种功能：尤其应注意发挥其诊断、反馈和激励功能。

恰当运用多种评价方式：评价设计要注重可行性和操作性。

评价主体的多元与互动：促进学生主动学习和自我反思。

突出语文课程评价的整体性和综合性，全面考察学生的语文素养。

在此指导下，对学生的评价可从四个方面展开：

1. 评价方式交互运用。关注形成性评价，结合学校小组合作方式，各小组由小组长对学生每天读书写字等各方面表现进行日评价、积累周评价、汇总月评价。重视终结性评价，在一定的时间内开展小的检测，并在学生的成长手册上分类留下成长记录，设计达标等级。

2. 评价主体多元互动。利用好成长手册中每个月份的评价表格，教师、学生本人和同学三位一体，对学生进行全面而客观的现实评价。并适当引入家长评说，力求形成合力，帮助学生成长。同时会定期召开班会，开展班级内部的口头评说。

3. 突出整体性和综合性。注意识字与写字、阅读、写作、口语交际和综合性学习五个方面的有机联系。细化各方面的要求，设定各方面的素养考核，在写作考核中其实就可以渗透考察出学生的阅读、识字写字等方面的综合素养。

通过以上努力，既评价了个体，又诊断了集体，既能检测学生的某一方面能力，又考察了学生的整体素养，充分发挥了评价应有的效能。

九、课程资源的开发与利用

关于课程资源的开发与利用，课程标准指出，语文课程资源包括课堂教学和课外学习资源，各地都蕴含一定资源，学校应积极创设条件配备资源，语文教师应高度重视课程资源的开发与利用，通过多种途径提高学生的语文素养。调整后的课程标准变化不大。

只是明确将相关配套阅读材料、方言土语等纳入在课程资源内。

提倡积极开发潜在资源，特别是人的资源因素和在课程实施中生成的资源。

在这种建议的启发下，我在教学中力求做好如下开发：

就近取材，激活教材资源。指导学生读好相关配套阅读材料，结合教材鼓励学生自主创新，分组进行话剧表演。

拓展视野，补充课外阅读。充分利用学生阅览室，每周三次集中阅读。另一方面，在班内定期发放流动书进行分散阅读，如图画书、儿童文学经典书籍等，作为教材资源的一个有力补充。学生在阅读的基础上做好读书笔记，创编绘本、编写童话故事。

聚焦校外，开发社会资源。充分利用学校所在社区可用资源，如到社区图书馆分批次进行阅读活动，拓展学生的阅读视野，提高学生的语文素养。与青岛出版社建立联谊关系，推荐学生作品在期刊杂志上发表。

作家熏陶，感受人文风范。学校邀请儿童文学理论家和儿童文学作家到校讲座，对此，我结合实际条件，小范围地让学生聆听讲座，大范围地在班级内带领学生观看视频，从而感受作家的熏陶。

以上就是我对本单元教材的解读，感悟最深的一点便是：单元虽小，却能敏感地感知课标的力度，单元虽小，却又是落实课标的一方花田。语文学习是一个持续不断地积累与运用的过程，相信只要教师将课标、教材和学生三者紧密结合，"树"立清晰明确的目标，便能使得语文教学在落实实效中流光溢彩。

感谢大家的倾听，不当之处敬请指正！

第十三章　形体语言素养与指导

人的一生会遇到许多老师，在一个人成长的过程中，老师发挥着至关重要的作用，老师也成为了一个人成长的见证人。听听同学聚会上谈论的话题吧，很多都是和老师有关的——"嗨，还记得我们的生物老师吗？他总是喜欢皱他的鼻梁，借此助力把眼镜向上推一推，连扶眼镜都懒得动手，难怪他长得胖乎乎的呢！""还记得那个上课喜欢金鸡独立写板书的数学老师吗？他真是一边讲课一边健身啊，佩服，佩服！""还有咱们的文学老师，总是闭着眼睛，摇头晃脑地为我们吟诵《诗经》，太有感觉了！……"长大成人的学生忆当年峥嵘岁月，也许《诗经》中的篇章早已忘记，也许数学中的公式毕业后再也没用过，也许各种生物的特点再也没有机会提及过……当老师讲述的知识内容渐渐淡忘，唯有老师们各具特色的形体语言成为了他们永远的回忆。

一个人留给另一个人什么样的印象，到底由什么来决定？美国心理学家奥伯特·麦拉比安发现，人的印象形成是这样分配的：55%取决于你的外表，包括服装、个人面貌、体形、发色等；38%是肢体语言，包括你的语气、语调、手势、站姿、动作、坐姿等等；只有7%才是你所讲的真正内容。

让我们走进妙不可言的形体语言世界吧。

第一节　教师职业形象

前苏联领导人加里宁曾说："教师仿佛每天都蹲在一面镜子里，外面有几百双精细的、富于敏感的、善于窥探教师优点和缺点的孩子的眼睛，在不断地盯着他。"教师职业是按照一定社会的需要和标准"传道、授业、解惑"，是培养社会所需合格人才的职业。教育者的全部工作是为人师表。教师的职业形象属于公众形象的范畴。这种影响虽不像明星形象那样流行，但对学生的影响是久远而深刻的。

几千年来的，人们推崇的教师职业形象可以概括为四个字——"爱、雅、智、勤"。

一、师爱无声

万世先师孔子曰："爱之，能勿劳乎？忠之，能勿诲乎？"我国著名教育家夏丏尊曾说："没有爱就没有教育。"前苏联著名教育家苏霍姆林斯基说："教育的全部技巧在于如何爱学生!"

教师的爱是走进每一个学生心灵的金钥匙。只有真心诚意地去关爱学生的生活和学习，才能找到教育好每个孩子最适合的方法。教师的眼睛可能无法关注全班几十双学生的眼睛，但是教师的爱心却可以征服全班每一个学生的心。

教师的爱可以抚平学生受伤的心灵，教师的爱可以融化矛盾的隔阂，教师的爱可以塑造一个学会关心、懂得感恩的灵魂……

教师有了对学生的爱，才能实现师生之间人格上的平等，为师生之间建立融洽的关系奠定基础，激发学生向上的潜能。

所以心中有爱的教师，你会从她温柔的眼神中感受到她母亲一样的慈爱；你会从她爱抚的手掌中感受到她朋友一样的关怀；你会从她微笑的脸庞中感受到她永远的欣赏与鼓励……

师爱无声，爱——就是教师形象中最璀璨的光芒!

二、温文尔雅

孔子《论语·雍也》中有言："质胜文则野，文胜质则史，文质彬彬，然后君子。"教师形象就是君子形象，谈吐文雅，举止优雅，表里如一。

教师的温文尔雅表现在举手投足间。站要"站如松"，要站出一股凛然正气；坐要"坐如钟"，坐出一股巍然正气；走要步伐稳健、自信从容，走出一股浩然正气。

教师的温文尔雅还表现在服饰搭配上。郭沫若说："从人们对服装的选择，可以窥测到他的文化水平和道德修养的底蕴。"教师的着装要端庄大方，不要花枝招展；要含蓄稳重，不要风流倜傥；要简单整洁，不要拖泥带水；要美观和谐，不要色彩纷乱……

教师的温文尔雅更表现在语言表达中。和学生交往也要使用礼貌用语，教育学生动之以情，晓之以理，让学生在如沐春风中接受教化，享受教师形象的感召力。

三、智心慧行

现代教师必须具备广泛深厚的文化科学基础知识，扎实系统且精深的专业学科知识和全面准确的教育科学知识及心理学知识。这就要求教师要不断读书汲取智慧，在教育教学实践中积累智慧。

前苏联教育学家马卡连科说过："学生们对于教师的许多缺点都可以原谅，但他们不能够原谅教师的不学无术。"

教师有了深厚的知识底蕴，目光中会闪烁着智者的光芒；举止间会显露出长者的风度；言谈里会诞生教育的真谛……

四、勤奋进取

苏霍姆林斯基在《给教师的一百条建议》中有这样一段论述：一个在学校工作了33年的历史教师，上了一节题为"年轻苏维埃人的道德理想"的观摩课，区训练班学员和教育处的视导员出席了这节课。课上得非常出色，原来教师们和视导员打算在上课过程中做一些笔记，以便课后提意见，但他们都忘记了做笔记，和学生一样屏息坐着，听得入了迷。有一位邻校教师说："是啊，你把心教给了学生，你的每一句话都有巨大的思想威力。请问你花了多少时间准备这节课，可能不止一个小时吧？"那位教师回答说："这节课我准备了一辈子，而且，一般地说，每节课我都准备一辈子。"一辈子都在准备一堂课，一辈子都在精心育人，这是教师勤奋进取的精神。

捧一本好书静心阅读，伏在桌边认真批改作业，课前精心设计教学流程，课堂上精彩互动，课后深刻地反思……这些都是教师勤奋进取形象的展现。

"爱、雅、智、勤"，是教师形象的概述，也是每一位教师追求的目标。

（全国模范教师、全国十佳科研创新校长、山东省优秀教师、山东省特级教师、山东省教育年度创新人物、齐鲁名师、第四届青岛市十大杰出青年、青岛市拔尖人才、青岛市南京路小学校长杨屹用她对学生和教学的热爱创造出独具特色的"情趣教学法"，逐步形成"情趣教育"理论，在山东和全国产生较大影响，教学教改经验得以在全省推广，为推进素质教育提供了可供操作范式。她的教学智慧、教育精神和她优雅的形象已经成为当代教师的典范。）

（全国模范教师、全国优秀班主任，曾获得全国阅读教学大寨一等奖第一名，青岛市市南区教科研中心小学语文教研员徐慧颖老师用她对学生的关爱，用她优雅的举止，用她智慧的课堂，用她勤勉的工作征服了众多学生、家长和老师们的心，成为当之无愧的教师楷模。)

第二节 形体语言的作用

形体语言（Body Language）也称非语言交际（Nonverbal Communication）是通过表情、手势以及身体其他部分的动作来传递信息，表达思想感情的一种无声语言。

形体语言一般包括两大方面：一方面是指那些动态的形体语言，如头势、面势、眼势、手势、姿势等；另一方面是指静态的形体语言，即教师的衣着和气质等。

行为科学告诉我们，几乎一切无声的语言，即形体语言都可以用来作为人际间沟通的手段，都可以用来为教学服务。教师的形体语言在语文教学中发挥着重要作用。课堂教学中，教师应将衣着、眼神、面部表情和手势等方面结合起来，配合其他教学手段，体现语文教学的艺术魅力。

一、形体语言能吸引学生，提高学习效率

美国心理学家、哈佛医院儿童心理咨询部主任罗伯特·布鲁斯曾说："形体语言对于教师帮助学生长时注意以便于完成任务而言，不失为一种强有力的措施。"

艾伯特·梅拉宾在 1968 年提出：交流的总效果 =7% 的言语 +38% 的音调

+55%的人体动作、面部表情。雷·伯德杰斯特尔也提出：人在面对面交流中，有声部分占交际信号的比例低于38%，而62%的交际信号是无声的。

形体语言是课堂有声语言的重要补充。它与有声语言的主要区别在于其符号系统的不同，它是以视觉代码代替了有声语言的听觉代码。而从信息收受者角度来说，靠视觉渠道收取的信息总是比从听觉渠道接受的信息印象更强烈。有科学家通过测试，得出结论："人的记忆，80%是靠视觉来确立的。"这正是电视教学比广播教学效果好的根本原因。因为电视教学不光听得见教师的有声语言，还能看得见教师的形体语言，使学生获得的信息比"只闻其声，不见其人"的广播教学清晰度和精确度要高得多。神经生理学的研究表明，人的大脑左、右两半球有不同的分工：左半球接受语言和逻辑信号，而右半球接受非语言，即形象信号。那么，只听不看，就只有大脑左半球工作；而听看同步，则是大脑左右两个半球同时工作，效果自然不会相同。正因为如此，如果我们脱离沟通过程的非口头手段，沟通过程将是不完全的。

形体语言在吸引学生，提高学习效率方面发挥着重要的作用，具体表现在：

1. 热情

塞缪尔·泰勒曾说："没有什么比热情更具感召力！"孩子是这个世界上最有活力、最热情的人，所以，用热情的态度对待学生，你会收到意想不到的效果！因为热情是可以相互传染的。在课堂上显示热情洋溢的样子，是一种职业精神。

这种"热情"的状态，教师可以用语言来打造，如"说得好极了，有一副好口才多自豪。""快来帮帮你的同伴吧，他遇到困难了。""你特别希望谁来帮助你？"……

除了口头语言，更重要的是形体语言传达给学生凝聚注意力的信号。优秀教师上课时，身体会不由自主地呈现一种前倾的姿势，他们的形体特别放松，但又浑身充满了活力。他们时而掌心向上伸出一只手邀请孩子回答问题；时而侧耳聆听凝神思索；时而拍拍学生的肩膀传递真诚的赞许；时而挥舞着手臂讲得慷慨激昂……

课堂上，教师的整个形体都要传达热情的信号，就像一个光芒四射的太阳，吸引学生们专注于课堂。教师的热情可以有效地组织教学，让学生在积极的情感体验中进入学习的快车道。

（青岛南京路小学楚立蕾老师在 2010 年全国苏教版（国标本）小学语文实验教科书第三届课堂教学大赛获得特等奖第一名，她在课堂上的形体态势语给学生营造着热情洋溢的氛围。）

2. 微笑

微笑是自信的象征，是教师修养的体现，是关系和睦的体现，是心理健康的标志。

有一首西班牙民歌中唱到："一个微笑，花费很少，价值却很高，给的人幸福，收的人回报。一个微笑，仅有几秒，就转瞬即逝，留下的回忆，终身美好。……永远微笑吧！在人生的旅途上，最好的身份证就是——微笑。"

（山东省优质比赛一等奖获得者，青岛市市北区台东六路小学陈文正老师儒雅的笑容让他成为最受学生欢迎的老师。）

教师的微笑对于学生来说，意义更加深远。上课伊始，教师面带微笑地走上讲台，面带微笑地环视教师里的每一个学生，面带微笑地开始上课，就给学生营造了一个安全放松的学习环境。如果教师皱着眉头，一脸严肃地开始上课，教室里的气氛一定是紧张凝重的。

一位学生在作文中这样写道："上课铃响了，刘老师夹着课本气冲冲地走进来，眉毛扭曲得像两条毛毛虫，表情僵硬得让我们所有同学都觉得窒息，教室里顿时鸦雀无声……"

学生对教师形体语言的解读是非常细致的，教师的一举一动，一言一行都能让学生的心理产生波动。要吸引学生注意力、提高学习效率，微笑是一剂良方。微笑可以缓解压力，使学生在一个积极放松的环境下进行学习，愉悦、平静的环境可以造就乐观、高效、表现良好的学生。

一位老师做过这样的实验，班里一位调皮的男生，上课总是做小动作影响周围同学的听讲，老师用眼睛瞪他，没反应；老师用手指指他，没效果；老师停下讲课批评他，还是外甥打灯笼——照旧。后来，这位教师看到这位男生再做小动作，就对他真诚地微笑，示意他坐好听讲，没想到男生竟然愣了愣，不好意思地收敛起自己的随意，开始专心听讲了。

"优秀教师不同于其他教师的一个主要特质就是——优秀教师常常在学生面前面带笑容。因为优秀的教师知道，当他向学生微笑时，学生很难会有不良的行为，这就是优秀教师经常微笑的原因。"①

（青岛大学路小学语文教师郑志华，在全国优质课比赛中获得特等奖，她亲切和蔼的笑容留给大家深刻的印象。）

3. 眼神

教师微笑的时候应该配合的是积极的眼神或者暗示，如果脸上的肌肉处在

---

① 安奈特·布鲁肖，托德·威特克尔. 改善学生课堂表现的50个方法. 北京：中国青年出版社，2010

笑容的状态，而眼神却如冰刀一般透露处责备和愤怒，那叫皮笑肉不笑，那叫阴险。

教师的眼神中永远传递的是鼓励和欣赏，是期待和友善。课堂中与学生对话时，教师的眼神可以让学生的耳畔回响着"你说得很正确。""别着急，想好了慢慢说。"等心意。指导小组交流时，教师的眼神可以传达出"你们合作愉快，我也想来参与"的信号。在课堂上，教师的眼睛里要看到全班每个孩子的表现，要努力与每一个孩子目光对视，因为目光的交流更容易让学生专注于课堂，更容易和教师之间进行心灵的沟通。

课堂上，如果看到学生不听讲，出现了问题，那么这时候一定不要用愤怒和指责的眼神对视学生，这时候你要学会的是忽视、私下交谈或者传递小纸条等策略。如果教师用怒目圆睁看自己的学生，学生首先会心理反应：老师不喜欢我！然后就会出现紧张、懈怠等行为反应，继而降低了学习效率，影响学习的质量和效果。

（山东省优秀教师，青岛淮阳路小学左蕾老师，课堂中与学生对话，眼神中流露的全是欣赏与鼓励。）

4. 靠近

美国教育家杜威曾说："教师不应该站在学生面前上课，而应站在学生后面。"其实就是告诉我们，教师站在讲台上，会有高高在上的感觉，会让学生觉得距离遥远，无法亲近。一位名师在听到记者提问："为什么学生那么喜欢听你上课？"时淡淡一笑，回答说："走下讲台，到学生中去。"

现在很多教室里桌椅的格局由原来的横排竖排变为半圆式、花朵状等，就是为了教师能更好地和学生在一起学习。优秀的教师一般会放弃讲台，走到学生们中间，和学生一起交流讨论，一起情景表演……形体距离上的靠近显示了教师是课堂真正的组织者、引导者和参与者。

"如果一个学生在课堂的表现不那么好，那么，教师要走到他旁边——不是为了给他一个白眼，只是继续讲课，但站得离他稍近一些。通常情况下，学生不听讲的行为会有所收敛，这是因为学生很难在老师站在自己身旁的时候再调皮捣蛋。你靠学生越近，就越少会为学生的那些"小动作"而感到沮丧或者痛苦。"①

（苏教版全国阅读教学大赛一等奖获得者，青岛市市南区教科研中心小学语文教研员颜秉君老师和孩子们是知心好朋友。）

（华东三省八市全国阅读教学大赛特等奖获得者，山东省教学能手，青岛市特级教师周辐轶和学生一起读书其乐融融。）

---

① 安奈特·布鲁肖，托德·威特克尔. 改善学生课堂表现的50个方法. 北京：中国青年出版社，2010

二、形体语言能帮助学生，接受理解知识

英国心理学家米歇尔·阿盖依尔等人在 1970 年曾经做过一个实验：发现当语言符号和非语言符号不一致时，人们相信的是非语言信号所代表的意义，而且非语言交流对交际的影响是语言的 4.3 倍。

近年来世界各国有成就的教育家、心理学家，都非常重视形体语言的研究。教师在课堂中配合自己准确恰当的形体语言，可以帮助学生接受和理解知识，使学习达到事半功倍的效果。

1．理解词语

《语文课程标准》中对词语理解提出了明确的要求，"理解词语"是各个学段语文教学的基础目标之一，教师应采用多种策略指导学生理解词语，并教给学生理解词语的方法。

对于表示神态、动作、形体等方面的词语，教师通过形体语言的展示可以帮助学生准确地理解词语。

例如，理解"眉开眼笑"这个词语，教师可以扬起眉毛，弯起眼睛做出灿烂的笑容，这个词语的含义就不言而喻了。"目瞪口呆"这个词语，教师只要配合睁大眼睛，张大嘴巴的面部表情，学生也就很容易理解了。

例如，理解"垂头丧气"这个词语，教师可以耷拉着脑袋，双臂下垂，脚步缓慢，配合唉声叹气的样子，学生也会立刻领悟这个词语的含义。

一些表示动作的近义词，借助形体语言可以有效地区分词语的含义。

例如，"徘徊"和"徜徉"两个词语都和走路有关，教师借助形体语言展示在一个地方来回走动，略显焦灼的样子就是"徘徊"，展示朝一个方向，边说边散步的安闲自在样子就是"徜徉"。

例如，"推、劈、打、摇"等动词，只要配合相应的手势，学生就能准确的理解和运用这些表示动作的词语。

一些表示情感和精神的词语，借助形体语言的配合也可以帮助学生理解。例如，"悲痛欲绝"这个词语，学生理解字面意思是"非常悲伤、痛苦，很绝望"，在此基础上，教师配合无望的眼神，扭曲的痛苦面容，学生会理解得更加形象和深刻。

一个优秀的语文老师有时就是一位出色的演员，她能把词语的含义用恰当准确的形体语言传达给学生，有时能达到"此时无声胜有声"的境界。

2．指导诵读

语文课上，教师指导学生朗读和背诵时，如果能配合相应的形体语言，可

以让学生的阅读理解和记忆更加牢固。

一位老师在指导学生诵读《望月》第二自然段"月亮出来了,安详地吐洒着它的清辉。月光洒落在长江里,江面被照亮了,流动的江水中,有千点万点晶莹闪烁的光斑在跳动。江两岸,芦荡、树林和山峰的黑色剪影,在江天交界处隐隐约约地伸展着,起伏着。月光为它们镀上了一层银色的花边……"时,配合了如下形体语言:

学生朗诵"月亮出来了,安详地吐洒着它的清辉。"这句话时,教师手掌向上,手臂慢慢上举,就像月亮升起来一样。

学生朗诵"月光洒落在长江里,江面被照亮了,流动的江水中,有千点万点晶莹闪烁的光斑在跳动。"这句话时,教师先把手掌向下缓缓降落似"月光洒落"。然后双手打开,眼睛一亮,就像"江面被照亮了"。最后手掌拱起轻轻点动,就像"晶莹闪烁的光斑在跳动"。

学生朗诵"江两岸,芦荡、树林和山峰的黑色剪影,在江天交界处隐隐约约地伸展着,起伏着。"这句话时,教师把双臂打开表示"江两岸",手掌在空中画出波浪线表示"山峰",手臂伸向远方,波动几下,表示"伸展着,起伏着"。

学生朗诵"月光为它们镀上了一层银色的花边……"这句话时,教师双手相对打开,在空中划出波浪曲线,表示"银色的花边"。

这样配合教师的形体语言手势语就把这四句景物描写的顺序和内容形象地展示在学生面前,提高了记忆的准确性。

在两个五年级的平行班里,一个班的学生用形体语言帮助学生记忆课文《望月》中的这段话,一个班的学生不用形体语言辅助,只靠反复朗读来记忆,课后检查学生课文的背诵情况,前者的背诵通过率远远超出了后者。

这个实验再次验证了形体语言在帮助学生接受和理解知识方面发挥着十分重要的作用。

李振村老师在《教师的体态语言》一书中所言:"人类的手是大自然最杰出的创造,是人体中最灵巧的一个器官,人类的许多创造都依赖灵巧的双手。""教师的手指更有其职业上的重要作用……教师的符号性体态语言最为集中的区域之一就是手指。"教师形体语言中的手势语确实发挥着神奇的功效。

一位教师在指导学生学习用"平仄法"诵读古诗的时候,告诉学生一声调和二声调是"平声",读的时候声音可以适当延长,三声调和四声调是"仄声",读的时候声音可以干脆些。然后指导学生朗读,读平声调的时候,教师手掌压平,平行移动,读仄声调的时候,教师手掌竖立,向下移动。学生在老师手势语的指引下,抑扬顿挫诵读古诗,真有古代书塾的雅韵。后来,学生自己尝试着打着手势练习诵读，也读得有滋有味，在反复诵读中，一首诗了然于心。

形体语言就像诵读内容的外衣，既彰显了内容本身的蕴含，又显示了语文教师的智慧和素养。

3. 情景表演

语文教学的最高境界是让学生和文本对话，实现课文与学生的情意交融。角色体验、情景表演是实现这一境界的有效策略之一。

在低年级的语文教学中，情景剧表演能让阅读教学生动鲜活起来。例如《小猴子种果树》一课，老师指导学生读书识字后，安排了带上头饰，角色扮演的环节。学生有扮演小猴子的，有扮演乌鸦的，有演喜鹊的，在学生入情入境的表演中，"梨五杏四、杏四桃三、桃三樱二"这些农谚学生都能深刻领会，自如表达。配合学生的表情和动作，一只目标不专一，做事不能坚持不懈的小猴子淋漓尽致地展现在大家面前，学生在快乐的气氛中学习语言，运用语言，既理解了课文内容，又升华了对课文的理解，一举两得。

（华东三省八市全国大赛特等奖获得者，青岛重庆路第三小学刘小露老师执教山东省远程研修研究课例《真想变成大大的荷叶》通过情景表演让学生感受小动物们围着荷叶快乐玩耍的情景，深深地吸引着孩子们的热情参与。）

在高年级的语文教学中，课本剧表演也让阅读教学更加真实灵动。例如学习《活见鬼》一文，教师先指导学生读通文章。

"有赴饮夜归者，值大雨，持盖自蔽。见一人立檐下，即投伞下同行。久之，不语，疑为鬼也。以足撩之，偶不相值，愈益恐，因奋力挤之桥下而趋。值炊糕者晨起，亟奔入其门，告以遇鬼。俄顷，复见一人，遍体沾湿，踉跄而至，号呼有鬼，亦投其家。二人相视愕然，不觉大笑。"

通过自主学习，讨论交流，教师指导学生明确文章的大意之后，就指导学生表演课本剧。当学生伸出一只脚朝着旁边划拉一下时，学生进一步理解了"以足撩之"的含义。当学生表演用力撅屁股把旁边的人挤到一边去，然后撒腿就跑时，学生就理解了"因奋力挤之桥下而趋"的含义。当一名学生跑到"炊糕者"家里"告以遇鬼"后，很长时间不见另一个人跑上前去，教师立即叫停，让同学们细细揣摩"俄顷"一词的含义，同学们一致明确了"俄顷"的意思是"一小会儿"后，演出重新开始。第二个学生在第一个学生"告以遇鬼"后，很快也跑过去"号呼有鬼"，教师结合学生跌跌撞撞的样子又顺势指导学生"踉跄而至"的意思。一篇明朝冯梦龙写的古文，在学生惟妙惟肖的表演中不仅准确明白了内容，而且加深了对每一个语句的理解，情景交融中实现了文意融合。

情景表演是课文内容与形体语言的完美结合，好的情景表演可以为学生的阅读理解保驾护航，好的情景表演也能让文本内容熠熠生辉。

4. 帮助作文

著名特级教师于永正老师在上作文指导课的时候，戴上一条花头巾扮演鸡妈妈，和孩子们一起互动，指导学生仔细观察，写出生动具体的作文。

北京大学李白坚教授在课堂上表演哑剧，指导学生用准确的词语描写人物的动作。李白坚教授认为，游戏是最能刺激学生心灵的教学手段，作文前的游戏往往能在很大程度上激起学生的创作欲望。游戏的方式有很多，如竞赛、模仿、表演、演示、辩论、猜谜语、做哑剧、唱歌、画画等等，都是常用的游戏类型。这样，既充分调动了学生的学习积极性，同时又为学生的习作提供了素材，培养了学生的观察能力，可谓一举多得。

著名特级教师薛法根老师在指导学生写人物作文时，把自己的形象进行了描写，利用教师的形体特点指导学生写人物抓特点的表达方法。

有的教师在作文指导课上创设突然断电的情景，表演惊讶、镇定等一系列神态，让学生入情入境后自主作文。

作文离不开生活，生活中的人物都伴随着自己各具特色的形体语言，作文指导中，教师配合生动的形体语言，在指导学生观察的同时指导学生遣词造句，学生的作文才会散发着真实而生动的气息。

教师的形体语言可以帮助教师组织教学，增进师生感情，激发学习兴趣，解决教学重难点。恰当地使用体态语能提高教学的效果，还能让老师成为学生最喜欢的老师。正像李振村老师所言"做学生欢迎的老师，你不能不懂体态语言。文质彬彬，优雅从容，方显教师魅力。"同样，体态和谐，动作恰当，追求形体语言的精妙是每一位老师不断修炼的目标。

第三节　形体语言的基本要求

形体语言是一个人内心情感的自然流露，具有人类形体语言的普遍性，如高兴时人们都会微笑，伤心时都会哭泣，激动时都会挥舞手臂、又蹦又跳等。但是作为人类灵魂的工程师，教师的形体语言又有自己专业的基本要求。

一、道德仪楷模

汉代杨雄在《法言学行》中说："师者，人之模范也。""学高为师，身正为范"也是很多师范院校的校训。教师的言行对学生会产生深远的影响。

教师见到学生热情地打招呼，学生也会养成良好的人际交往习惯；教师对待学生彬彬有礼，晓之以理，学生也会谦虚有道，动之以情；教师教育学生春风化雨，学生也会平和从容；教师弯腰捡起地上的纸屑，学生也会自觉环保；教师对学生面对微笑，学生也会积极进取……教师的形体语言文明、优雅，就为学生树立了无形的道德楷模。

二、传承真善美

教师的形体语言中首先要向学生传达出自己的真情善意，而不是虚情假意。那些虽面带笑容却目光喷火、恶语伤人的教师会让学生不寒而栗。

纵观当今小学语文界特级教师，在课堂上都是饱含真情地在与学生交流和交往，课堂是真实的课堂，教师是真诚的教师。

贾志敏老师在课堂上总是笑眯眯地看着孩子们，给他们适时的点拨；支玉恒老师像一位慈祥的老爷爷鼓励孩子们自己提问、自己板书、自我挑战；薛法根老师笑起来那么纯真，露出的两颗兔牙都深受学生喜爱……

教师在课堂中真诚地对待每一位学生，用真心的微笑，真情的关注，善意的指点，期待着每一个孩子的进步。

其次教师的形体语言要具有美感，不求人人都能赏心悦目，但求人人都要有礼有度。教师如果在学生面前双腿分开，双手叉腰站立，伸出食指对学生怒目圆睁，学生会觉得教师像凶神恶煞一般可怕，教师就是"恶"的象征；教师如果跷着二郎腿不停抖动，嘴里叼着烟卷，眼睛斜睐着学生，学生会觉得教师像地痞混混一般可耻，教师就是"邪"的象征；教师如果在教室里无精打采，哈欠连天，浑身懈怠，学生会觉得教师像懒汉一般可笑，教师就是"庸"的象征……教师应避免形体语言上的粗俗，作为校园里的一道风景，要带给学生美好的感受。

再次教师形体语言的美感也取决于教师的服饰。马克·吐温说过："服装建造一个人，不修边幅的人在社会面前是没有影响力的。"同样，一个在服饰方面马虎混乱的教师也会成为学生心目中的小人物。

教师的服饰应该有体现自己的职业特点，应追求大方、洁净、色彩和谐的职业装，同时要穿出自己的个性和特点。

有些语文教师还把自己的服饰和要讲授的课文内容结合起来，如讲《台湾的蝴蝶谷》一文，教师在胸前别一枚蝴蝶造型的胸针，整个人神采奕奕像翩翩起舞的蝴蝶；讲《十里长街送总理》，老师穿一件凝重的深色上衣，给学生营造肃穆的氛围……

加拿大形象设计大师英格丽·张提出的服饰形象要则是：

1. 建立"为成功着装"的哲学。

2. 不要穿得太紧，紧衣服让瘦人看起来憔悴，胖人看起来更胖。西装的尺寸非常重要，过大、过小、过紧、过松的衣服都会破坏优秀男人的形象。

3. 女人穿着不当，保证她一定失败。领子低到可以看见你的胸部，它过于吸引人们的目光；裙子高于膝盖两英寸以上，请把你的超短裙留在八小时以外；布料太轻薄、透明的、紧包身体的衣服与没有穿衣服的区别不大，女人的胸罩、内裤的颜色不应比外衣醒目；女人的外套、衬衣、裤子、裙装最好不要有醒目的大花纹或图案；留心服装上的文字，以免上当或成为笑柄。

4. 不要盲目地追求时尚，如果时尚与权威的可信度冲突，请选择保守的、有权威和可信度大的服装。

5. 确保衬衣、领带、披肩、围巾上无斑点、污渍。不要穿短袖衬衣与西服相配。

6. 冬天不要仅穿毛衣；不要穿大花纹和醒目的衬衣。夏天不要光脚穿凉鞋，不要穿拖鞋或游泳鞋。

7. 穿正装西装时严禁穿毛衣，在中国普遍的一种现象是穿西服时里面穿毛衣，这是"穿衣之罪"。

8. 扔掉你的花袜子、红袜子以及其他带色彩的袜子，不要穿多色或者大花纹的袜子；不要穿破了洞、抽了丝的袜子；袜子要与裤子同色，男人只能穿蓝、灰或黑色袜子，白袜子只适合在运动时或穿白西装时穿。

9. 剪掉鼻毛，男人每天要刮胡子；出门前，检查自己的肩上有无头皮屑和落发。

10. 每天换内衣、袜子，每天洗澡；要常去看牙医，不要让口中成为臭味的发源地，做个敏感的人，要常问自己："是否对别人的嗅觉造成了污染？"①
这些成功着装的要求也是教师应该做到的。

三、精准巧生成

教师课堂上的形体语言有些是可以预设的，有些是会互动生成的。预设的形体语言要精准，生成的形体语言要巧妙。

例如，讲《黄鹤楼送别》一文，教师课前预设了与学生情景表演饮酒送别的场面。课堂上，教师弯曲右手手臂，手掌虚握好像手执酒杯一般，然后与学生配合碰杯饮酒的动作，加上深情的朗诵，体会李白与孟浩然依依不舍之情。教师的每一个动作都是课前预设并反复练习的，所以举手投足间很有诗人的风雅和李白的豪情，表演惟妙惟肖，动作精准到位，学生仿佛身临其境。

在"理解词语""指导诵读""情景表演"和"帮助作文"方面，教师都可以预设精准的形体语言，为学生的有效学习展开策略。但是课堂是灵动的，很多生成的精彩需要教师形体语言巧妙地烘托。

例如，课堂上一个学生的朗读特别动情，老师情不自禁地竖起大拇指"啧啧"称赞；一个学生回答问题有条有理、耐人寻味，老师激动地走过去和他握手，赞赏他的才思敏捷；一个学生旁征博引，拓展了学生的视野，教师带头为他鼓掌喝彩，给学生真诚的鼓励……

教师形体语言的最高境界是"此时无声胜有声"，形体语言也是口头语言的必要支撑。正如体态语言研究先驱欧文·戈夫曼所说："尽管一个人可能停止说话，但是他不能停止身体习惯动作的传播。"形体语言如此重要，愿小学语文教师们不断修炼自己的形体语言表达能力，提升教师的专业素养。

---

① 钟九英．如何赢得学生的心．长春：吉林大学出版社，2010：216

参考文献

[1] 中华人民共和国教育部制定．《义务教育语文课程标准（2011 年版）》北京师范大学出版社，2011

[2] 教育部关于印发《基础教育课程改革纲要（试行）》的通知．教基〔2001〕17 号

[3] 崔峦．中国教育学会小学语文教学研究会成立 30 周年庆典暨教学研讨会上的讲话．人民教育出版社，2010.6

[4] 杨九俊主编．新课程教学问题与解决丛书．教育科学出版社，2005

[5] 崔峦．斯霞，霍懋征，袁瑢．语文教育思想与实践．人民教育出版社，2003

[6] 张洪玲，陈晓波主编．新版课程标准解析与教学指导（小学语文）．北京师范大学出版社，2012

[7] 温儒敏等主编．义务教育语文课程标准（2011 年版）解读．高等教育出版社，2012

[8] 东师范大学教育系杭州大学教育系编译．现代西方资产阶级教育思想流派论著选．人民教育出版社，1996

[9] （美）霍华德·加德纳（Howard Gardner），沈致隆译．多元智能新视野．中国人民大学出版社，2012

[10] （美）艾斯奎斯，卞娜娜译．第 56 号教室的奇迹．中国城市出版社，2009

[11] 栾兆祥．把整个心灵献给教育．上海教育，2009（Z2）

[12] 斯霞，王先炯等．爱心育人．江苏教育出版社，1999

[13] 徐明月．袁瑢语文教学三十年．人民教育，1984（06）

[14] 陆龙潭．我的教学生涯．人民教育，1984（05）

[15] 杨秋泽主编．现代汉语．齐鲁书社，2000

[16] 张鸿苓．言语交际指津．语文出版社，2000

[17] 王志凯，王荣生编著．口语交际教例剖析与教案研制．广西教育出版社，2004

[18] 孔子弟子及其再传弟子．论语·雍也第六

[19] 李振村，庄锦英．教师体态语言艺术．山东教育出版社，1993

[20] （美）安奈特·布鲁肖，（美）托德·威特克尔著．于涵 译．改善学生课堂表现的 50 个方法．中国青年出版社，2010

[21] 钟九英．如何赢得学生的心．吉林大学出版社，2010

西南师范大学出版社
《名师工程》系列丛书目录

系列	序号	书　　名	主编	定价
思想者系列	1	《守护教育的本真》	陈道龙	30.00
	2	《教育，倾听心灵的声音》	李荣灿	30.00
	3	《心根课堂——让教育随学生心灵起舞》	刘云生	30.00
	4	《做一个纯粹的教师》	许丽芬	26.00
	5	《率性教书》	夏　昆	26.00
	6	《为爱教书》	马一舜	26.00
	7	《课堂，诗意还在》	赵赵（赵克芳）	26.00
	8	《今日教育之民间立场》	子虚（扈永进）	30.00
	9	《教育，细节的深度反思》	许传利	30.00
	10	《追寻教育的真谛——许锡良教育思考录》	许锡良	30.00
高效课堂系列	11	《让作文教学更高效——王学东写作教学手记》	王学东	30.00
	12	《用什么提高课堂效率——有效数学课必须关注的10大要素》	赵红婷	30.00
	13	《让作文更轻松——小学作文高效教学36锦囊》	李素环	30.00
	14	《让研究性学习更高效——研究性学习施教指导策略》	欧阳仁宣	30.00
	15	《让母语融入学生心灵——提升学生语文素养的高效施教艺术》	黄桂林	30.00
创新班主任系列	16	《班主任专业化成长策略》	杨连山	30.00
	17	《班级活动创新与问题应对》	杨连山　杨照　张国良	30.00
	18	《班集体建设与创新人才培养》	李国汉	30.00
	19	《神奇的教育场——打造特色班级文化创新艺术》	李德善	30.00
优化教学系列	20	《高效教学组织的优化策略》	赵雪霞	30.00
	21	《高效教学方法的优化策略》	任　辉	30.00
	22	《高效教学过程的优化策略》	韩　锋	30.00
	23	《让教学更生动——激发兴趣让学生快乐认知》	朱良才	30.00
	24	《让教学更高效——策略创新让教学事半功倍》	孙朝仁	30.00
	25	《让教学更开放——拓展延伸让学生触类旁通》	焦祖卿　吕勤	30.00
	26	《让教学更生活——体验运用让学生内化知识》	强光峰	30.00
	27	《让知识更系统——整合与概括让学生建构体系》	杨向谊	30.00
	28	《让思维更创新——思辨与发散让学生思维活跃》	朱良才	30.00
教研提升系列	29	《校本教研的7个关键点》	孙瑞欣	30.00
	30	《教师怎样做小课题研究——高效助力教师专业化成长》	徐世贵　刘恒贺	30.00
	31	《今天我们应怎样评课》	张文质　陈海滨	30.00
	32	《今天我们应怎样进行教学反思》	张文质　刘永厢	30.00
	33	《一节好课需要的教育智慧》	张文质　姚春杰	30.00
名校系列	34	《让每个生命都精彩——生命教育校本实践策略》	王鹏飞	30.00
	35	《好学校，从关注每个学生开始——石梅小学优质教育多元感悟》	顾泳　张文质	30.00

系列	序号	书　　　名	主编	定价
创新语文教学系列	36	《曹洪彪新概念快速作文》	曹洪彪	30.00
	37	《小学语文：享受对话教学》	孙建锋	30.00
	38	《小学语文：名师教学目标落实艺术》	刘海涛　王林发	30.00
	39	《小学语文：名师魅力教学设计艺术》	刘海涛　王林发	30.00
	40	《小学语文：名师魅力课堂激趣艺术》	刘海涛　豆海湛	30.00
	41	《小学语文：单元整体教学构建艺术》	李怀源	30.00
	42	《小学作文：名师情趣课堂创设艺术》	张化万	30.00
教师成长系列	43	《做会研究的教师》	姚小明	30.00
	44	《学学名师那些事》	孙志毅	30.00
	45	《给新教师的建议》	李镇西	30.00
	46	《教师心灵读本：成为有思想的教师》	肖　川	30.00
	47	《教师心灵读本：教师，做反思的实践者》	肖　川	30.00
创新课堂系列	48	《个性化课堂教学艺术：小学语文》	商德远	30.00
	49	《如何实现三维目标——让学生与文本共鸣的诵读教学》	张连元	30.00
	50	《想说　会说　有话可说——突破作文瓶颈的三维教学法》	杨和平	30.00
	51	《综合课的整合创新教学》	周辉兵	30.00
	52	《如何打造学生喜欢的音乐课堂》	张　娟	30.00
	53	《理想课堂的构建与实施——一个教研员眼中的理想课堂》	张玉彬	30.00
	54	《小学语文：决定教学质量的关键策略》	李　楠	30.00
	55	《用〈论语〉思想提升数学教育智慧》	胡爱民	30.00
	56	《童化作文——浸润儿童心灵的作文教学》	吴　勇	30.00
名校长核心思想系列	57	《做一个智慧的校长》	孙世杰	30.00
	58	《成为有思想的校长》	赵艳然	30.00
幼师提升系列	59	《全国优秀幼儿健康教育活动课例评析》	教育部教育管理信息中心	30.00
	60	《全国优秀幼儿艺术教育活动课例评析》	教育部教育管理信息中心	30.00
	61	《全国优秀幼儿社会教育活动课例评析》	教育部教育管理信息中心	30.00
	62	《全国优秀幼儿语言教育活动课例评析》	教育部教育管理信息中心	30.00
	63	《全国优秀幼儿科学教育活动课例评析》	教育部教育管理信息中心	30.00
名师名课系列	64	《名师如何炼就名课》（美术卷）	李力加	35.00
教师修炼系列	65	《班主任工作行为八项修炼》	杨连山	30.00
	66	《教师心理健康六项修炼》	李慧生	30.00
	67	《教师专业化五项修炼》	杨连山　田福安	30.00
	68	《课堂教学素养五项修炼》	刘金生　霍克林	30.00
	69	《高效教学技能十项修炼》	欧阳芬　诸葛彪	30.00
	70	《教师新师德六项修炼》	王毓珣　王　颖	30.00
心理教育系列	71	《做最好的心理导师——中学生心理健康咨询手册》	杨　东	30.00
	72	《每天学点教育心理学》	石国兴　白晋荣	30.00
	73	《学生心理拓展训练与指导》	徐岳敏	30.00
	74	《好心态成就好学生——学生心理问题剖析与对症教育》	李韦遴	30.00

系列	序号	书　　　名	主编	定价
创新数学教学系列	75	《小学数学：名师教学目标落实艺术》	余文森	30.00
	76	《小学数学：名师高效教学设计艺术》	余文森	30.00
	77	《小学数学：名师易错问题针对教学》	余文森	30.00
	78	《小学数学：名师魅力课堂激趣艺术》	余文森	30.00
	79	《小学数学：名师同课异教》	林高明　陈燕香	30.00
	80	《小学数学：名师抽象问题艺术教学》	余文森	30.00
教育通识系列	81	《用心做教师——青年教师快速成长的十大定律》	王福强	30.00
	82	《做最受学生欢迎的老师》	赵馨　许俊仪	30.00
	83	《做有策略的校长——经典寓言与学校管理智慧》	宋运来	30.00
	84	《做有策略的教师——经典故事中的教育启示》	孙志毅	30.00
	85	《从学生那里学教书》	严育洪	30.00
	86	《突破平庸——提升教育质量的31个跳板》	严育洪	30.00
	87	《教育，诗意地栖居》	朱华忠	30.00
	88	《好班规打造好班级》	赵凯	30.00
	89	《做学生成长的引领者——学生终身成长的素质培养》	田祥珍	30.00
	90	《如何管出好班级——突破班级管理的四大瓶颈》	刘令军	30.00
	91	《青春期性教育教师实用手册》	闵乐夫	30.00
教育细节系列	92	《名师最具渲染力的口才细节》	高万祥	30.00
	93	《名师最有效的沟通细节》	李燕　徐波	30.00
	94	《名师最有效的激励细节》	张利　李波	30.00
	95	《名师培养学生好习惯的高效细节》	李文娟　郭香萍	30.00
	96	《名师人格教育的经典细节》	齐欣	30.00
	97	《名师营造课堂氛围的经典细节》	高帆　李秀华	30.00
	98	《名师最有效的赏识教育细节》	李慧军	30.00
	99	《名师最有效的批评细节》	沈旎	30.00
教育管理力系列	100	《名校激励管理促进力》	周兵	30.00
	101	《名校安全管理执行力》	袁先潋	30.00
	102	《名校师资团队建设力》	赵圣华	30.00
	103	《名校危机管理应对力》	李明汉	30.00
	104	《名校校本研究创新力》	李春华	30.00
	105	《学校文化力建设策略》	袁先潋	30.00
	106	《名校长核心教育力》	陶继新	30.00
	107	《名校长高绩效领导力》	周辉兵	30.00
	108	《名校行政管理细节力》	杨少春	30.00
	109	《名校教学管理提升力》	张韬　戴诗银	30.00
	110	《名校学生管理教导力》	田福安	30.00
	111	《名校校园文化构建力》	岳春峰	30.00
高中新课程系列	112	《高中新课程：教师角色转变细节》	缪水娟	30.00
	113	《高中新课程：班主任新兵法细节》	李国汉　杨连山	30.00
	114	《高中新课程：教学管理创新细节》	陈文	30.00
	115	《高中新课程：更有效的评价细节》	李淑华	30.00

系列	序号	书　　　　名	主编	定价
大师讲坛系列	116	《大师谈教育心理》	肖　川	30.00
	117	《大师谈教育激励》	肖　川	30.00
	118	《大师谈教育沟通》	王斌兴　吴杰明	30.00
	119	《大师谈启蒙教育》	周　宏	30.00
	120	《大师谈教育管理》	樊　雁	30.00
	121	《大师谈儿童人格塑造》	齐　欣	30.00
	122	《大师谈儿童习惯培养》	唐西胜	30.00
	123	《大师谈儿童能力培养》	张启福	30.00
	124	《大师谈早恋与性教育》	闵乐夫	30.00
	125	《大师谈儿童情感教育》	张光林　张　静	30.00
教学新突破系列	126	《把教学目标落实到位——名师优质课堂的效率管理》	冯增俊	30.00
	127	《拿什么调动学生——名师生态课堂的情绪管理》	胡　涛	30.00
	128	《零距离施教——名师和谐师生关系的构建艺术》	贺　斌	30.00
	129	《一个都不能落——名师提升学困生的针对教学》	侯一波	30.00
	130	《让学习变得更轻松——名师最能吸引学生的情境设计》	施建平	30.00
	131	《让知识变得更易学——名师改造难学知识的优化艺术》	周维强	30.00
教学提升系列	132	《方法总比问题多——名师转变棘手学生的施教艺术》	杨志军	30.00
	133	《用特色吸引学生——名师最受欢迎的特色教学艺术》	卞金祥	30.00
	134	《让学生爱上课堂——名师高效课堂的引导艺术》	邓　涛	30.00
	135	《拿什么打开思路——名师最吸引学生的课堂切入点》	马友文	30.00
	136	《没有记不牢的知识——名师最能提升学生记忆效果的秘诀》	谢定兰	30.00
	137	《让学生的思维活起来——名师最激发潜能的课堂提问艺术》	严永金	30.00
名师讲述系列	138	《施教先施爱——名师讲述班主任的核心教导力》	杨连山　魏永田	30.00
	139	《在欢乐中成长——名师讲述最具活力的课堂愉快教学》	王斌兴	30.00
	140	《让学生做自己的老师——名师讲述如何提升学生自主学习能力》	徐学福　房　慧	30.00
	141	《引领学生高效学习——名师讲述如何提高学生课堂学习效率》	刘世斌	30.00
	142	《教育从心灵开始——名师讲述最能感动学生的心灵教育》	张文质	30.00